新时代高校学生管理工作创新研究

侯瑞刚 著

中国水利水电出版社
www.waterpub.com.cn
·北京·

内 容 提 要

新时代背景下，高校的各项管理制度创新也亟须应时而变，高校的大学生管理工作繁杂重要，关系到高校教学质量和人才培养计划，探索新时代高校大学生管理工作机制创新具有重要意义。高校学生管理者深刻认识到新时代下所面临的机遇和挑战，要加强学生管理工作理念创新和学生管理工作模式创新，树立以学生为本的管理理念，在学校—学生之间构建双向互动的管理模式。本书内容包括新时代大学生管理的基本理论基础、发展历程以及多领域的学生管理。

本书适合各高等院校的师生阅读、学习。

图书在版编目（CIP）数据

新时代高校学生管理工作创新研究 / 侯瑞刚著 . —
北京：中国水利水电出版社，2019.1 （2024.8重印）
　ISBN 978 - 7 - 5170 - 7353 - 6

　Ⅰ.①新… Ⅱ.①侯… Ⅲ.①高等学校－学生－学校
管理－研究－中国 Ⅳ.①G645.5

中国版本图书馆 CIP 数据核字（2019）第 009747 号

策划编辑：石永峰　责任编辑：陈　洁　加工编辑：王开云　封面设计：李　佳

书　名	新时代高校学生管理工作创新研究 XIN SHIDAI GAOXIAO XUESHENG GUANLI GONGZUO CHUANGXIN YANJIU
作　者	侯瑞刚　著
出版发行	中国水利水电出版社 （北京市海淀区玉渊潭南路 1 号 D 座 100038） 网址：www. waterpub. com. cn E-mail：mchannel@263. net（万水） 　　　　sales@waterpub. com. cn 电话：（010）68367658（营销中心）、82562819（万水）
经　售	全国各地新华书店和相关出版物销售网点
排　版	北京万水电子信息有限公司
印　刷	三河市元兴印务有限公司
规　格	170mm×240mm　16 开本　12.75 印张　231 千字
版　次	2019 年 1 月第 1 版　2024 年 8 月第 4 次印刷
定　价	48.00 元

凡购买我社图书，如有缺页、倒页、脱页的，本社营销中心负责调换

前　　言

　　新时代，高校大学生管理工作处于一个开放、多元、变革的环境。在经济全球化、文化多元化、社会信息化的背景下，随着高等教育大众化趋势的发展，高校学生管理工作也发生了深刻的变化，在保证高校人才培养质量、规范大学教育管理秩序、培养社会主义事业合格建设者和可靠接班人等方面发挥着十分重要的作用。相应地，大学生对话管理是一种基于当今时代的特征、大学生的内在品性的全新管理模式，是一种全新的管理理念与思维，对于我国当前的大学生管理具有革命性的意义。正是随着社会政治经济文化的发展，我国大学生群体面临诸多的发展困惑与挑战，大学生的价值观、思维方式、人际关系乃至生活都有许多改变，大学生的心理状态同样不可避免地受到很大影响。因此，加强对当代大学生心理发展特点研究是高等教育一项重要而紧迫的任务。

　　鉴于此，作者撰写了本书。本书的内容共有六章：第一章阐述了新时代高校大学生管理的理论基础；第二章重点探讨高校大学生管理的发展与创新；第三章解读了新时代高校大学生安全管理与实施，内容包括大学生安全管理的界定、内容、原则和实施策略；第四章围绕新时代高校大学生对话管理展开论述；第五章从大学生的自我意识、情绪、学习心理、人际心理这些方面分析了新时代高校大学生心理管理；第六章解读了新时代高校大学生就业管理。

　　在本书撰写的过程中，作者力求突出以下几个特点：

　　第一，简约性。在确保学科知识的准确基础上，本书尝试用通俗易懂的语言与简明清晰的方式论述高校学生管理工作。

　　第二，前沿性。作者十分注重吸收新时代学科研究成果，尽可能体现当前高校学生管理工作的新动向。

第三，应用性。应用性是本书撰写的主旨。

本书参考和借鉴了一些专家、学者的研究成果，在此表示衷心的感谢。由于作者水平与经验有限，书中疏漏在所难免，恳请前辈、同行以及广大读者提出宝贵意见，以便改进和提高。

作　者
2018 年 6 月

目　　录

第一章　新时代高校大学生管理的理论基础

管理是门科学，大学生管理也是一个由系列管理活动按一定顺序结合而成的系统组织过程。大学生管理是高等学校为实现人才培养目标而面向大学生实施的特殊的管理活动，有其特定的内涵和重要价值，遵循适当的理念和原则，对于确保大学生管理工作的正确方向，实现管理质量与效率的最大化有重要意义。同时，大学生管理是一个包括决策、计划、组织、控制等环节的动态的过程，在此过程中需要运用各种行之有效的管理方法。

第一节　大学生管理的内涵和价值

一、大学生管理的内涵

（一）大学生管理的界定

管理，就其字面意义而言，就是管辖、处理的意思。由于管理的涉及面极其广泛，所以人们往往按照某种需要、从某种角度来看待和谈论管理，因而，对管理也就形成了多种不同的解释。

综合各种观点，管理是在一定的社会组织中，人们通过决策、计划、组织和控制，有效地利用人力、物力、财力、时间和信息等各种资源，以达到预定目标的一种社会活动过程。

大学生管理是高等学校管理的一个重要组成部分，也是高等学校人才培养工作的一个重要环节。因此，大学生管理既具有管理的一般本质，又有其自身的特殊本质。这主要表现在：

第一，大学生管理是在高等学校这一特定的社会组织中进行的。

任何管理活动总是在一定的社会组织中进行的。实际上，管理活动就根源于社会组织中协调组织成员的相互关系和个人活动的必要性。正如马克思所说："凡是有许多个人进行协作的劳动，过程的联系和统一都必然要表现在一个指挥的意志上，表现在各种与局部劳动无关而与工场全部活动有关的职能上，就像一个乐队要有一个指挥一样。"高等学校是系统培养专门人才的社会组织，大学生的教育和培养是其首要的和基本的任务。大学生管理也就是高等学校为实现这一任务而进行的特殊的管理活动。

第二，大学生管理的目的是实现高等学校的人才培养目标，促进大学生的全面发展。

管理总是有一定目的的，管理的目的就是要实现一定社会组织的某种预定目标。世界上既不存在无目标的管理，也不可能实现无管理的目标。大学生管理作为高等学校人才培养工作的一个重要环节，其目的就是要实现高等学校在人才培养方面的预定目标，促进大学生的全面发展，使之成为德智体全面发展、富有创新精神和实践能力的中国特色社会主义事业的建设者和接班人。

第三，大学生管理的实质是要有效地利用学校的各种资源，为大学生的成长成才提供指导和服务。

大学生管理的任务是要为大学生顺利完成学业、健康成长成才提供各个方面的指导和服务，包括对大学生行为和大学生群体的引导、为家庭经济困难学生提供的资助服务、为毕业生提供的就业服务等。为此，就需要通过科学的决策、计划、组织和控制，有效地利用学校的各种资源，包括人力、物力、财力、时间和信息等。

综上所述，所谓大学生管理，也就是指高等学校为实现人才培养目标，促进大学生全面发展，通过决策、计划、组织和控制，有效地利用各种资源，为大学生成长成才提供各种指导和服务的社会活动过程。

（二）大学生管理的特点分析

大学生管理作为高等学校为实现人才培养目标而为大学生提供的引导与服务，有其自身显著的特点。

1. 突出的教育功能

大学生管理是高等学校人才培养工作的重要组成部分，因此，大学生管理既具有管理的属性，又具有教育的属性，有着突出的教育功能。

首先，大学生管理的目标服从和服务于大学生教育的目标。大学生是为了接受大学教育而跨进大学之门的，大学生管理则是高等学校为实现大学生教育目标、促进学生圆满完成大学学业而实施的特殊管理活动，因此，大学生管理的目标必然服从和服务于大学生教育的目标。

其次，教育方法在大学生管理方法体系中具有突出的作用。教育方法是包括大学生管理在内的现代管理活动中最经常最广泛使用的一种基本手段。这是因为，一切管理活动都离不开人，而人是有思想的，人的活动总是由一定的思想意识支配的。正如恩格斯所说："推动人去从事活动的一切，都要通过人的头脑"。因此，任何管理活动都要坚持思想领先的原则，注意做好人的思想工作，通过影响人的思想去引导和制约人们的活动。而大学生管理作为大学生教育和培养工作系统中的一个重要组成部分，也就必然要更加注重运用教育的手段，以增强大学生管理的实效性。

最后，大学生管理过程同时也是教育大学生的过程。高等学校是教育和培养专门人才的场所，高等学校的一切工作都应当对学生起到良好的教育和影响作用。大学生管理过程中所贯彻的以人为本、民主法制、公正和谐的理念，所体现的从学校和学生的实际出发、遵循教育规律和管理规律、实事求是的科学精神，所采用的民主管理、依法管理、科学管理的方法等都会对学生起到潜移默化的影响。大学生管理过程中所实行的依据大学生成长成才的规律和要求制订的各项规章制度，都会对大学生起到思想导向、动机激励和行为规范的作用。大学生管理过程中管理人员的情感、态度和言行也会对大学生起到表率和示范作用。可见，大学生管理的过程同时也是教育学生的过程，并直接影响着大学生思想品德的形成与发展。

2. 鲜明的价值导向

大学生管理总是为一定社会培养人才提供服务的，大学生管理的目的、管理体制和管理形式总是受到社会的经济基础、政治制度和意识形态的制约。因此，大学生管理必然具有鲜明的价值导向。它总是贯穿并体现着一定社会的主导价值体系，并直接影响着大学生价值观的形成、变化与发展。具体地说，大学生管理的价值导向主要体现在以下几个方面。

（1）管理目标。目的性是人类实践活动的基本特征。而人的实践活动的目的，总是基于一定的需要和对实践对象的属性及其变化趋势的认识与判断，因而总是体现着一定的价值观念。大学生管理的目的同样如此。事实上，大学生管理的目的以及作为其具体展开的整个目标体系，都是基于一定的价值观念确定和设计的，都贯穿和体现着一定的价值观念和价值追求，因而，大学生管理的价值导向不仅对管理者的管理行为和大学生的日常行为起着导向、激励和评价作用，而且会对大学生价值观的形成和发展起到重要的引导和促进作用。

同时，大学生管理是大学生教育的重要环节。为谁培养人，培养什么样的人，始终是大学生教育的首要问题，当然也是大学生管理的首要问题。显然，对这个问题的解决，必然鲜明地体现着一定的价值观念和价值追求。在我国现阶段，也就是要体现社会主义核心价值体系，体现实现中国特色社会主义的共同理想对人才培养的要求。因而，我国大学生管理的目标也必然要体现社会主义的价值导向。

（2）管理理念。大学生管理理念是大学生管理的指导思想，直接制约着大学生管理的原则和方法。而大学生管理理念也总是体现了社会的价值体系，并往往是社会的先进的价值观念在大学生管理中的贯彻和体现。例如，大学生管理中的"以人为本"的理念，就是我们党所坚持的"以人为本"的价值观念在大学生管理中的贯彻和体现。在大学生管理中全面贯彻"以人为本"的理念，坚持做到"关心人、尊重人、依靠人、发展人、为了人"，必然会对学生正确认识人的价值，确立"以人为本"的价值观念产生积极影响。

（3）管理制度。科学而又严密的规章制度，是大学生管理的基本手段，是大学生管理规范化、制度化和法制化的基本保证和主要标志。而管理规章制度总是人们在一定的价值观念指导和影响下制订出来的，总是体现着一定的价值导向，具体表现为要求大学生做什么，不做什么；鼓励和提倡做什么，反对和禁止做什么；奖励什么样的行为和表现，惩罚什么样的行为和表现等。大学生管理制度中的这些规定无不体现着鲜明的价值导向。

3. 复杂的系统工程

同任何管理活动一样，大学生管理也是一项系统工程，具有整体性、层次性、动态性和开放性。同时，大学生管理又有其特殊的复杂性，因而是一项十分复杂的系统工程。

（1）大学生管理的任务是复杂的。既要紧紧围绕大学生的中心任务，加强对学生学习行为和实践活动的管理和引导，又要切实为大学生的健康成长着想，加强对学生日常行为包括交往行为、消费行为、网络行为的管理和引导，及时发现、校正和妥善处理学生的异常行为；既要加强对大学生现实群体包括学生班级、学生党团组织、学生社团和学生生活园区的管理和引导，又要适应网络时代的新情况，加强对大学生以网络为平台形成的虚拟群体的管理和引导；既要对大学生在校园内的安全加强管理和引导，又要为大学生在校外的安全提供必要的指导和督促；既要做好面向全体学生的奖学金评定工作，以充分调动学生的学习积极性，又要做好面向家庭经济困难学生的资助工作，以帮助他们顺利完成学业；既要引导新生科学制订职业生涯规划，明确努力的具体目标，又要为毕业生提供就业、创业指导和服务，使学生能够在合适的岗位上施展自己的身手、实现自身的价值。总之，大学生管理渗透于大学生专业学习和日常生活的各个方面，贯穿于大学生培养工作的所有环节和全部过程，其任务是复杂而又艰巨的。

（2）大学生是具有明显差异和鲜明个性的。大学生管理的对象是大学生，而大学生则有着显著的差异和鲜明的个性。他们各有其特殊的精神世界和思想感情，有着不同的气质、性格、兴趣、爱好和习惯。即使是同一个年级、同一个专业、同一个班级的学生，由于他们各有其自己特殊的生活条件和生活经历，他们的思想行为也各有其特点。同时，随着自主意识的增强，大学生普遍崇尚个性，追求个性的自由发展和完善。对同一学生而言，在成长变化不同的历史时期有着不同的特点。因此，大学生管理就不可能按照完全统一的要求、规格和程序来进行，而要善于根据大学生的个性特点，因人制宜，因势利导，有针对性地开展工作。这就使大学生管理具有了特殊的复杂性。

（3）影响大学生成长的因素是复杂的。大学生管理的目的是要促进大学生的健康成长，而影响大学生成长的，不仅有学校教育因素，还有外部环境因素。外部环境的构成因素是复杂的。现实世界中，所有与大学生的学习、生活、活动和交往有关的环境因素，都会或多或少地对大学生的成长发生影响。其中，有社会的因素，也有自然的因素；有物质的因素，也有精神的因素；有经济的、政治的因素，也有文化的因素；有国际的、国内的因素，也有家庭的、学校周边社区的因素；有现实的因素，也有历史的因素。尤其是随着现代信息技术的迅猛发展，世界越来越紧密地联系在一起，大学生可以方便快捷地获取来自世界各地的信息，因而，影响大学生思想行为及其成长的环境因素也就更为广泛，更为复杂。

同时，外部环境对大学生的影响也是复杂的。一是其影响的性质具有多重性。其中，有积极影响，也有消极影响，二者往往交织在一起，同时发生作用。而且，同样的环境因素相对于不同的大学生可能会发生不同性质的影响。例如，富裕的家庭条件对许多大学生是顺利完成学业的有利条件，但对有的大学生则成为铺张浪费、过度消费甚至不思进取、荒废学业的重要原因。二是其影响的方式具有多样性。有直接的影响，有间接的影响；有显性的影响，有隐性的影响；有通过对大学生思想情感的熏陶发生作用的，有通过对大学生行为的约束发生作用的。凡此种种，不一而足。因此，在大学生管理过程中，管理者不仅要善于对大学生的学习和生活进行正确的指导，而且要善于正确认识和有效调控各种环境因素对大学生的影响，尽可能充分利用其对大学生的积极影响，防止、抵御和转化其消极影响。显然，这是一项十分复杂的工作。

4. 显著的专业特色

大学生管理传统上是经验性的事务型工作，但由于大学生管理有其特殊的管理对象、特殊的内在规律和特有的方法体系，决定了必须形成大学生管理专业视角、使用专业方法、形成专业研究模式。所以，大学生工作管理是专业性很强的工作。

（1）大学生管理有其特殊的管理对象。大学生管理的对象是大学生，而大学生则有着区别于一般管理对象的显著特点。

一是大学生是具有高度自觉能动性的人。大学生具有强烈的自主意识、突出的独立意向和较高的智力发展水平，崇尚独立思考，要求自主自治。在大学生管理过程中，大学生不仅仅是接受管理的对象，也是积极活动的主体。对于管理的要求和规章，对于管理者施加的指导和督促，他们总要经过自己的思考，做出自己的评价、选择和反应。更重要的，他们还会主动积极地参与到管理活动中来，自觉地接受管理和实行自我管理。这就要求在大学生管理中必须着力激发和引导大学生的自觉能动性，使他们能够自觉地顺应大学生管理的目标和要求，主动接受管理，积极开展自我管理。

二是大学生是正处于成长和发展关键时期的人。他们的心理日趋成熟但还尚未完全成熟，智力迅速发展，情感日益丰富，自我意识显著增强，但又存在着诸如理智与情绪的矛盾、自我期望与自身能力的矛盾等心理矛盾。他们正处于思考、探索和选择之中，世界观、人生观和价值观正在形成，思想活动具有显著的独立性、敏感性、多变性、差异性和矛盾性。他们即将走上社会，正在做进入职场、全面参与社会劳动实践的最后准备。

可见，大学生有着既不同于少年儿童、又区别于成人的特点。同时，也正由于大学生还处于趋向成熟的过程之中，因而在他们身上又蕴藏着各个方面发展的极大的可能性，有着发展的巨大潜力。这就要求在大学生管理中，要针对大学生的特点，切实加强并科学实施对大学生的指导和服务，以促进他们的健康成长，并使他们的身心获得最佳的发展。

三是大学生是以学习为主要任务，并在教师的指导下进行自主学习的人。大学生的主要职责是学习，大学生的学习是由教师指导的、按照一定的制度和规定有目的、有计划、有组织地进行的。同时，大学生可以按照学校的有关规定自主地选修课程，自主地支配大量的课外学习时间。因而，大学生的学习不仅需要掌握科学的学习方法，而且需要高度的学习自觉性和有效的自我管理。这就要求大学生管理紧紧围绕大学生的学习任务，切实加强对大学生学习行为的指导和管理。

（2）大学生管理有其特殊的内在规律。这是由大学生管理自身的特殊矛盾决定的。大学生管理的特殊矛盾就是社会基于对专门人才的需要而对大学生在行为方面的要求与大学生行为实际状况之间的矛盾。这一矛盾存在于一切大学生管理的活动之中，贯穿于一切大学生管理过程的始终，决定着大学生管理的全局。它构成了大学生管理的基本矛盾，也是大学生管理区别于其他社会实践活动的特殊矛盾。大学生管理就是为解决这一矛盾而专门进行的特殊社会实践活动。因此，大学生管理作为一种管理活动，固然要遵循管理的一般规律，但又有其区别于其他管理活动的特殊规律。大学生管理作为一种人才培养的手段，固然要遵循教育的一般规律，但又有其区别于其他教育活动的特殊规律。这就需要对大学生管理的特殊规律，进行专门的探索和研究。大学生管理理论研究的任务，就是要揭示大学生管理的特殊规律。

（3）大学生管理有其特有的方法体系。大学生管理所具有的特定的管理对象和特殊的管理规律，决定了大学生管理有其特有的方法体系。由于大学生管理工作涉及面极其广泛，具有很强的综合性，因而需要掌握管理学、教育学、心理学、社会学等多方面的理论方法和技术。但大学生管理的方法体系又不是这些学科方法和技术的简单拼凑和机械相加，而是需要在系统掌握这些学科理论、方法和技术的基础上，针对大学生的特点，依据大学生管理的特殊规律和具体实际，把它们有机地结合起来加以综合运用，从而形成自己特有的方法体系。

（三）大学生管理的目标分析

大学生管理目标是一定时期内实施大学生管理活动所要达到的预期结果。大学生管理目标是大学生管理过程的指向、核心和归宿，规定着大学生管理的方向和任务，制约着大学生管理的手段和方法。科学地确定并正确地把握大学生管理的目标，是实施大学生管理的前提，是提高大学生管理效益的关键。

1. 确定大学生管理目标的依据

大学生管理目标作为大学生管理活动所要达到的预期结果，其形式是主观的，但它的确定并不是主观随意的，而是围绕高等学校的人才培养目标，依据社会发展的客观要求和大学生自身发展的客观需要而制订出来的。

高等学校的人才培养目标，是确定大学生管理目标的直接依据。高等学校的人才培养工作是一个十分复杂的系统工程，大学生管理作为这一系统的重要组成部分，其目的就是要通过为大学生提供各种指导和服务，以保证学校人才培养目标的实现。因此，大学生管理目标的确定也就必然要以高等学校的人才培养目标为依据。实际上，大学生管理目标也就是高等学校人才培养目标在大学生管理领域中的体现和具体化。

社会发展的客观要求，是确定大学生管理目标的根本依据。这是因为，高等学校的人才培养目标，归根到底是由社会发展的客观要求决定的。同时，大学生发展的基本趋势和总体状况归根到底取决于社会发展的状况及其对人才素质的客观要求。而大学生管理的实质就是要引导和帮助大学生充分利用社会所提供的各种条件发展和完善自己，以适应社会发展的客观要求。我国正处于并将长期处于社会主义初级阶段。建设社会主义现代化国家，实现中华民族的伟大复兴，需要德智体美全面发展的专门人才。我国社会主义事业发展的这种客观要求，是我们制订大学生管理目标的根本依据。

大学生自身发展的需要，是确定大学生管理目标的重要依据。大学生管理目标的确定，在主要依据社会发展需要的同时，还应当兼顾大学生自身发展的需要。

首先，大学生是正处于发展之中的、具有鲜明个性的人。他们都有自己的思想感情、兴趣爱好和理想追求，都有丰富和发展自己的迫切需要。社会主义和共产主义的本质也就是要使人的个性得到充分、自由的发展。因此，大学生管理的目标也就必然要体现大学生自身发展的需要。

其次，大学生既是管理的对象，又是能动的主体。大学生管理目标能否实现，关键就看它能否激发大学生自我管理的主动性和积极性。为此，大学生管理目标，就必须体现大学生受教育者自身发展的需要。只有这样，外在的管理目标才能转化为大学生自身的内在追求，从而激励大学生自觉地开展自我管理，不断地奋发努力。

2. 大学生管理的目标体系

大学生管理目标按其地位和作用范围，可分为总目标和分目标。大学生管理的总目标是大学生管理的全部活动所要达到的预期结果。大学生管理的分目标则是各个领域、各种层次以及各个阶段的大学生管理活动分别所要达到的预期结果。总目标是分目标的基本依据，分目标是总目标的分解和具体化；总目标调节和控制着分目标的执行，总目标的实现又有待于各个分目标的实现。大学生管理的总目标和分目标相互联系、相互作用，构成了大学生管理的目标体系。

为维护高等学校正常的教育教学秩序和生活秩序，保障学生身心健康，促进学生德、智、体、美全面发展——2005 年教育部颁布的《普通高等学校学生管理规定》的这一宗旨，也就是现阶段我国普通高等学校学生管理的总目标。

维护高等学校正常的教育教学秩序和生活秩序，是大学生管理的直接目标。任何管理活动的直接目标或第一个目标都是建立和维护组织的正常秩序。事实上，管理活动的产生首先就是为了规范和协调人的行为，以使组织的各项活动能够围绕组织的目标，按照一定的制度和规定有条不紊地进行。这就像一个乐队总要有一个指挥，而指挥的目的首先就是要使乐队全体成员的演奏都能够按照乐谱的规定和要求有序地进行。同样，大学生管理的直接目的也就是要引导、规范和调控大学生的行为，建立和维护高等学校正常的教育教学和生活秩序，以使学校的各项教育教学活动和学生的学习与生活能够有序地进行。

保障学生的身心健康，是大学生管理的基本要求。身心健康包括生理健康和心理健康，是生理健康和心理健康的有机统一。

生理健康是心理健康的物质基础，心理健康是生理健康的精神支柱。身心健康是人的全面发展的基础和内在要求。一个人，没有强健的体魄、振奋的精神和坚强的意志，就谈不上全面发展，也不可能成为适应社会需要的全面发展的高素质人才。保障大学生的身心健康是培养社会合格人才的内在要求，是大学生自身成长成才的迫切需要。当代中国大学生大多为独生子女，他们是一个承载社会、家庭高期望值的特殊群体。他们自我定位比较高，成才欲望非常强，但社会阅历比较浅，心理发展尚未成熟，极易出现情绪波动。

随着经济社会的发展，特别是涉及大学生切身利益的各项改革措施的实行，大学生面临的社会环境、家庭环境和学校环境日益纷繁复杂，面临的学习、就业、经济和情感等方面的压力越来越大，不可避免地会影响他们的心理乃至生理健康。因此，加强大学生管理，为大学生的学习、就业和日常生活提供必要的指导和服务，保障大学生的身心健康，也就具有尤为重要的意义。

促进学生德、智、体、美全面发展，是大学生管理的根本目标。培养全面发展的人，历来是具有远见卓识的教育家们追求的理想目标。马克思、恩格斯科学地揭示了人的全面发展的内涵和历史必然性，创立了关于人的全面发展的理论。习近平在党的十九大报告中明确指出："要全面贯彻党的教育方针，落实立德树人根本任务，发展素质教育，推进教育公平，培养德智体美全面发展的社会主义建设者和接班人。"培养德智体美全面发展的社会主义建设者和接班人，是高等学校人才培养的目标。大学生管理作为高等学校人才培养体系的重要组成部分，当然要为实现这一目标服务，以促进学生德智体美全面发展为自身的根本目标。

大学生管理的分目标具有复杂多样性，主要有以下几种类型：

（1）按大学生管理的工作内容而确定的分项管理目标。大学生管理是一个复杂的系统工程，具有多方面的工作内容，包括大学生行为管理、大学生群体管理、大学生安全管理、大学生资助管理和大学生就业管理等。这就需要把大学生管理的总目标分解到各个具体工作领域之中，以形成各项管理工作的具体目标，从而通过各项具体目标的达成，以实现学生管理的总目标。具体说来，大学生行为管理的目标是引导大学生自觉践行大学生行为规范，养成良好的行为习惯；大学生群体管理的目标是引导大学生群体形成体现大学精神、积极向上的群体文化，开展丰富多彩、健康有益的群体活动，充分发挥对大学生成长成才的积极作用；大学生安全管理的目标是维护学校稳定、保障学生安全、建设平安校园；大学生资助管理的目标是为贫困大学生提供基本的经济保障，促进他们健康成长和顺利成才；大学生就业管理的目标是引导毕业生树立正确的就业观念、增强职场竞争能力，帮助他们顺利找到合适的职业岗位。

（2）按大学生培养过程的不同阶段而确定的阶段性管理目标。大学生的培养过程具有明显的阶段性，各个阶段具有各自的工作重点，而不同学习阶段的大学生也各有其自身的特点。这就需要依据大学生管理的总目标和大学生培养过程的内在规律性，科学地确定各个阶段大学生管理的具体目标，并使之环环相连、紧密衔接、循序渐进。就本科生管理而言，在一年级应注重引导学生实现角色转换，尽快适应大学的学习和生活。在二年级，应注重引导学生依据社会需要确定自己的奋斗目标，对未来的职业生涯做出初步规划，全面提高自己的知识素养和能力，有目的地发展自己的兴趣和特长。在三年级，应注重引导学生认识自身素质与社会需求的差距，抓紧时机，完善自己，提升自我。在四年级，应注重引导学生客观全面地分析自身情况，为就业或升学做好充分准备。

（3）按大学生管理主体的具体分工而确定的具体工作目标。大学生管理目标的实现有待所有学生管理部门和全体学生管理工作者的共同努力。在大学生管理工作系统中，每一个部门，每一位管理者，都有其特定的工作领域和工作职责。为了充分发挥所有部门和全体管理者的作用，并使他们紧密配合、形成合力，就要把大学生管理的总目标层层分解并落实到各个部门和各位管理者，形成部门和管理者的具体工作目标。如学生工作部（处）工作目标、学校团委工作目标、教务处学生管理工作目标、学生会工作目标、辅导员及班主任工作目标等。并使他们各司其职，相互配合，形成管理合力。只有这样，才能引导和协调学校中各个方面的力量，以保证大学生管理总目标的实现。

二、大学生管理的价值

(一) 大学生管理价值释义

大学生管理的价值是指大学生管理对于社会、高等学校和大学生所具有的作用和意义，也就是大学生管理的属性和功能对社会进步、高等学校发展和大学生成长、成才需要的满足。

大学生管理价值的客体是大学生管理本身。大学生管理具有能够对大学生的成长和发展、对高等学校实现教育目标、对培养社会合格人才发挥作用的属性与功能。正是大学生管理的这些属性和功能构成了大学生管理价值的基础。

大学生管理价值的主体是社会、高等学校和大学生。高等学校是大学生管理的实施者。高等学校之所以要实施大学生管理，就根源于实现教育目标的需要，而大学生管理则具有能够满足这种需要的属性和功能。因此，高等学校也就成为大学生管理价值的主体。同时，高等学校的教育目标又是依据社会对专门人才的要求和大学生自身发展的需要制订的，因此，社会和大学生也就都成为大学生管理的主体。大学生管理价值所体现的也就是大学生管理的属性和功能对社会、高等学校和大学生需要的满足关系。

(二) 大学生管理价值的特点

1. 直接性与间接性

就其作用的形式而言，大学生管理对其价值主体的作用，有直接作用和间接作用。因而，大学生管理价值也就具有直接性和间接性的特点。大学生管理价值的直接性是指大学生管理能够不经过中介环节而直接作用于价值主体，以满足其一定的需要。一般说来，大学生管理对大学生的影响和作用往往就是直接地发生的。大学生管理价值的间接性是指大学生管理需要通过一定的中介环节而间接作用于价值主体，以满足其一定的需要。一般说来，大学生管理对于社会的影响和作用往往就是通过对大学生的影响和作用而间接地发生的。

2. 即时性与积累性

大学生管理价值的即时性是指大学生管理活动在短时间内就能够迅速达到目

标，从而满足价值主体的某种需要。

大学生管理价值的积累性是指大学生管理往往要经过一个相当长的过程，通过长期的工作积累，才能达到目标，从而满足价值主体的需要。

3. 受制性与扩展性

大学生管理价值的受制性是指大学生管理价值的实现要受到其他种种因素的影响。这是因为，大学生管理价值就是对大学生成长成才的作用和意义。而大学生的成长成才则还要受到高等学校内部其他因素和外部环境因素的影响。因而，大学生管理在大学生成长成才中作用的发挥，也就必然要受到其他种种因素的制约。

大学生管理价值的扩展性是指大学生管理可以通过大学生的活动和影响对高等学校内部其他工作和外部环境因素发生作用，从而使自身价值得到扩展。

4. 系统性与开放性

大学生管理价值的系统性是指大学生管理的价值是一个由多种维度、多种类型的内容构成的有机整体。按价值的主体，可分为社会价值、高校集体价值和个体价值。社会价值是大学生管理对社会运行和发展的作用和意义；高校集体价值即大学生管理对高等学校运行和发展的作用和意义；个人价值即大学生管理对大学生个体成长和发展的作用和意义。按价值存在的形态，可分为理想价值和现实价值。理想价值是大学生管理价值的应有状态，即大学生管理所追求的最终价值；现实价值是大学生管理的实有状态，即在现实条件下已经实现或正在实现的价值。还可以按价值的性质，分为正向价值和负向价值；按价值的大小，分为高价值和低价值，等等。大学生管理价值就是由上述各种价值组成的系统。

大学生管理价值的开放性是指大学生管理的价值会随着价值主体的需要和大学生管理功能的变化发展而变化发展。随着社会的发展，大学生管理服务对象的需要在变化发展，这就必然会促使大学生管理的功能发生相应变化和发展，从而使大学生管理的价值得到增强和拓展。

（三）大学生管理的社会价值

大学生管理的社会价值是指大学生管理对社会运行与发展的作用和意义，即大学生管理的属性和功能对社会运行与发展需要的满足。大学生管理的社会价值集中表现在它是培养中国特色社会主义建设合格人才的重要手段，是构建社会主义和谐社会的内在要求。

1. 培养合格人才的重要手段

中国特色社会主义事业的发展需要数以亿计的高素质的劳动者、数以千万计的专门人才和一大批拔尖创新人才。高等学校是人才培养的重要基地，其中心任务就是要为中国特色社会主义建设培养合格的专门人才。而大学生管理则是高等学校人才培养工作的重要手段，在培养合格人才中发挥着不可或缺的重要作用。

（1）维护正常的教育教学秩序。高等学校的教育教学活动总是按照一定的制度和规章有目的、有计划、有组织地进行的，建立和维护正常的教育教学秩序是高等学校教育教学工作的内在要求和基本条件。这就需要有严格的、科学的管理，包括大学生管理。大学生管理是建立和维护正常的教育教学秩序的重要保证。没有有效的大学生管理，就不可能有正常的教育教学秩序。

（2）激励、指导和保障学生的学习行为。高等学校教育教学的过程是教师与学生双向互动、"教"与"学"辩证统一的过程。其中，"教"是主导，"学"是关键。学习是大学生的主要任务，是大学生能否成为合格人才的关键。而大学生管理则对大学生的学习行为起着重要的激励、指导和保障作用。

（3）培养学生的思想品德。中国特色社会主义建设所需要的合格人才不仅要具备良好的专业知识和能力素养，还要具备良好的思想品德。培养大学生良好的思想品德，不仅需要深入细致的思想政治教育，还需要有效的管理。大学生各个方面还未成熟，发展尚未稳定，加之各个学生的思想基础不同，接受教育的主动性、积极性和自觉性各不相同，因此，大学生自我管理、自我约束的能力尚有欠缺并存在差异。

2. 构建和谐社会的内在要求

实现社会和谐，始终是人类孜孜以求的社会理想，也是中国共产党和中国人民不懈奋斗的重要目标。大学生管理作为对大学生这一特殊社会群体提供引导和服务的社会活动，在构建社会主义和谐社会中发挥着特有的重要作用，具有特殊的重要价值。

第一，大学生管理是维护社会稳定、实现社会安定有序的重要保证。

切实加强大学生管理，正确引导大学生的社会活动和政治行为，妥善解决大学生在学习、生活、交往和就业中碰到的各种矛盾和问题，及时处理大学生中发生的各种突发事件，以保持高等学校的稳定，对于维护社会稳定，实现社会安定有序具有特殊的重要意义。

第二，大学生管理是构建和谐校园的重要手段。

高等学校是现代社会中不可或缺的重要社会组织，担负着培养人才、推进科技进步、传播先进文化的重要任务。构建和谐校园，是构建社会主义和谐社会题中应有之义，也是推进高等学校科学发展的内在要求。加强大学生管理，引导和组织大学生积极发挥在和谐校园建设中的主体作用，是构建和谐校园的重要保证。

通过大学生管理，建立和维护学校正常的教育教学秩序和生活秩序，加强学生的安全教育和管理，保障学生的身心健康，有效地预防和妥善地处理学生中的突发事件，努力建设平安校园，才能使校园实现安定有序。通过大学生管理，引导和督促学生自觉维护校园环境，节约使用水、电等各种资源，才能使校园成为人与自然和谐共处的生态校园。

第三，大学生管理是促进大学生集体和谐发展的重要手段。

大学生集体的和谐发展，不仅直接关系着大学生个体的健康成长和全面发展，也直接关系着高等学校的和谐稳定和科学发展。大学生管理内在地包含着对大学生集体的管理，因而在促进大学生集体和谐发展中具有十分重要的作用。

（四）大学生管理的个体价值

大学生管理的个体价值是指大学生管理对大学生个体成长与发展的作用和意义，即大学生管理的属性和功能对大学生个体成长与发展需要的满足。大学生管理的个体价值主要表现在引导方向、激发动力、规范行为、完善人格和开发潜能等几个方面，下面主要介绍引导方向、规范行为和开发潜能三个方面。

1. 引导方向

大学生管理具有突出的导向功能，对大学生的成长和发展起着重要的导向作用。大学生管理的导向作用，主要表现在以下三个方面。

第一，引导政治方向。政治方向是政治立场、政治观念、政治态度、政治品质和政治信念的综合体，是人的素质中的首要因素，决定着人们思想和行为的基本倾向。我们党历来强调在人才培养中必须把坚定正确的政治方向放在第一位。

随着经济全球化和信息技术的迅速发展，国际政治斗争趋于复杂，西方意识形态的渗透日益加剧。引导大学生确立坚定正确的政治方向即坚持中国特色社会主义的方向，是高等学校的一项极为重要而又十分紧迫的任务。要实现这一任务，首先要加强大学生思想政治教育，同时，也要加强大学生管理。这是因为，大学生管理的社会属性决定了大学生管理必然具有鲜明的政治方向性并对学生的政治方向发挥引导作用。事实上，我国《普通高等学校学生管理规定》和《高等学校学生行为准则》都明确要求大学生应当"确立在中国共产党领导下走中国特色社会主义道路、实现中华民族伟大复兴的共同理想和坚定信念"。

加强大学生管理，严格执行高等学校学生管理规定，引导和督促大学生自觉遵守高等学校学生行为准则，加强对大学生的行为尤其是政治行为的管理和指导，引导学生正确行使依法享有的政治权利，防止和抵制各种腐朽意识形态对大学生的影响，及时纠正校园中出现的错误倾向，维护和保障校园的政治稳定和政治安全，对于引导大学生坚持坚定正确的政治方向无疑具有重要作用。

第二，引导价值取向。价值取向是指人们基于自己的价值观在面对或处理各种矛盾、冲突、关系时所持的基本价值立场、价值态度以及所表现出来的基本价值倾向。价值取向决定和支配着人的价值选择，制约着人们思想和行为的方向。现阶段我国市场经济的发展，在促进社会生产发展和人们思想观念更新的同时，其盲目性和滞后性，也容易诱发人们产生利己主义、拜金主义和享乐主义的价值观念；随着经济全球化的发展和我国国际交往的扩大，西方的各种价值观念也渗透进来。

因此，引导大学生掌握社会主义核心价值体系，坚持正确的价值取向，有着尤为重要的意义。如前所说，鲜明的价值导向是大学生管理的一个显著特点。大学生管理通过坚持和贯彻体现社会主义核心价值体系的管理理念，制订和执行以培养社会主义建设合格人才为根本宗旨的管理目标体系和管理规章制度，对大学生的价值取向发挥重要的引导作用。

第三，引导业务发展方向。引导大学生确定既符合社会需要、又符合自身实际的奋斗目标，明确业务发展的方向，可以引导他们把自己的主要精力和时间投入实现既定目标的业务学习和实践活动之中，从而促进他们早日成才。大学生管理在引导大学生业务发展方向方面的作用集中表现在：通过对学生学习活动的指导，引导学生根据相关专业的要求和自己的兴趣爱好，确定专业学习的目标，从而明确在专业学习方面努力的方向；通过对大学生职业生涯规划的指导，引导学生根据社会需求、职业发展的趋势和自身的主观条件与愿望，确定自己的职业理想，从而明确自己职业生涯发展的方向。

2. 规范行为

大学生管理的一项重要任务就是要科学制订和严格执行各项管理规章制度和纪律，以规范大学生的行为，促进其形成文明的行为方式和良好的行为习惯。大学生管理在规范大学生行为方面的作用，主要是通过以下三种路径实现的。

第一，加强制度建设。制度建设是大学生管理的重要内容。大学生管理中的制度建设，就是要依据社会发展要求、人才培养目标和大学生健康成长与发展的需要，科学制订和不断完善各项规章制度，使大学生明确应该做什么、不应该做什么，应该怎么做、不应该怎么做，并引导和督促大学生用于规范自己的行为，逐步形成文明的行为方式。2005 年教育部新修订的《普通高等学校学生管理规定》和《高等学校学生行为准则》，就是现阶段大学生管理的基本规章制度，为规范大学生行为提供了基本的规定和准则。

第二，严格纪律约束。纪律是一定的社会组织为实现组织目标而要求其全体成员必须共同遵守并赋有组织强制力的行为规范。它是建立正常秩序、维系组织成员共同生活的重要手段，是完成各项任务、实现组织目标的重要保证，因而成为大学生管理中不可或缺的重要手段。在大学生管理中，通过严格执行学习、考试、科研、集体活动、校园生活、安全保卫等各个方面的纪律，以约束和调整学生的行为，并对违纪行为及时做出恰当的处罚，可以有效地引导和规范学生的行为，促进其良好行为习惯的养成。

第三，引导自我管理。自我管理是大学生管理的重要路径。自我管理的一项重要内容就是要启发学生的自觉性和主动性，引导学生自觉遵守管理制度，主动地用体现社会要求的大学生行为准则规范的行为，实行自我约束和自我监督。这种自我约束和自我监督，既表现在大学生个体的自我管理中，也体现在大学生群体的自我管理中。在大学生班级、寝室、社团等群体的管理中，充分发挥学生的主体作用，引导学生在民主讨论的基础上，形成全体成员共同遵守的规章制度，并相互监督执行，不仅有助于营造良好的群体氛围、实现群体的目标，而且有助于提高全体成员规范和约束自己行为的自觉性。

3. 开发潜能

人的潜能是指人所具有的有待开发、发掘的处于潜伏状态的能力。它包括人的生理潜能、智力潜能和心理潜能。人的潜能是人的现实活动力量的潜伏状态和内在源泉，人的能力的发展，在一定的意义上，也就是开发潜能，使之转化为现实活动力量即显能的过程。人的潜能是巨大的。美国著名心理学家威廉·詹姆斯认为一个正常人还有 90％的潜能尚未利用。由此可见，人的潜能的开发具有十分广阔的前景。大学生正处于成长和发展的关键时期，着力开发他们身上所蕴藏的丰富潜能，将他们内在的潜能转化为从事社会建设的实际能力和现实力量，是大学生培养工作的重要任务。大学生管理作为大学生培养工作的重要组成部分，在开发大学生内在潜能方面发挥着不可或缺的作用。大学生管理在开发大学生潜能方面的作用，主要是通过以下三种途径实现的。

第一，指导学习训练。学习和训练是开发潜能的基础。只有通过系统的学习和训练，掌握必要的知识和方法，才能使潜能得到正确的、有效的发挥。大学生管理通过对大学生的学习活动的管理和指导，引导大学生确立正确的学习目的，掌握科学的学习方法，不仅可以充分发掘大学生在学习方面的潜能，以提高他们的学习能力，而且可以促进大学生系统地掌握专业理论知识和方法，从而使他们在专业方面的潜能得到开发和发展。

第二，运用激励机制。激励是开发潜力的重要手段。通过激励，可以充分调动人的主观能动性，打破安于现状的消极心态，振奋人的精神，转变人的态度，激发人的兴趣，调整人的行为模式，从而达到开发潜能的目的。而激励则是大学生管理的重要手段。大学生管理运用激励机制，通过引导学生明确努力方向和成才目标，奖励成绩优异、表现突出的学生，可以调动大学生的主动性和积极性，激发他们奋发向上的进取精神，从而促进他们不断地开发自身内在的潜能。

第三，组织实践活动。实践是潜能转化为显能的中介和桥梁。人的潜能，只有在实践中，才能逐步显现出来，得到实际发挥，从而转化为显能。大学生管理通过支持和指导学生的社团活动和社会实践活动，鼓励和引导学生的科技服务和科技创新活动等，可以为大学生提供丰富多样的参与实践活动的机会，使他们的潜能在实践中得到开发和发展。

第二节　大学生管理的原则和理念

一、大学生管理的原则

大学生管理的原则是在大学生管理过程中必须遵循的基本准则。恩格斯指出："原则不是研究的出发点，而是它的最终结果；这些原则不是被应用于自然界和人类历史，而是从它们中抽象出来的；不是自然界和人类去适应原则，而是原则只有在适合于自然界和历史的情况下才是正确的"。因此，大学生管理原则的确定，主要依据大学生管理的内在规律、实践经验及党的路线、方针、政策。新形势下，大学生管理主要包括方向性、激励性、发展性和自主性等基本原则。

（一）方向性

大学生管理坚持方向性原则，是涉及培养什么人、如何培养人的根本性问题。大学生管理是高校办学的重要方面，是学校育人环节的重要一环，社会主义大学的主要目标是培养合格的社会主义事业建设者和可靠接班人，大学生管理工作直接影响这一目标的实现。

方向性原则是指确定大学生管理的目标，进行大学生管理活动，要与高校育人工作的总目标相一致，要与党和国家的教育方针、规范、政策和法律法规中规定的教育目标、管理目标等相一致。方向性原则是大学生管理中具有决定意义的基本原则。只有坚持这一原则，才能促进大学生管理沿着高等教育育人工作的总目标发展，才能保证大学生管理的正确方向，才能有利于培养全面发展的社会主义事业建设者和接班人。坚持方向性原则，是大学生管理的社会属性决定的，也是我国大学生管理历史经验的总结。

大学生管理中坚持方向性原则，关键需要做到三点。

第一，增强管理者的政治意识。大学生管理是具有鲜明的政治方向、价值导向的。任何社会的大学生管理都是为一定社会、阶级服务的。不同社会的大学生管理目的、理念、任务、方式、方法等，是有着显著差异的。然而，在我们的管理理论和实践中，往往存在着忽视管理的政治功能和价值导向的现象。一些人甚至不认为大学生管理有何方向性可言。因此，体现大学生管理的方向性，首要的问题就是增强管理者本人的政治意识，促进管理者有意识地在管理过程中思考管理的政治方向和价值导向。管理者要把方向性要求贯穿在大学生管理全过程和具体的活动中。引导广大学生积极投身改革开放和社会主义现代化建设，在为祖国、为人民的不懈奋斗中实现自己的人生价值。

第二，以制度的合法性体现管理的政治导向性。坚持方向性原则，就必须自觉接受党的领导，其核心是坚决贯彻党的方针、路线、政策。学校的各项制度就是贯彻党的方针、路线、政策的主要载体，是一定社会政治方向、价值导向等的具体体现。因此，学校层面制订的各类大学生管理相关制度，一定要与国家的法律、法规相一致。通过合法制度来保障大学生管理的方向性。要注重把方向性原则融入制度建设和执行的全过程，使学生坚定社会主义的理想信念，在实践中成长成才。

第三，按时代需求及时调整管理目标。坚持方向性原则不仅体现在政治方向上，而且体现在管理是否能为党和国家的中心任务服务。不同时期，党和国家的任务是不同的，对人才的需求也是不同的。这就要求大学生管理要紧扣时代主题，不断调整管理目标，创新管理模式。目前，发展是时代主题，经济建设是党和国家的中心任务，要根据这一中心任务制订具体的大学生管理目标。

（二）激励性

激励性原则，是指大学生管理中利用一定的物质手段或精神手段，引导学生思想行为的变化，调动学生的积极性、创造性，使学生的潜能得到最大限度地发挥，从而实现管理目标的基本准则。在大学生管理中，恰当运用激励性原则，将使管理活动更易于被学生接受，更好实现管理的目标。

激励的效果取决于在激励过程中采取的手段、方式能否针对大学生的发展实际、能否满足大学生的需要、能否在大学生内心形成自我激励的内在动力等。因此，在大学生管理中贯彻激励性原则，需要做到以下三个方面。

第一，运用正向激励手段。高校在学生管理过程中，科学、合理地运用激励机制，有助于调动大学生的能动性和创造性，改变大学生的观念、行为。正向的激励主要有两种：一种是物质上的，主要指金钱或是实物，物质利益的需求和满足是人生存和发展的一个必备条件。对学生进行一定的物质激励，有助于调动学生的积极性、主动性；另一种是精神上的，主要指通过各种形式的表扬，给予一定的荣誉。正向的激励有助于学生将外部的推动力量转化为自我奋斗的动力，充分发挥自身潜能，从而有效地激励学生成长成才。在大学生管理中，要协调好物质激励和精神激励的关系，依据学生的实际采取相应的激励手段，确保管理效果。

第二，在管理中树立典型，通过榜样进行激励。榜样使人有目标、有方向。因此，要善于树立榜样、培养榜样、宣传榜样，并鼓励学生学习榜样、争做榜样、成为榜样。

第三，采取情感激发的方式。"情感，是人格发展的诱因，是青年追求美好生活的动力。"要确保管理目标的实现，一般都要有感情的催化。当管理者与学生平等对待、敞开心扉、相处愉快时，管理活动就比较容易开展；当双方针锋相对、互不理解时，学生往往产生抵触情绪，管理效果就会打折扣。因此要求管理者不仅要以制度约束人，而且要以真情感染人，注重沟通，消除疑虑，用欣赏的眼光去看待学生，使每一个学生的需求得以尊重、困惑得以解决、特长得以发挥。

（三）发展性

大学生管理坚持发展性原则，包括两个方面：一是管理工作本身要不断发展，二是通过管理促进学生的全面发展。从管理工作本身来看，随着我国社会政治、经济、文化的不断发展，社会生活发生了复杂而深刻的变化，大学生管理工作的形势、环境、对象、任务发生了深刻的变化，这就要求管理的体制、机制不断变化，管理方式、目标、途径及时调整，以确保大学生管理工作的实效。

在通过管理促进学生全面发展方面，关键是做到以下三点。

第一，要树立发展意识。思想是行动的先导，有什么样的发展理念，就会有与之相应的管理方式和结果。传统的大学生管理重管理，把管住学生作为学生管理的出发点。个别管理者往往以强硬的制度规范、约束学生的行为，以训诫、命令代替沟通。这些方式往往会伤害学生的自尊心，挫伤学生的自主性，有悖于学生的全面发展。大学生管理坚持发展性原则亟须转变传统的观念，要有意识地把学生全面发展作为管理活动开展的前提。在大学生管理中，牢固树立促进学生全面发展的责任感和紧迫感，打破思维定式，以新的发展观念指导管理决策，设计管理计划，谋划学生的全面发展。

第二，要不断推动管理创新。通过管理促进学生全面发展，需要同时注重管理本身的发展，而管理的发展实际上是创新。服务于学生全面发展的管理创新就是在遵循大学生管理规律基础上，与时俱进，坚持继承与创新相结合，创造性地开展工作，促进学生全面成长和成才。目前，大学生管理的机制、途径、方法与载体都是在过去的环境条件下，针对过去的情况产生的。但是随着社会经济的迅速发展，大学生管理工作面临着新环境、新问题，大学生在思想上出现了迷惑和困扰，在观念上呈现出多元化特点。如果固守原有的管理方法必然不能较好地适应今天的需要，解决不了今天的问题。为此，创新大学生管理工作成为时代和社会赋予的重任。

第三，要统筹各方面的资源形成促进学生发展的合力。一直以来，我们在高校管理的实践工作中都强调高校学生管理包括管理学生和服务学生两大方面。但在具体操作上，管理却总是多于服务。实践证明，把职业生涯规划、生活帮扶、大学生就业指导、心理辅导等贯穿管理始终更易于发挥学生的主观能动性、激发学生的创造性，从而促进学生的发展。要理顺学校各管理部门关系，通过部门间的相互协调，相互联系，从而将组织内部各个要素联结成一个有机整体，使人、财、物、信息、资源等得以最佳配置，形成促进学生发展的合力。

（四）自主性

自主性原则是指高校在进行大学生管理时，使大学生参与到管理过程中来，充分调动大学生的积极性和创造性，进行民主管理，实现自我管理和自我服务。大学生管理遵循自主性原则，是由两方面决定的。一方面有利于育人目标的实现。管理的目标是育人，这就要求将外在的行为规范转化为内在的思想观念，从而支配管理对象的行为。如果不调动学生的主观能动性，学生就难于接受管理，管理的实效性就难于发挥。另一方面有利于满足学生自主管理的现实需求。随着我国社会主义市场经济体制的不断完善，高等教育逐步走向经济社会发展的前台，市场经济的自主、平等、竞争、法治精神对高校师生的影响不断深化，大学生自主意识不断增强。大学生渴望在各项事务管理中充当主角，自己管理自己，充分发挥主观能动性，实现自我管理、自我服务。

大学生管理中坚持自主性原则要做到以下三点。

第一，唤醒学生的自主管理意识。在大学生管理过程中，要营造轻松、愉快、快乐的氛围，使学生的自主需求得到尊重；同时，要使学生体会到自主管理的成就感，享受自主管理收获的成果。

第二，打造学生自主管理的平台。辅导员要抓好班委会、团支部、学生会等学生组织为载体的自主管理平台，增强凝聚力、吸引力，建立定期流动机制和激励机制，充分保证学生广泛地参与到自主管理中来。作为辅导员，要敢于充分"放权"，敢于把大学生管理工作交给学生，实现学生的自我管理、自我服务。

第三，加强对学生自主管理的指导。自主管理不等于放任自流，必须加强自主管理的指导，才能保证管理的方向和实效。保证管理的方向和实效有四方面的内涵，即明确方向，定准目标，告诉学生工作要达到的程度和要取得的效果；定好标准，明确思路，告诉学生怎样开展工作；做好监督，对学生任务执行情况进行跟踪观察，时刻关注工作进展情况；及时反馈，帮助学生及时调整方向，确保学生工作在正确的轨道上进行。

二、大学生管理的理念

大学生管理的基本理念是对大学生管理规律的认识和对实践经验的高度概括，是大学生管理必须遵循的基本指导思想。教育部 2005 年颁布的《普通高等学校学生管理规定》明确指出："高等学校要以培养人才为中心，按照国家教育方针，遵循教育规律，不断提高教育质量；要依法治校，从严管理，健全和完善管理制度，规范管理行为；要将管理与加强教育相结合，不断提高管理水平，努力培养社会主义合格建设者和可靠接班人。"因此，大学生管理应该坚持人本管理、科学管理、服务育人、依法管理的基本理念。

（一）人本管理

理性化和人性化一直是管理发展中的两条重要线索。泰罗及其科学管理理论是理性主义的典型代表，并长期居于管理思想的主流。20世纪二三十年代以来，随着"人际关系理论"以及"行为科学"的发展，人文主义逐渐占据管理思想的重要地位，人性和个人价值得到普遍认同。人本管理的思想要求在管理活动中，始终把人放在中心位置。在手段上，着眼于所有成员积极性发挥和人力资源的优化配置；在目的上，追求人的全面发展以及由此带来的效益的最优化。

在大学生管理工作中，坚持人本管理理念就是要以学生为本，就是要树立现代学生观，尊重学生的主体地位，促进学生的个性化发展，实现学生的多样化评价。在实际工作中尊重学生的主体性、差异性、丰富性、独特性，把学生当作有血有肉、有生命尊严、有思想感情的人；以学生成长成才为中心，真正尊重学生、理解学生、关心学生、引导学生。

首先，尊重学生主体需求，促进学生成长成才。要区分不同类型、不同层次学生的特点和需求，分层次、分阶段做深入细致的教育、管理和服务工作，建立起帮助学生成长、解决学生困难、方便学生办事、维护学生权益的大学生管理工作体系，让学生受到最好的教育。为此，大学生管理工作必须从学生的需求出发，把工作的需求与学生的成长成才需求紧密结合，把学生的当前需求与长远需求紧密结合，把学生个人的需求与群体的需求紧密结合，把表面的物质需求与深层次的精神需求紧密结合，努力培养德才兼备、品学兼优、知行合一的社会主义建设者和可靠接班人。

其次，体现学生的主体参与，实现学生的自主发展。就是要充分发挥学生的主体作用，引导学生参与管理实践，使学生成为管理的主人。学生参与管理的主要平台有学生会、班委会、团支部、社团联合会等学生组织，可以通过学生干部定期换届等方式，努力让每个学生都有机会参与管理。在就业管理、安全管理、资助管理等工作中，也要充分调动学生的积极性，引导学生参与相关政策制订和实施，真正实现管理依靠学生。

最后，实行民主管理。推行民主管理，尊重学生的主动性和首创性是人本理念的重要体现。为此，不仅要增强管理者和学生的民主管理意识，更要完善民主选举、决策和监督等民主管理运行机制，畅通民主管理渠道。

（二）科学管理

科学管理是20世纪初在西方工业国家影响最大、推广最普遍的一种管理思想，其代表人物泰罗被称为"科学管理之父"。科学管理的实质在于将实践积累的管理经验加以标准化、系统化、科学化，用科学管理代替经验管理。科学管理的主体思想包括三方面：①提高劳动生产率是科学管理的中心问题，是确定各种科学管理原理和方法的基础；②在管理实践中建立各种明确的规定、条例、标准，使管理科学化、制度化是提高工作效能、达到最高工作效率的关键；③科学管理不仅在于具体的制度和方法，而在于重大的精神变革。

大学生管理工作中的科学管理，特征是规范化、制度化和模式化，其价值核心在于提高学生管理的效率，强调建立完备的组织机构、详细的工作计划、严格的规章制度、明晰的职责分工、管理的程序化和采用物质激励以及纪律约束与强制。在这种管理方式下，大学生的学习模式、纪律制度、行为准则、运作程序都实现了规范化；信息传递、各项学习生活实现了程序化，最大限度地导引学生接受正确的价值取向，实现管理效能的最大化。

首先要用科学完备的制度规范引导人，尊重不等于放纵，没有规矩不成方圆。养成良好的行为习惯是学生成才的重要维度。为此要大力加强大学生管理的制度文化建设，建立科学、人性的大学生管理体制体系。

其次要构建平等和谐的师生关系，在师生互动中实现管理的和谐。管理者不应是高高在上的发号施令者，而应是积极的引导者和平等的协商者。管理者要以学生为友，平等地与学生交流，尊重学生的个性，真诚地为学生提供学业指导、生活帮扶和心理辅导。管理者尤其是辅导员老师，要在管理过程中，创造性地展示自己的才华，在与学生交往、交流中实现自己的理想与人生价值，真正做到互为主体、教学相长。

最后要建立一体化工作体制机制和运行模式。加强学生工作机构的建设，强化其组织协调功能，理顺学生管理系统各部门、各层次、各岗位的职责权限关系，使管理工作与教学工作、课堂内的管理与课堂外的管理、学院与机关、机关各职能部门以及各管理者之间坚持统一标准，统一的声音，形成合力，互相促进。

（三）服务育人

大学生管理说到底就是为大学生的全面发展和健康成长服务，而不仅仅是为了"管"学生，更不能把学生仅看作管理的对象。只有树立了管理就是服务、管理就是育人的理念，才能从根本上转变大学生管理的态度、思路、方法和作风。《中共中央国务院关于加强和改进大学生思想政治教育的意见》明确指出，高校加强和改进大学生思想政治教育是教书育人、管理育人、服务育人相统一的系统工程。要"坚持教育与管理相结合",要"从严治教,加强管理",要"建立健全与大学生成长成才相适应的管理制度体系"。要时刻注意把思想政治教育融入大学生管理之中,建立起自律与他律、激励与约束有机结合的长效机制。

第一,要强化服务意识,着力解决学生最关心的实际问题。大学生管理涉及关乎学生切身利益的诸多方面,比如学业问题、就业问题、家庭经济困难问题和心理问题等。管理者要高度重视解决学生的这些实际问题,让学生感受到关怀与温暖,为其接受管理者的教育与引导奠定感情基础。在解决实际问题的过程中,注重和解决思想问题相结合,既办实事又讲道理,坚持管理与教育的结合,做到既关心人、帮助人,又教育人、引导人。

第二,在实施管理时要注意学生的情感因素,注意制度的刚性和管理的弹性。学生管理是做"人"的工作的,人是有理性、有感情的。无论教育手段多么先进,也不能替代面对面的思想沟通;无论传媒手段多么发达,也不能替代人与人之间的感情交流。正是这种情感作用,才使得管理产生融洽和理想的效果,才能调动学生的积极性和主动性。要考虑每个学生的具体情况,采用学生最容易理解和接受的方式来实现管理。这样才能让学生乐于接受制度规范要求,主动地内化为自己的行为准则,从而形成良好的行为习惯和品质。

第三,要营造良好的管理氛围。良好的管理氛围不仅要求管理者对学生要真诚、尊重、理解、关怀和信任,同时更要求管理者时刻注重自身形象,把形象育人作为管理育人的重要方式。要建立全员育人的机制,形成全员育人、全程育人、全方位育人的格局。要创造丰富多彩的校园文化,校园文化具有丰富的内涵,对学生有潜移默化的教育和引导作用。通过校园文化活动使学生的业余生活更加丰富,能力得到锻炼,才干得到发挥,素质得到提高;使学生在浓厚的校园文化氛围中,身心愉悦,拓宽视野,获得全面、和谐的发展。

(四) 依法管理

依法管理是依法治国方略在高校的具体体现。大学生管理中强调依法管理,是指大学生管理必须要以法律为依据,符合法律要求。也就是说,大学生管理过程中的决策、计划、组织和控制,都必须纳入法律轨道,不能违法违规。大学生管理坚持依法管理,是大学生管理自身的发展需求。一方面,管理对象发生了较大变化,大学生的维权意识显著增强。另一方面,管理工作面临诸多新情况、新问题。比如国家助学贷款违约、学生就业签约违约、在校学生结婚、学生意外伤害或死亡处理、学生心理问题及隐私保护等。这些新情况、新问题对大学生的依法管理提出了迫切要求。

首先，要增强法律意识，加强法律知识学习。中华人民共和国成立以来，国家制订了《中华人民共和国教育法》《中华人民共和国高等教育法》《中华人民共和国教师法》等关于教育的法律，国务院还颁布了《中华人民共和国学位条例》《普通高等学校学生管理规定》《教育行政处罚暂行实施办法》等 200 多个法规、规章，基本形成了以《中华人民共和国教育法》为核心的关于教育的法律法规体系。作为大学生管理者，不仅自身要认真学习这些法律条文，深刻理解，做到关键问题心中有数，疑难问题随时查询，同时，还要注意引导学生积极学习各种常用的教育法律、法规和规章，了解自己的合法权利、义务，增强依法维权和依法履行义务意识，养成良好的学法、守法的习惯，为学生适应社会、推动国家法制建设夯实基础。

其次，要以法律为准绳，依法制订适用于学校实际的内部具体规章制度。目前，大学生管理的一般性法律法规已经比较健全，但是不同类型、不同层次、不同地区的高校有着不同的学生管理具体实际，需要按照《普通高等学校学生管理规定》等法律法规，制订适合学校实际的内部具体规章制度。

最后，要严格遵守法律法规。要把对学生的规范管理与对学生合法权益的有效维护结合起来，既严格要求，又要充分尊重和平等对待。尤其是在处理违规违纪学生时，一定要做到事实清楚，证据确凿，使用法律法规正确恰当，处理程序符合相关法律规定。做到不滥用职权，不越权，不以权谋私，公平公正。

第三节　大学生管理的过程与方法

一、大学生管理的过程

（一）大学生管理过程的界定与要素

1. 大学生管理过程的定义

所谓大学生管理过程，就是大学生管理工作者对影响和制约大学生发展和成长的各种因素及其相互关系及时做出相应调整，以实现整体目标的过程。大学生管理过程的实质，就是要把握组织环境、管理对象变化、发展的情况，并根据组织目标，适时调节管理活动，在动态的情况下做好管理工作。充分认识和掌握管理过程，才能既从局部上理解管理行为的各部分内容，有助于做好大学生管理的各部分工作，又能从整体上理解由各部分内容结合而成的全部管理活动，有助于做好大学生管理的全部工作。

2. 大学生管理过程的要素

大学生管理过程的要素主要包括：管理者、管理对象、管理手段和职能、管理目标。管理者即谁来管理；管理对象，亦即管理什么，包括人、财、物、时间、空间和信息等；管理手段和职能，即运用什么样的手段和方法、发挥什么样的功能和作用等，也就是如何管理的问题，包括运用行政方法、法律方法、经济方法和教育方法等基本管理方法，对管理对象进行预测、决策、计划、组织、指挥、协调、激励和控制等；管理目标，即朝着什么方向走，最终达到什么目标。这四个基本要素相互作用，缺一不可。

（二）大学生管理过程的特点分析

大学生管理过程既具有一般管理过程的特征，如目的性、有序性、可控性等，又具有区别于其他们管理过程的显著特点。与其他管理过程相比较，大学生管理过程主要有以下三个方面的特点。

（1）大学生的管理过程是一个大学生管理工作者与大学生双向互动的能动过程。大学生的管理工作是一种复杂的社会活动。社会的主体是人，人的活动构成了社会活动的基本内容。因此，在管理的过程中既要发挥管理者的主导作用，也要发挥被管理者的主体作用，并努力达到两者的统一。管理过程是管理者和被管理者之间相互影响、相互作用的一种双向互动的能动过程。作为管理者应该能动地认识和塑造被管理者，而作为被管理者则应该在管理者的启发和引导下，进行自我管理，并达到自我教育，从而实现接受管理和自我管理过程的有机结合，使被管理者将管理者所传授的思想观念和行为规范纳入自身的思想品德结构中成为支配和控制自身思想和情感行为的内在力量，即"内化"，实现由"管"到"理"，由"他律"到"自律"的飞跃。

（2）大学生管理过程是有效利用学校的各种资源，为大学生成长成才提供指导和服务的过程。大学生管理过程有别于一般管理过程就在于它以培养大学生成才为根本目标，而要实现这一目标，就必须对学校的各种资源进行分析和管理，将人、财、物、时间、空间、信息等各种管理要素组织运转起来，以求有效利用这些资源，使之发挥最大的效益，为大学生的健康成长和成才提供行之有效的指导。

（3）大学生管理过程是与大学生教育过程紧密结合，保证教育目标顺利实现的过程。大学生管理工作者在对大学生实施管理的过程中应坚持管教结合，管中寓教，教中有管。当今的大学生不仅思想活跃，而且有很强的自主意识和自尊意识，这就对大学生管理工作者的管理水平提出了较高的要求。在管理的过程中，管理者必须寓情于理，寓意于行，不断提高管理工作的水平，力争使管理的过程成为被管理者受启发、受教育和实现内化的过程，并且促使被管理者把已经形成的思想观念和行为准则转化为自己外在的行为，养成相应的行为习惯，即实现由"内化"到"外化"，由"自律"到"自为"的飞跃。

（三）大学生管理过程的主要环节

大学生管理过程主要包括决策、计划、组织和控制四个环节。这四个环节是既相互区别，又相互联系的。

1. 大学生管理决策

大学生管理决策是指大学生管理工作者为了达到一定的目标，在掌握充分信息和对有关情况进行深刻分析的基础上，运用科学的方法，从两个以上的可行性方案中选择一个合理方案的分析判断过程。大学生管理决策过程包括：研究现状，明确问题和目标，制订、比较和选择方案等阶段性的工作内容。

（1）研究现状。有问题有待解决才需要决策，也就是说，决策是为了解决一定的问题而制订的。因此，制订决策，首先要分析问题是否已经存在，是何种性质的问题，这种问题是否已经对社会、对学校、对大学生自身以及未来发展产生了不利影响。分析大学生学习、生活、各种能力的培养、实践活动以及未来就业、创业等可能遇到的种种问题和面临的挑战，确定问题的性质，把问题作为决策的起点。当然，研究这些问题的主要人员应该是学校高层管理人员，这不仅是因为他们要对学校的发展负责、对学生的未来发展负责，而且由于他们在学校中所处的地位使他们能够通观全局，高屋建瓴，易于找出问题的关键所在。

（2）确立目标。在分析了大学生学习、生活、各种能力培养、实践活动以及未来就业和创业等可能遇到的种种问题、面临的挑战或者说不协调之后，还要进一步研究针对问题将要采取的各种措施应符合哪些要求，必须达到何种效果，也就是说，要明确决策的目标。

要确立目标，需做好以下三个方面的工作。

一是提出目标。这一目标应该包括上限目标（理想目标）和下限目标（必须实现的目标）。

二是明确多元目标之间的相互关系。大学生管理目标是多重的，但是对于不同年级、不同专业的学生来说，其目标的相对重要性是不同的。在特定时期，决策只能选择其中一项作为主要目标。然而，多元目标之间的关系是既相互联系、又可能相互排斥的，如对毕业班的大学生来说，考研究生和考公务员以及求职之间就是这种既相互联系又相互排斥的关系。

因此，在选择了主要目标后，还要明确它与非主要目标之间的关系，以避免在决策的实施过程中将主要精力和时间投放到非主要目标活动中去，避免捡了芝麻丢了西瓜。

三是限定目标。目标的执行有可能给学校和大学生带来有利的结果，也可能带来不利的结果。限定目标就是要把目标执行的有利结果和不利结果加以权衡，规定不利结果在何种程度上是允许的，一旦超越这一程度则必须停止原计划，终止目标活动。一般说来，不论是何种目标，都必须符合三个基本特征：能够计量、能够规定期限、能够确定责任人。

（3）拟定决策方案。决策的关键在于选择，而要做出正确选择，就必须提供多种可供选择的方案。从实践来看，任何目标都可以通过多种不同的活动来实现，而不拟出几个实现它的抉择方案的情况是很少的。因为对于主管人员而言，如果看来只有一种行事方法，那么这种方法很可能就是错误的。在此情况下，主管人员可能就不再努力去考虑另一些能够使决策做得更好的方法。

决策方案描述了学校为实现目标拟采取的各种对策的具体措施和主要步骤，但是，由于目标的实现可以采取多种不同的活动，所以应该拟定出不同的行动方案。

首先，要确保有足够多的方案可供选择。为了使方案的选择有意义，不同方案必须相互区别而不能相互包容。假如某个方案的活动能够包含在另一个方案之中，那么这个方案就失去了存在的意义和价值。

其次，形成初步方案。一般说来，任何一个方案的产生都应该建立在对环境的具体分析和发现问题的基础之上，然后，根据问题的具体性质以及解决问题所要达到的目标，提出各种改进设想，并对诸设想进行分析、整理和归类，进而形成各种不同的初步方案。

最后，形成一系列可行方案。在对各种初步方案进行遴选、补充的基础上，对遴选出来的方案进行进一步完善，并预期其实施结果，这样便会形成一系列不同的可行方案。

（4）比较与选择。要选择方案，首先要了解各种方案的优劣。为此，需要对不同方案加以评价和比较。这种评价和比较主要包括如下几个方面。一是实施方案所需要的条件能否具备，具备这些条件需要付出何种成本；二是方案实施能够给学校和学生各自带来什么利益（包括长期利益和短期利益）；三是方案实施中可能遇到哪些问题，其导致活动失败的可能性有多大。

根据上述评价和比较，便可以寻找出各种方案的差异，分析出各种方案的优劣。在此基础上进行的选择，不仅要确定能够产生综合优势的实施方案，而且要准备好环境发生变化时可以启用的备用方案。确定备用方案的目的是对可预测到的未来变化准备充分的必要措施和应急对策，避免在情况发生变化后因疲于应付而忙中添忙，乱中增乱，或束手无策而蒙受这样或那样的损失。

2. 大学生管理计划

大学生管理计划就是在决策既定目标的前提下，进一步根据实际情况，科学地、及时地预计和制订为达到一定的目标的未来行动方案。具体来说，就是通过将学校在一定时间内的活动任务分解给学生管理的每个部门、环节和个人，从而不仅为这些部门、环节和个人的工作以及活动的检查与控制提供依据，而且为决策目标的实现提供组织保证。

大学生管理计划是一种协调过程，它给学生管理部门和学生管理工作者以及学生指明了方向。当所有有关人员了解了组织的目标和为达到目标他们必须做出的贡献时，他们便开始协调他们的活动，互相合作，形成团队。而缺乏计划则会走许多弯路，从而使实现目标的过程无效率而言。大学生管理计划还可以促使学生管理部门和学生管理工作者展望未来，预见变化，以及制订适当的对策，同时减少不确定性、重叠性和浪费性的活动。最后，大学生管理计划还能通过设立目标和标准以便于进行控制。在计划中必须要设立目标，而在控制职能中，人们又会将实际的绩效与目标进行比较，发现可能发生的重大偏差，采取必要的校正行动。可以说，没有计划，就没有控制。

（1）大学生管理计划的制订。一般来说，制订大学生管理计划可遵循以下程序。

第一，收集资料，为计划的制订提供依据。计划是为决策的组织落实而制订的，了解决策者的选择，理解有关决策的特点和要求，分析决策制订的大环境和决策执行的条件要求，是制订行动计划的前提。由于计划安排的任务需要不同专业、不同年级的大学生利用一定的资源去完成，因此，计划的制订者还应该收集反映不同专业和不同年级学生的活动能力以及外部有关资源供应情况的资料，从而为计划制订提供依据。

第二，目标或任务分解。目标或任务分解是将决策确定的学校总体目标分解落实到各个部门、各个活动环节，将长期目标分解成各个阶段的分目标。通过分解，便可以确定学校的各个部分在未来各个时期的具体任务以及完成这些任务应达到的具体要求。分解的结果是形成学校的目标结构（包括目标的时间结构和空间结构）。目标结构描述了学校中较高层次的目标（总体目标和长期目标）与较低层次目标（部门、环节、个人目标与各阶段目标）相互间的指导（如总体目标对部门目标、长期目标对阶段目标）与保证（部门目标对整体目标或阶段目标对长期目标）关系。

第三，目标结构分析。目标结构分析是研究较低层次目标对较高层次目标的保证能否落实，亦即分析学校在各个时期的具体目标是否能够实现，能否保证长期目标的达成。学校的各个部分的具体目标是否能够实现，能否保证整体目标的达成。如果处于较低层次的某个具体目标尚不能实现，那么就应该考虑能否采取一些补救措施，倘若做不到这一点，就应该考虑调整较高层次的目标要求，有时甚至要对整个决策进行重新修订。

第四，综合平衡。一般而言，综合平衡工作应着眼于：①分析由目标结构决定的或与目标结构对应的学校各部分在各时期的任务是否相互衔接和协调。具体来说，就是分析任务的时间平衡和空间平衡。时间平衡是要分析学校在各阶段的任务是否相互衔接，从而能否保证学校活动顺利进行；空间平衡则要研究学校的各个部分的任务是否保持相应的比例关系，从而能否保证学校的整体活动协调进行。②研究学校活动的进行与资源供应的关系，分析学校能否在适当的时间筹集到适当品种和数量的资源，从而能否保证学校活动的连续性。③分析不同环节在不同时间的任务与能力之间是否平衡，即研究学校的各个部分是否能够保证在任何时间都有足够的能力去完成规定的任务。由于学校的外部环境和活动条件会发生这样那样的变化，这样就可能导致任务的调整，因此，在任务与能力平衡的同时，还应该留有一定余地，以保证这种可能产生的调整在必要时能够顺利进行。

第五，制订并下达执行计划。在综合平衡的基础上，学校便可以为各个部门制订各个时段的行动计划（如长期行动计划、年度行动计划、季度行动计划），并下达执行。

（2）大学生管理计划的执行。制订计划的目的在于执行计划，而计划的执行需依靠学生管理工作者和大学生的共同努力。因此，能否保质保量完成计划，在很大程度上取决于在计划执行过程中能否充分调动广大学生管理工作者和大学生的积极性。

（3）大学生管理计划的调整。计划在执行过程中，有时需要根据实际情况的变化进行调整。这不仅是因为计划活动所处的客观环境可能发生变化，而且可能因为人们对客观环境的主观认识有了这样或那样的改变。

为了使大学生的各种组织活动更加符合环境特点的要求，必须对计划进行适时的调整。而滚动计划就是为了保证计划在执行过程中能够根据情况变化适时修正和调整的一种现代计划方法。这种方法根据计划的执行情况和环境变化情况定期修订未来的计划，并逐期向前移动，使短期计划、中期计划有机结合起来。

由于计划工作中很难准确地预测将来影响发展的各种变化因素，而随着计划的延长，这种不确定性就越来越大，如果一定要按几年以前的计划实施，可能会带来一些不必要的损失。采用滚动计划能够避免这种不确定性所带来的不良后果。滚动计划的基本做法是，制订好学校在一个时期的行动计划后，在执行过程中根据学校内外条件的变化定期地加以修改，使计划不断延伸，滚动向前。滚动计划方法主要应用于长期计划的制订和调整。这是因为，一般来说，长期计划面对的环境比较复杂，采用滚动计划可以根据环境变化和学校内部活动的实际进展情况适时进行调整，以便于使学校始终有一个为各部门、各阶段活动导向的长期计划。当然，这种计划方式也可以应用于短期计划工作，如年度和季度计划的制订和修订。

3. 大学生管理组织

大学生管理组织就是高校学生管理机构和学生工作管理者为了有效地实施既定的计划，通过建立管理机构，确定职位、职责和职权，协调相互联系，从而将组织内部各个要素联结成一个有机整体，使人、财、物、信息、时间、技术等资源得以最佳配置和利用。

大学生管理机构设置是否科学合理，组织工作是否有效，直接关系到大学生的成长和未来发展，关系着大学生管理目标的实现。要有效地实施大学生管理，一定要使大学生管理组织机构科学化、合理化，为此，就需要构建一套科学的大学生管理机构并使之有效发挥其职能。

（1）大学生管理机构及其职能。目前，各高校的学生管理工作已形成了大致一致的组织结构形式，具体表现为：学校党委和学校行政→校党委副书记和副校长→学生工作处和团委→院系党总支副书记→年级辅导员→学生会。

学生工作处。学生工作处同时具有行政管理职能和思想政治教育职能，既负责学生的招生、就业、奖惩、生活指导、日常行为管理等行政管理工作，又负责新生入学教育、日常思想教育和毕业生就业思想教育，如此安排为管理和教育有机结合提供了组织保障，有益于全校学生工作在学校党委宏观指导下有步骤有计划地进行，克服管理和教育脱节两张皮现象。

团委。团委在大学生管理方面的主要职能是：在学校党委的领导下，全面负责大学生团组织的建设和管理；负责对学生会和学生社团的管理和指导；组织和指导学生的社会实践活动和志愿者活动等。

学生会。学生会具有比较完整的组织系统，包括校学生会、院（系）学生会以及各班级的班委会。学生会具有比较严密的管理系统，各部门、各成员之间既有分工也有合作，既是相对独立的，又是一个整体。要使大学生管理工作有效实施，必须完善、巩固和依靠学生会组织。对学生组织，学校上级管理部门除了给予必要的指导外，在财力上也要给予一定的支持。同时还应该给予他们一定的权力和地位，充分发挥他们的积极性和主观能动性。由于学生会组织的结构设置涉及广大学生的方方面面，代表的是广大学生的利益，所以如何使学生会组织真正起到学生与学校之间的桥梁作用，对有效实施大学生管理非常重要。

大学生自我管理委员会。目前，有一些高校开始尝试设置大学生自我管理委员会，它一般挂靠在校学生处或团委，下面设立生活保障部、宿舍管理部和风纪监察部等机构。生活保障部的主要任务是参与创建文明食堂的宣传和教育，其目的在于美化就餐环境，维护就餐秩序，对不文明行为进行纠正和制止，创建文明的生活环境。宿舍管理部主要是与学校宿舍管理办公室或物业管理部门共同对宿舍进行管理，以求为广大学生营造一个清洁、安静、舒适的学习和生活环境。风纪监察部的主要职责在于整治校园环境，可定时、定点或随时随地对学生中发生的违纪行为进行监察，同时还承担着维护食堂秩序、学校巡视以及检查学生上课迟到、早退等方面的工作。

（2）大学生管理工作者的职务设计。著名管理学家哈罗德·孔茨说过："为了使人们能为实现目标而有效地工作，就必须设计和维持一种职务结构，这就是组织管理职能的目的。"为了提升大学生管理工作成效，各高校正在进行学生管理工作者的新的职务设计，力求实现学生管理工作者的"三化"——职业化、专业化和专家化。大学生管理工作是集理论性、知识性、实践性、时代性和时效性于一体的工作，它致力于大学生的成长和发展，应该成为一种专门的职业。

学生管理工作者既应该是学生教育管理服务工作的多面手，又应该是学生就业指导、生活学习指导、成才指导、心理咨询、形势与政策教育等方面的专业人才，唯有如此才能满足学生管理工作的需要，提高管理成效。在实际工作中，不仅能应付日常事务，还要认真研究学生工作中出现的新问题，要像专家和学者那样，把学生管理工作当作一种事业去经营、去追求，掌握学生管理工作的规律和艺术，成为学生管理工作方面的专家学者。

（3）大学生管理队伍的人员配备。为了进一步提高高校学生管理的水平和成效，各高校应该根据教育部的要求和实际工作需要，科学合理地配备足够数量的学生管理工作队伍，在保证数量的基础上，专兼职相结合，不断优化结构。目前，各高校的学生管理工作基本上采取院系主要负责制，由院党委副书记、专职辅导员及兼职辅导员协同工作。此外，基于目前大学生就业形势的日益严峻，不少高校在大学生管理队伍中尝试配备职业指导人员，旨在为大学生成功就业提供指导和必要的帮助。

4. 大学生管理控制

大学生管理控制是对大学生管理的计划、组织等管理活动及其效果进行测量和校正，以确保组织目标以及为此而拟定的计划得以实现的有效手段。大学生管理控制是大学生管理机构和每一位大学生管理工作者的重要职责，正确和因地制宜地运用控制手段和方法是使控制工作更加有效的重要保证。

著名管理学家亨利·法约尔认为，在一个组织中，控制就是核实所发生的每一件事是否符合所规定的计划，所发布的指示以及所确定的原则。其目的就是要指出计划实施过程中的缺点和错误，以便加以纠正和防止重犯。控制在每件事、每个人、每个行动上都起作用。因为，在现代管理系统中，各组织要素的组合关系是多种多样的，时空变化和环境影响很大，内部运行和结构有时变化也很大，加上组织关系的复杂，处在这样一个复杂多变的系统中，如果组织缺少有效的控制，就很容易产生错乱，甚至偏离正确的轨道。

著名管理学家亨利·西斯克也指出，如果计划从来不需要修改，而且是在一个全能的领导人的指导之下，由一个完全安全均衡的组织完美无缺地来执行的，那就没有控制的必要了。然而，现实情况往往与理想状态相去甚远，计划总是赶不上变化，在执行计划的过程中总是或多或少地出现与计划不一致的现象，于是，控制便成为一种必须。

控制是大学生管理过程一个不可分割的部分，是管理的一项工作内容。但是，控制不同于强制，正如日本社会学家横山宁夫所指出，最有效并持续不断的控制不是强制，而是触发个人内在的自发控制。

（1）控制的类型。根据时机、对象和目的的不同，我们可以将控制分为以下三种类型。

预先控制。预先控制是在活动开始之前进行的控制。控制的内容包括检查资源的筹备情况和预测其利用效果。

现场控制。现场控制也被称为过程控制，是指活动开始之后对活动中的人和事进行指导和监督。对大学生的学习和活动进行现场监督的作用在于：首先，使学生以正确的方法进行学习，参加各种活动。通过现场监督，大学生管理工作者可以直接向学生传授学习、参加各种活动的要领和技巧，纠正其错误的做法，从而提高大学生的学习能力和实践能力。其次，可以保证计划的执行和计划目标的实现。通过现场检查，大学生管理工作者可以随时发现大学生在活动中与计划要求相偏离的现象，从而将问题消灭在萌芽状态。

成果控制。成果控制亦即事后控制，是指在一项活动告一段落之后，对该活动的资源利用情况及其结果进行总结。由于成果控制发生在事后，因而对活动已经于事无补，其目的是总结经验教训，为未来计划的制订和活动的下一步推进提供借鉴。

（2）有效控制的要求。

1）适时控制。古往今来，人们都非常注意对管理的控制，古人云："勿临渴而掘井，宜未雨而绸缪""凡事预则立，不预则废"，今人则强调："预防胜于救治"。因此，我们有理由说，最有效的控制不在于偏差或问题出现以后的处理和补救，而在于事先通过适时控制消除可能导致偏差或问题的各种可能性，从源头上防止偏差或问题的形成。这也就是说，纠正偏差和解决问题的最理想方法应该是在偏差或问题未产生之前，就注意到偏差和问题产生的可能性，预先采取必要的防范措施，防止偏差或问题的产生。落实到操作上，就是建立预警系统，形成应急机制。

该机制的目的是通过建立预警系统，对可能发生偏差或问题的对象的信息进行分析和研究，及时发现和识别潜在的或现实的偏差或问题，进行客观评估，采取防范措施，防止和减少偏差和问题发生的可能。具体做法可以由各学校根据自己的实际情况，建立一支由班级、院系有关师生组成的突发事件预警队伍，该队伍的每位成员都要接受专门的培训，并且明确职责和分工，定期对本班、本系、本院的学生进行了解、评估和帮助，将有关的信息汇总到学校的突发事件干预机构，再由突发事件干预机构根据实际情况统一部署，采取相应的措施。与事后的亡羊补牢之举相比，事先的适时控制才是最重要的，与其在偏差或问题发生之后进行补救，莫若事先适时控制。

2）适度控制。适度控制是指控制的范围、程度和频度要恰如其分，恰到好处。那么，如何才能做到这一点呢？一般来说，要注意以下三个方面的问题。

一是既要避免控制过多又要防止控制不足。没有人喜欢被控制，事实上，控制多半会招致被控制者的不快，大学生亦是如此，但是不进行控制又是不现实的，因为失去控制往往会导致组织活动的混乱、低效甚至无效。行之有效的控制应该是既能满足对活动监督和检查的需要，又要防止与大学生产生激烈冲突。

为此，要求大学生管理工作者必须做到：注意避免控制过多，控制过多不仅会招致年轻大学生的反感，而且会扼杀他们学习和参加各种活动的积极性、主动性和首创精神，影响他们才能的发挥和能力的提高。防止控制不足，控制不足不仅会影响组织活动的有序进行，而且难以保证各层次活动进度和比例的协调，造成资源的浪费。此外，控制不足还可能导致大学生无视学校的正当合理要求，自由散漫、我行我素，破坏学校的校风校纪。

　　二是全面控制与重点控制相结合。学校管理机构和学生管理工作者不可能、而且也没有必要不分轻重缓急、事无巨细对大学生的所有活动进行控制。适度控制要求学校在建立控制系统时利用 ABC 分析法和例外原则等工具，找出影响大学生活动效果的关键环节和关键因素，并据此在相关环节上建立预警系统或控制点，进行重点控制。

　　三是控制的产出大于投入。一般来说进行控制是要有投入的，衡量工作成绩和活动成效，分析偏差或失误产生的原因，以及为了纠正偏差和补救失误而采取的措施，都需要一定的花费。与此同时，任何控制，由于纠正或补救了工作或活动中的偏差或失误，又会带来一定的成效。因此，一项控制，只有当它的产出超过其投入时，才是值得的。

　　3）客观控制。控制工作必须针对大学生学习和活动的实际情况，采取必要的纠偏措施和补救手段，促使其工作或活动继续有效推进。基于此，有效的控制必须是客观的，符合大学生实际情况的。客观的控制源于对大学生学习和活动的实际情况及其变化的客观了解和评价。为此，控制过程中采用的检查、衡量方法必须能够正确反映大学生活动在时空上的变化程度，准确地判断和评价各部门、各环节的工作与计划要求相符或背离程度。

　　4）弹性控制。俗话说：天有不测风云，人有旦夕祸福。大学生在学校学习以及参加各种活动时，难免遇到各种意想不到的突发问题或无力抗拒的变化，这些问题和变化可能会与原有的计划严重背离。而有效地控制即使在这样的情况下也应该能够继续发挥作用，维持正常运行。这也就是说，真正有效的控制应该是具有灵活性和弹性的。

二、大学生管理的方法

　　科学实施大学生管理，不仅要系统把握大学生管理的过程，还要掌握行之有效的管理方法。大学生管理的方法是复杂多样的，各种方法都有其特殊的作用和特点。全面掌握和正确运用大学生管理的方法，是提高大学生管理效率的关键。

（一）大学生管理方法的内涵

大学生管理方法，是指在管理活动中为实现管理目标、保证管理活动顺利进行所采取的工作方式。管理方法是管理过程中不可缺少的运作工具，它来自管理实践，而又与管理理论的形成有着密切的关系。从某种意义上说，现代管理理论中一个又一个学派的出现，无不标志着管理方法的一次又一次创新。

管理方法作为管理理论、管理原理的自然延伸与具体化和实际化，是管理原理指导管理活动的必要中介和桥梁，是实现管理目标的途径和手段，管理理论必须通过管理方法才能在管理实践中发挥作用。管理方法的作用是任何管理理论、管理原理都无法替代的。如今，管理方法在吸收和运用多种学科理论和知识的基础上已逐步形成了一个相对独立、自成体系的领域。

（二）大学生管理方法的类型及特点

随着大学生管理方法的日渐成熟，大学生管理方法也已逐渐形成了一个相对完整的管理方法体系。

1. 法律方法及其特点

大学生管理的法律方法是指以法律规范以及具有法律规范性质的各种行为规则为手段，调节大学生管理系统内外的各种关系，规范大学生管理行为的管理方法。大学生管理中所涉及的法律，既包括国家正式颁布的与大学生管理相关的法规，也包括各级政府机关所制订的具有法律效力的有关大学生管理工作的条例、规章和制度。法律方法的内容，不仅包括建立和健全各种法规，而且包括相应的司法工作和仲裁工作。这两个环节是相辅相成、缺一不可的。只有法规而缺乏司法和仲裁，就会使法规流于形式，无法发挥效力；法规不健全，司法和仲裁工作则无所依从，造成混乱。管理的法律方法具有以下特点。

（1）严肃性。法律和法规的制订必须严格按照法律规定程序进行，法律和法规一旦制订和颁布出来后就具有了相对的稳定性。法律和法规不可因人而异，必须保持它的严肃性。司法工作更是严肃的行为，必须通过严格的执法工作来维护法律的尊严。

（2）规范性。法律和法规是所有组织和个人行动的统一准则，对人们有同等的约束性。法律和法规都是用极严格的语言准确阐释其含义，并且只允许对它做出一种意义的解释。法律和法规之间不允许相互冲突，法规应服从法律，法律应服从宪法。

（3）强制性。法律、法规一经制订就要强制执行，每个公民都应该毫无例外地遵守。否则，就要受到国家强制力量的惩处。

2. 经济方法及其特点

经济方法是运用各种经济手段，调节各种不同经济利益之间的关系，以获取较高的经济效益和社会效益的管理方法。对大学生管理而言，所谓的经济手段主要包括奖学金和罚款等。奖学金是指政府、学校、社会为表彰和鼓励优秀学生而设立的一种精神或物质奖励，其设置具有激励效应。这种激励效应是通过评奖评优等外在因素的刺激，使学生完成目标的行为总是处于高度积极状态，以进一步鼓励、激发、调动其内在的积极因素，即通过对优秀者、先进者某种行为的肯定和奖励以及对优秀事迹的宣传，达到鼓励先进，鞭策后进，引导全体学生共同进步、全面成才之目的。奖学金的项目和条件应能表达学校管理者对学生的期望，并且能对学生的行为方向和努力目标具有引导作用。罚款是对大学生违反规章制度给学校造成危害的行为所进行的经济惩罚。它可以制约和收敛某些人的不轨行为。但是，罚款的名目和数额要适当，不能滥用。要防止用罚款来代替管理工作和思想工作的倾向，以免招致学生的不满和反对。奖励和惩罚最重要的是严明，该奖即奖，当罚则罚，激励正气，祛除邪气。只有这样，才能使奖学金和罚款成为真正的管理手段。经济方法具有以下特点。

（1）利益性。经济方法是通过利益机制来引导被管理者去追求某种利益，间接影响被管理者的一种方法。

（2）关联性。经济方法的使用范围很广，不但各种经济手段之间的关系错综复杂，影响面宽，而且每种经济手段之间的变化都会影响到多方面的连锁反应。有时它不仅影响当前，而且会波及长远，产生一些难以预料的后果。

（3）灵活性。一方面经济方法针对不同的管理对象可以采用不同的管理手段。另一方面，对于同一管理对象可以在不同情况下采用不同方式来进行管理。

（4）平等性。经济方法承认被管理的组织和个人在获取自己的经济利益上是平等的。学校按照统一的价值尺度来计算和分配成果。各种经济手段的运用对相同情况的大学生具有相同的效力。

3. 行政方法及其特点

行政方法是指依靠行政组织的权威，运用命令、规定、指示条例等行政手段，按照行政系统和层次，以权威和服从为前提，直接指挥下属工作的管理方法。行政方法的实质是通过行政组织中的职务和职位来进行管理。它特别强调职责、职权、职位，而并非个人的能力和特权。由于在行政管理系统中，各个层次所掌握的信息也应当是不对称的，所以才有了行政的权威。上级指挥下级，完全是由于高一级的职位所决定的。下级服从上级是对上级所拥有的管理权限的服从。行政方法实际上就是行使政治权威，其主要特点如下。

（1）权威性。行政方法所依托的基础是管理机构和管理者的权威。管理者权威越高，他所发出的指令的接收率就越高。提高各级领导的权威，是运用行政管理方法的前提，也是提高行政方法有效性的基础。对大学生管理工作者而言，必须努力以自己优良的品质、卓越的才能去增强管理权威，而不能仅仅依靠职位带来的权力来强化权威。

（2）强制性。行政权力机构所发出的命令、指示、规定等对管理对象具有程度不同的强制性。行政方法就是通过这种强制性来达到指挥与控制管理活动的目的。但是，行政强制与法律强制是有区别的，表现在法律的强制性是通过国家机器和司法机构来执行的，只准许人们可以做什么和不可以做什么；而行政的强制性是要求人们在行动和目标上服从统一的意志，它在行动的原则上高度统一，但允许人们在方法上灵活多样。行政的强制性是由一系列的强制措施作为保证来执行的。

（3）垂直性。行政方法是通过行政系统和行政层次来实施管理的，因此基本上属于纵向垂直管理。行政指令一般都是自上而下，通过纵向直线下达。下级组织和领导人只接受一个上级的领导和指挥，横向传来的指令基本上没有约束力。因此，行政方法的运用，必须坚持纵向的自上而下，切忌通过横向传达指令。

（4）具体性。相对其他方法而言，行政方法比较具体。不仅行政指令的对象和内容是具体的，而且在实施过程中的具体方法上也因对象、目的和时间的变化而变化。所以，任何行政指令往往都是在某一特定的时间内对某一特定的对象起作用，具有明确的指向性和时效性。

（5）无偿性。运用行政方法进行管理，上级组织对下级组织的人、财、物等的调动和使用不按等价交换的原则，一切根据行政管理的需要，不考虑价值补偿问题。

（6）稳定性。行政方法是对特定组织行政系统范围内适用的管理方法。由于行政系统一般都有严密的组织机构、统一的目标、统一的行动，以及强有力的调节和控制，对于外部因素的干扰有着较强的抵抗作用，所以，运用行政方法进行管理可以使组织有较高的稳定性。

4. 教育方法及其特点

教育是指按照一定的目的、要求对受教育者从德、智、体诸方面施加影响的一种有计划的活动。大学生管理中的教育方法主要是指通过深入细致的思想政治教育，激发大学生的积极性和主动性，引导大学生的思想和行为，以实现大学生管理职能的管理方法。教育是管理的基本方法之一。这是因为，管理的中心是人，而人的行为总是受一定的思想支配和制约的，因此，在管理中就要注意做好人的思想工作，通过影响人们的思想去影响人们的行为，从而促进组织目标的实现。而大学生管理作为大学生教育和培养工作中的一个重要组成部分，更要注重运用教育的手段，以增强大学生管理的教育性。教育方法具有以下几个方面的特点。

（1）启发性。教育方法重在通过通情达理的说服，启发大学生认同学校教育与管理的目标，并把个人的目标与学校教育与管理的目标紧密结合起来，从而使大学生能够自觉地遵循大学生行为规范，积极主动地为实现学校的教育与管理目标而努力。

（2）示范性。大学生管理的目的在于促进大学生的全面发展，使其个性得到张扬和完善。在这个过程中，大学生管理工作者的言传身教、人格魅力对大学生起着十分重要的示范作用。

（3）潜在性。大学生思想教育是一个春风化雨、润物细无声的过程，是一个全身心投入、彼此产生共鸣的过程，因而具有潜在性的特点。

（4）长效性。运用教育方法，可以帮助和引导大学生树立正确的世界观、人生观和价值观，从而对他们的行为起到持久的引导、激励和规范作用。

（三）大学生管理的主要方法

大学生管理方法一方面要接受管理理论的指导，另一方面又以自身的发展促进管理理论的深化和发展。因为大学生的活动及其形式总是千变万化的，现实的条件也不可能总一成不变，因而实际的管理不可能照搬照套固定模式，这一点就像著名管理咨询家汤姆·彼得斯所说："管理根本不存在一般模式，即使有也不是成功的标志……当然，管理并非无理可循，它也有一定的规则和原理，但正如有人所说：管理如同下棋，管理的规则和范例如棋谱，分析棋谱绝对对棋艺的精进有帮助，但是棋谱不可能重复，一旦置身于问题的迷阵之中，解决的方法便没有规则可循了。所以，原则自然要相信它，但应用时就要艺术化，而且要使自己明白没有任何东西是可以永恒的，世上没有最好的管理方法，谁说知道了管理的永恒法则，上帝都会窃笑而已，任何执着于书本和信条的人都是傻瓜"。由此可见，采用任何管理方法都要有一定的灵活性，要具体问题具体分析，过分执着于信条往往事与愿违。

1. 目标管理的方法

目标管理是由管理大师彼得·德鲁克于 1954 年提出来的。德鲁克认为，为了充分发挥不同组织成员在计划执行中的作用，协调他们的努力，必须把组织任务转化成总目标，并根据目标活动及组织结构的特点分解为各个部门和层次的分目标，组织的各级管理人员根据分目标的要求对下级的工作进行指导和控制。目标管理要求组织内的每一个人、每一个部门全力配合实现组织的目标，对于分内的工作自行设定目标，决定方针，编订制度，以最有效能的方法达成目标，并经由检查、绩效考核、评估目标达成状况及尚需改善之处，作为后续目标设定的参考依据。

（1）目标管理的程序。

第一，设定目标。设定目标包括确定学校的总目标和各部门的分目标。总目标是学校在未来从事活动要达到的状况和水平，其实现有赖于全体成员的共同努力。为了协调大学生在不同时间地点的努力，各个部门的各个成员都要建立和学校目标相结合的分目标。这样就形成了一个以学校目标为中心的一贯到底的目标体系。在设定每个部门和每个成员的目标时，大学生管理部门和学生管理工作者要向学生提出自己的方针和目标，学生也要根据学生管理部门和学生管理工作者的方针和目标制订自己的目标方案，在此基础上进行协调，最后由学生管理部门和学生管理工作者综合考虑后做出决定。具体来说，设定目标就是要做到每个院系、每个班级在不同的阶段都要设定不同的目标，如学习目标、实践能力目标、纪律目标、卫生目标以及道德修养和人生理想目标，并以此作为努力的方向。同时，还要注意目标的设定一定要明确清晰、能够量化。要求要适度，既要具有挑战性，又是通过努力可以达成的。最后，还要为目标的实现确定一定的时程，即目标实现要有一定的时间限定，不能无休止。

第二，执行目标。各层次、各院系的大学生为了达成分目标，必须从事一定的活动，同时在活动中必须利用一定的资源。为了保证他们有条件组织目标活动，就必须赋予他们相应的权力，使之能够调动和利用必要的资源。有了目标，大学生们便会明确努力的方向，而有了权力，就会产生强烈的与权力使用相应的责任心，从而充分发挥自己的判断能力和创造能力，使目标执行活动有效地进行。

第三，评价结果。成果评价既是实行奖惩的依据，也是上下左右沟通的机会，同时还是自我控制和自我激励的手段。成果评价包括学生管理机构和学生管理工作者对学生的评价，学生对学生管理部门机构和学生管理工作者的评价，同级关系部门相互之间的评价以及各层次自我的评价。这种上、下级之间的相互评价有利于信息和意见的沟通，也有益于组织活动的控制。而横向的关系部门相互之间的评价，也有利于保证不同环节的活动协调进行。而各层次中学生的自我评价，则有利于促进他们的自我激励、自我控制以及自我完善。

第四，实行奖惩。学生管理部门和学生管理工作者对不同成员的奖惩，是以上述各种评价的综合结果为依据的。奖惩可以是物质的，也可以是精神的。公平合理的奖惩有利于维持和调动大学生们饱满的工作热情和积极性，奖惩有失公正，则会影响大学生行为的改善。

第五，确定新目标。开始新的目标的管理循环。成果评价与成员行为奖赏，既是对某一阶段组织活动效果以及成员贡献的总结，同时也为下一阶段的工作提供了参考和借鉴。在此基础上，为各组织及其各层次、部门的活动制订新的目标并组织实施，便展开了目标管理的新一轮循环。

（2）实施目标管理应遵循的原则。

1）授权原则。即在大学生实施目标的过程中，学生工作管理者要能够给予学生适度授权。

2）协助原则。即学生工作管理者要给学生提供有关资讯及协助，并且要帮助他们排除实际执行中的一些困难，解决一些问题。

3）训练原则。作为高校学生工作管理者，一方面要进行自我训练，以不断提高自己目标管理的水平，另一方面还要训练学生，帮助他们掌握相关的方法。

4）控制原则。目标的实现是有期限的，为了确保目标的顺利实现，学生管理部门和学生工作管理者在每一阶段中都要对学生的活动加以监督、检查，对出现的问题及时进行协助矫正。

5）成果评价原则。成果评价原则由一系列原则构成，这些原则包括公开、公平、公正和成果共享原则。坚持公开原则就是要求公开评估，如学生进行自我评估，学生管理工作者进行客观评估。坚持公正和公平原则就是本着对事不对人的原则对目标达成情况进行客观比较。坚持成果共享原则要求充分肯定学生的成绩，将成绩归于学生。

2. 刚性管理的方法

所谓刚性管理，是指以规章制度为核心，凭借制度约束、纪律监督、奖惩规则等手段对组织成员进行管理。刚性管理是一种强调严格的控制，采取纵向高度集权的、以规章制度为核心的管理。规章制度往往是以规定、条文、标准、纪律、指标等形式出现，强调外在的监督与控制，具有很强的导向性、控制性，其约束力是明确的。俗话说：没有规矩，不成方圆。任何一个组织机构，它的正常运行和发挥效益都离不开严格的制度和规范。刚性管理是保证一个组织健康、正常运转所必要的管理机制的一个有机组成部分，它是以"合于法"为基本思路的管理方式和手段。

大学生正处于成长的关键时期，极易受外界环境的影响，惰性的增长较为容易，判断能力、自我控制能力也比较差。在自身发展过程中，表现出强烈的自我矛盾倾向。如自我意识虽强，但缺乏自我监督、约束和调控的能力。有自我设计、自我奋斗、自我选择、自我发展的欲望，但是又受到自身素质、能力和社会环境的限制。在如此情形下，刚性管理不仅是必要的，而且也是行之有效的。刚性管理的出发点并不是为了惩罚学生，而是在"法理"的前提下，达到正确规范学生、约束学生的行为，进而维护学校秩序，提高教育教学质量，提升学生的学习和活动效率，促进学生成长的目的。

刚性管理强调以外在的规范为主，它主要通过各项政策、法令、规章、制度形成有序的行为。管理者的意志通过这些具体条文体现，学生的一切行为都有章可循、有据可依，是非功过的评说都有统一的标准、统一的尺度。这些有形的东西不仅具有很强的可操作性，使学生有明确的行动方向，而且给学生以安全感和依托感，使学生放心地、充满希望地在制度框架内自由行动。实施刚性管理，应着力抓好以下几个环节：

（1）依法治校、依法管理，构建宏观管理体系。以管理主体结构为基础，构建新的学生宏观管理体系，以法制建设为手段，保证宏观管理的有序高效运行。随着教育活动层次和范围的不断拓展，教育行为的社会背景也发生了许多变化，学生不再被简单地当作学校管理的相对人，而是学校内部关系的权利主体，不仅仅承担义务，而且享有权利。2005年9月，教育部新颁布的《普通高校学生管理规定》，明确提出了学生所享有的六项权利和应该履行的六项义务，为学生管理内容和范围提供了依据。

（2）制订校纪校规，严格管理。学校为了维护教学秩序和教育环境，必须对违反校规和屡犯错误的学生（如考试作弊、旷课、斗殴等）给予处分。当然，在管理制度上对违纪的处分标准要依法和清晰，不能恣意专断地滥用学生管理权。在做出涉及学生权益的管理行为时，必须遵守权限、条件、时限以及告知、送达等程序义务，做到程序正当、证据充分、依据明确、处分恰当。

（3）建立日常工作制度。学生管理的日常工作，有相当一部分是可预见的、有规律可循的。建立规范化的日常工作制度，既可以为学生工作在执行、管理方面提供制度上的保障，也便于监督，同时还能够提高工作效率，降低工作成本，减少违纪现象。

3. 柔性管理的方法

柔性管理是相对于刚性管理提出来的。进入 21 世纪，人类对管理的要求已经不单单停留在严格、规范、科学的层面，而是更强调人性间的相互关怀和人格尊重，旨在不断追求人与人之间的情感互动和心灵共鸣，从而共同实现组织目标。促进人的全面发展的管理活动越来越为人们所接受并运用。于是，柔性管理便应运而生。大学生管理亦是如此，它面对的是有思想、有感情、有追求的大学生，单纯的刚性管理已不能完全解决大学生管理中面临的许多问题，必须辅之以柔性管理。柔性管理坚持以人为中心，注重人文关怀和心理沟通，强调通过营造和谐的组织文化和共同的价值观，以增强组织的向心力和凝聚力，从内心深处激发每个成员的积极性、主动性和创造性。柔性管理是刚性管理的完善和升华，以刚性管理为基础和前提，旨在使组织焕发生机和活力。如果说刚性管理更多地表现为静态的外现行为，那么柔性管理则更多地表现为动态内隐的心理认同。但对于大学生管理而言，不管是刚性管理，还是柔性管理，其落脚点都是为了促进大学生的成长发展。因而这两种方法在大学生管理中如同车之两轮，鸟之两翼，是相辅相成的，应该做到"共融、共生、共建"，实现刚柔相济。

对高校学生管理工作者来说，柔性管理的精髓在于以学生为本，注重人文关怀，它强调在尊重大学生人格和尊严的基础上，充分发挥大学生的积极性、主动性和创新精神，使之在大学的学习、生活、能力培养、品格塑造、校园活动以及社会实践方面变被动为主动，变消极为积极，变他律为自律，促进大学生自我管理、自我约束、自我完善，趋善避恶，使之成长为适应社会需求的高素质、强能力、富有良好潜质和优秀品格的优秀人才。

实施柔性管理，应该遵循以下几点基本要求。

（1）确立"以学生为本"的管理理念。学生管理工作者在对大学生的管理中，必须确立"以学生为本"的管理理念，将"一切为了学生，为了学生的一切，为一切的学生"作为工作的出发点，整个学生工作围绕学生的全面发展来展开。为此，必须改革以管理者和管理制度为中心的传统管理，实现工作方式方法由管理型向引导服务型转变，由说教型向示范型转变，真正体现"以学生为本"的工作态度，把保障和维护学生的利益放在所有工作的首位，以促进大学生全面协调发展为目标,把管理与大学生的幸福、自由、尊严、价值目标联系在一起,切实做到在情感上感动学生,在人格上尊重学生,在学习上激励学生,在生活上关心学生,在成才上引导学生。尽一切力量在学生的学习、生活、实践等方面予以帮助和指导,最大限度地满足每一个学生成长成才的需要。

(2)进行个性化管理。柔性管理的职能之一就是协调,而协调关系只能从个体开始。也就是说学生管理工作者必须与具体的学生打交道,在打交道中形成共识,形成相似。心理学家在对魅力的研究中发现,人们对于与自己相似的个体容易保持好感,这是因为"相似性吸引"使然。因此,学生管理工作者应该由个体入手进行工作,实施个性化管理,凡事因人、因事、因时、因地而异,充分考虑学生的个性特点、兴趣爱好、个人定位、个人素质和能力、优势劣势以及未来的职业目标等因素,既考虑学生思想动态、心理变化以及需求的共性,又要兼顾学生不同性格特点、兴趣爱好、未来职业选择和职业目标的差异性,进行有针对性(必要时可以一对一)的个性化管理。.

(3)发挥大学文化的引领作用。大学文化虽然是一只无形的手,但却是一所大学的灵魂之所在,它在塑造大学个性、凝聚广大师生员工的精神和灵魂方面发挥着巨大作用。健康向上、充满活力且体现时代精神的大学文化对学生价值观的形成、行为的规范、素养的提升具有潜移默化的影响,因此,在柔性管理中,应该发挥大学文化的引领作用,有针对性地将大学文化融于院风、班风、学风的建设之中,甚至融于一切活动中,以此培养大学生健康向上、积极进取的精神和良好的行为,使之不仅学会做事——掌握知识、发展能力,而且学会做人——养成良好习惯,形成健康人格、优良品德,促进大学生的自我完善和不断成长。

(4)建立健全激励机制。没有激励就没有动力,从某种意义上说,对大学生的管理就是围绕着激励展开的,激励是大学生自主性、主动性、积极性、创造性和潜力得以持续发展的动力源泉。从管理学角度看,人的所有行为皆由动机支配,动机又由需要来引发,无论何种行为,其方向都会指向目标,并进而满足需要。基于此,对大学生的管理也必须从培养全面发展的、适应社会需要的人才出发,从大学生的具体需要、动机、行为、目标入手,建立健全大学生激励机制,关注大学生的思想、情感、心理以及行动,帮助学生进行目标管理,指导学生进行职业生涯规划,为每个人的个性化发展拓宽空间。创造一种激励学生提高素质、强化能力、健全人格、激发创新、追求卓越的文化环境,激发学生夯实专业基础、不断提高能力水平、加强思想品德修炼,使之成为有理想、有目标、有追求、有能力的优秀人才。

(5)注重身体力行。彼得·德鲁克在《有效的管理者》一书前言中指出:管理工作在很大程度上是要身体力行的。如果管理者不懂得如何在自己的工作中做到卓有成效，就会给其他人树立错误的榜样。大学生管理的形式多种多样，诸如树立典型、学习材料、宣讲规范、个别谈心、反例警示、创造环境等，其中运用最多的是言教，而效果最好的是身教。身教重于言教。孔子说："其身正，不令而行；其身不正，虽令不从。"

当代大学生崇尚人格魅力，高校学生管理人员要实现对大学生的有效管理，必须首先赢得大学生的尊重。而要做到这一点，除了自身德才兼备以外，还必须以自己的真诚无私去换取学生的真诚无私，以自己的善良正派去构筑学生的善良正派，以自己的务实强干引领学生的务实强干，以自己的纯洁美好去塑造学生的纯洁美好。唯如此，学生管理工作者才能以榜样的力量激励学生，以高尚的人格感染学生，以实在的行动带动学生，使之产生强烈的认同感，消除其对抗情绪和逆反心理，促使其真正做到言行一致，知行合一。大量事实证明，学生管理工作者的身体力行，不仅可以提高管理的实效性，同时还可以减少重复劳动和无效工作。

4. 民主管理的方法

当前的大学生管理工作中，实施民主管理势在必行。对民主的追求是人的一种高层次追求。民主与人的素质有关，大学生作为文化素质比较高的人群对民主会有更高更切实的要求。对大学生实施民主管理，不仅有助于大学生学习、生活和社会实践活动的有效进行，也有利于大学生实现自身的全面发展。实施民主管理，应着力做到以下几点。

（1）尊重学生的主体性。对大学生进行民主管理，就是要求在对大学生的管理中重视人的因素，也就是重视大学生的主体性，把大学生视为具有独立人格的个体。目前，有些学生工作管理者忽视学生的主体地位和平等独立的人格，如，部分规章制度都是在学生不知情的情况下制订出来并要求学生遵守的，学生在这一过程中完全处于被动的位置。再如，为了执行上级任务，忽视学生主体意愿，单方面强制性开展活动。要实施民主管理，大学生管理工作者必须改变态度，充分尊重大学生的主体地位，将其视为实现教育目标的主体，实现学校特别是大学生管理工作者与学生之间的互动，倾听他们的心声，反映他们的要求。对大学生的重视和尊重，会激发大学生对学校和学生工作管理者的信任和合作态度，进而支持其工作，如此就会达成学校和大学生管理工作者与大学生之间的相互信任、相互支持，从而取得良好的管理效果。

（2）正确认识学生的价值。大学生管理的对象是大学生，大学生管理的目的在于促进大学生身心健康的发展，使其个性得到张扬。在大学生管理中，应该充分发扬民主，把大学生既看作高校学生管理工作的对象，又看作管理的主体。目前，有些高校的学生工作管理者在进行管理和教育的过程中，缺乏民主，忽视人的自觉性，重制度，轻教育，工作简单粗暴，奉行惩办主义，脱离育人的宗旨，导致师生关系紧张，这种管理方法必须摒弃，应转而采取民主的方法。着力培养大学生的主体意识，引导大学生自我管理、自我教育、自我服务、自主发展等，促使其主体能力最大限度地发挥，为日后走向社会、走向工作岗位打下坚实基础。

（3）建立学生参与管理的新型管理模式。从大学生的心理特征来看，他们正处于心理自我发现期，这一时期产生了认识和支配自我、支配环境的强烈意识，他们的思想和行为表现明显区别于中学生的相对独立的倾向，希望自己的意志和人格受到外界更多的尊重。他们对学校制订的规章制度、行为纪律会思考其合理性，不想被动地处于服从和遵守的地位，而是要求参与管理。根据大学生的这一心理特点，大学生管理应该打破传统的专制管理模式，激励大学生在管理中的主动精神和主人翁态度，鼓励大学生对学校的各项工作进行策略思考，形成民主管理的良好氛围，使学生真正参与到高校事务中来，体现学生的主体地位。如建立学校与学生的平等对话关系，让他们参与到教学工作、管理工作、后勤工作、社团工作中来，这样不仅可以减少潜在冲突的发生，而且可以改善学校及学生管理工作者与学生的关系，建立彼此合作、相互依赖、相互尊重、平等对话的良性互动关系和双方主体间的伙伴关系。

5. 系统管理的方法

所谓系统管理，即将相互关联的过程作为系统加以识别、理解和管理，以便于组织提高实现目标的有效性和效率。

大学生管理具有系统性管理的特点，主要表现在以下几个方面。

一是整体性。大学生管理作为一个系统是由多个子系统组成的，如，教学管理、生活管理、社团管理、社会实践管理、就业管理等，这些子系统之间既是相互独立的，同时又相互依存、相互影响和相互制约。根据系统论思想，如果整个学生管理系统的各个子系统的功能都能发挥正常，那么整体的功能就会比较理想。即使某些子系统的功能发挥不甚理想，只要能够组成一个良好的有机整体，一般情况下也能够取得较为理想的效果，这就是所谓的整体大于部分之和。

二是关联性。大学生管理工作中的各要素既相互区别，又相互联系、相互作用、相互依存，并各有分工。如，社团管理与社会实践管理尽管分工不同，但彼此之间却又紧密相连，很多时候会表现得你中有我，我中有你。

三是环境适应性。特定的环境会造就特定的管理，大学生管理离不开特定的环境，如，大学生专业知识的学习、实践能力的打造、品格素养的修炼等都需要在一定的环境中进行，离开一定环境是不可想象的。学生管理工作只有具备了环境的适应性，能够顺应环境、有效利用环境提供的有利条件，才会富有成效。

四是动态平衡性。学生管理系统的各要素在时间、空间和资源上的不同组合，要随着宏观环境即社会的变化发展而变化发展，对宏观环境要保持灵敏的适应性。如，在当今金融危机背景下，社会对大学毕业生的素质能力提出了新的要求，上手快、学习能力强、富有创新精神成为许多用人单位的共同诉求，这就要求我们的学生管理工作必须改变传统的重知识灌输、轻学习能力和创新能力培养的教学管理模式，变单纯的知识教育为知识与能力培养并重，加大社会实践的力度以适应社会需求。与此同时，还须保持系统的动态平衡，即让系统的各要素在各环节上保持相应的比例关系，以免系统内部失调，影响整个系统的正常运转。

五是目的性。大学生管理系统是一个具有多种目标的系统。在这一系统中，既有总的目标，又有分目标，总目标、分目标有机结合形成一个目标体系，通过目标体系的不断优化，实现资源的有效利用，如，一方面要最大限度地利用学校资源，另一方面还可以争取社会上一切可能的资源为我所用，以此推动学生管理工作的突破，使之为学生提供最大的发展空间。

在大学生管理工作中实施系统管理，应着力抓好以下几个环节。

（1）建立一个多维立体的大学生管理体系，以最佳效果和最高效率实现管理目标。这一体系应包括：一种大学生管理组织结构、一种符合大学生学习和成长特点和进一步发展的管理模式、一套标准化的工作流程、一套科学完善的大学生管理工作制度、一套行之有效的管理运作方法等。

（2）正确理解和把握体系内各过程的相互依赖关系。在一个体系中，各过程是紧密相连的，往往会牵一发而动全身。因此，作为大学生管理工作者，应该力争在学生工作管理过程中做到统筹兼顾，实现体系内各个过程之间的相互协调、相互配合，谋求 $1+1>2$ 的效果。

（3）各部门及人员须正确认识和理解为实现共同的目标各自所必须发挥的作用和担负的责任。作为同一系统的各层次、各部门的管理人员必须各尽其职，各负其责，这样才能减少职能交叉造成的障碍，顺利实现大学生管理的目标。

（4）大学生管理的决策者必须准确判断各个管理部门的组织能力，在行动前确定资源的局限性，避免因决策失误或虑事不周而造成人力、物力、财力的浪费。

（5）设定目标，并据此制订计划，设计方案，确定如何有效运作本体系中的一些特殊活动，使之能够高水平完成。

（6）通过测量和评估，持续改进体系。通过研究制订完善测量、评估制度与办法，探索建立评估制度体系，加强对评估指标体系和规范简便评估办法的研究，及时进行检查和评估，从而不断提高大学生管理的质量与水平，努力推进大学生管理目标的实现。

第二章 高校大学生管理的发展与创新

大学生管理是随着高等教育的发展而发展的。本章在对大学生管理历史考察的基础上，总结了大学生管理的基本经验，注重把握新时代大学生管理新情况和新趋势，并进一步探讨了不断创新大学生管理的实现路径。

第一节 大学生管理的发展

一、大学生管理的历史经验与创新路径

（一）大学生管理的历史经验积累

大学生管理的实践，特别是改革开放以来的探索，为大学生管理积累了基本经验。概括地说，主要包括以下几个方面。

第一，遵循国家教育方针，确保大学生管理的正确方向。

国家教育方针，是国家在一定历史时期内为实现该时期的基本路线和基本任务，对教育工作所提出的总的指导方针。国家教育方针规定着我国教育的总方向和培养目标，集中体现了坚持党对教育工作的领导，坚持教育为社会主义现代化服务，为人民服务，教育与生产劳动相结合，培养德、智、体、美全面发展的合格社会主义建设者和可靠接班人等要求。高校一切工作都要紧紧围绕国家教育方针来进行。

大学生管理作为一种高校工作管理手段，是为国家的教育方针服务的，是为培养德、智、体、美全面发展的社会主义建设者和接班人服务的。实践证明，大学生管理一旦脱离了国家教育方针，就会迷失方向，就会偏离轨道，就会造成管理工作的混乱和校园失序。大学生管理工作，必须紧紧围绕我国教育的总方向和培养目标，全面贯彻国家教育方针，为培养社会主义建设者和接班人服务。

第二，发挥育人功能，依据教育规律，科学管理。

管理是一门科学。大学生管理作为管理科学的一个分支，应遵循管理的一般

规律，充分发挥其育人功能，科学、有效地进行管理。与一般管理工作不同，大学生管理的对象是大学生群体，有其特定的指向性。改革开放以来，我国经济快速发展，社会结构发生深刻变化，利益关系和利益格局重新调整，这给人们的思想观念带来了一定的冲击。

在新的时代背景下，大学生们总体上树立了自强意识、创新意识、成才意识、创业意识，但与此同时，在一些大学生中也不同程度地存在政治信仰迷茫、理想信念模糊、价值取向扭曲、诚信意识淡薄、社会责任感缺乏、艰苦奋斗精神淡化等问题。因此，在大学生管理工作中，必须注意把握时代特征，根据大学生的具体特点，依据教育规律，探索大学生管理工作的科学方法，加强大学生管理工作的科学性，实现科学管理、有效管理，在管理中培养人和教育人，引导大学生树立正确的世界观、人生观和价值观，使大学生管理工作既符合大学生的实际状况，又符合国家的人才培养要求。

第三，完善学生管理制度，提高管理水平，依法管理。

依法建章，规范管理是现代学生管理所必须遵循的原则，是贯彻依法治国，人才强国战略的必然要求。随着高校办学规模的不断扩大，办学层次的不断提高，高等教育由精英化教育阶段步入大众化教育阶段，学校管理作为一种公共权力，其如何行使，怎么行使，日益受到社会各界的广泛关注。

同时，随着大学生群体法律意识的增强，学生维权活动增多，客观上要求在大学生管理工作中，必须依法管理，不断深化管理制度改革，健全管理制度，细化管理流程，在涉及学生切身利益的管理活动中切实保障学生的合法权益。这就必然要求在大学生管理中高校根据自身办学层次、办学特色和办学类型不断创新各种适合自身的办学管理制度，使之科学化、规范化。在完善学生管理制度的基础上，不断提高管理水平，增强管理能力，做到依法管理。

第四，坚持教育与管理相结合，形成齐抓共管的长效机制。

大学生管理工作涉及大学生在校期间学习和生活的方方面面。从对大学生的学籍管理、课外活动管理到对大学生群体组织管理、安全管理，高校教学、科研以及行政管理各个部门和各个机构都相应地承担着管理学生的责任。

因此，大学生管理必须坚持教育与管理相结合，发挥高校各个部门和机构间的合力，实现教学和管理部门间的密切合作，改变以往那种认为大学生管理只是学生工作部门的事，只有各院、系的辅导员和班主任才负有管理大学生的责任等错误认识，形成齐抓共管的长效机制。这就客观地要求各部门间权责明确，分工有序。只有在明确权利和责任的前提下，才能做到全校工作一盘棋，形成齐抓共管的工作局面。坚持教育与管理相结合，形成齐抓共管的长效机制，还必须依靠体制和队伍方面的建设，如有些高校建立了定期的学校各部门联席会议制度或学生工作领导小组等，都很好地保障了各职能部门间协调有效的运转和功能的充分发挥，增强了大学生管理工作的针对性和实效性。

第五，充分利用现代科学技术手段，不断创新管理方式方法。

随着时代的发展，科学技术的不断进步，大学生管理的对象和工作条件也在不断地发生变化，这就要求大学生管理不断创新管理方式方法，以适应不同时期的新情况和新要求。因此，充分利用现代科学技术手段，如信息技术、计算机网络技术、测量技术、咨询技术、评估技术等技术条件，成为不断创新大学生管理方式方法的必然选择。

这就要求在大学生管理工作中，一方面要充分利用先进的管理技术，积极推进办公网络化、自动化建设，在管理过程中重视对网络技术和相关信息技术的应用，将各种现代技术引入并渗透到大学生管理中去；另一方面，要在充分利用现代科学技术手段的基础上，不断开发针对于大学生管理实际的应用技术管理平台，建立诸如大学生信息管理系统、大学生管理网络互动系统、大学生综合管理办公系统等现代化的办公及服务体系，以科学技术的创新不断推动管理方式方法的创新。

（二）新时代大学生管理创新路径

高校的学生管理工作不仅影响着高校的教育教学质量，还对学生综合素质的培养起着关键性的作用。十九大提出的创新主要是指"新时代"与"新思想"。随着十九大会议的召开，我国各高校的教育教学理念与学生管理理念有了新的转变。新时期背景下，高校学生工作应遵循十九大提出的"新思想"。

十九大会议的召开，标志着以习总书记作为领导的新时期已到来，国家及社会的发展需要更多的人才支持。特别是现代经济文化一体化的时期，我国各高校的人才培养工作面临挑战，国家及人民开始提高了对高校学生管理工作水平的要求。高校对于学生的管理工作，应从思想层面上着手，从根本上使学生的成长及择业方面获得较好的成绩，有利于实现学生身心与能力的同步发展。随着高校教育教学的进步，高校传统的学生管理工作方法已无法继续适应新时期国家教育教学的发展模式。因此，依据新时期国家教育教学背景下的新问题，各高校应积极调整管理学生的理念与方法。

从实际出发，培养高校学生的道德品质与专业技能，有利于为我国培养出更加高素质的人才。现阶段，我国各高校学生管理的完善工作，应始终坚持将促进学生身心共同发展作为高校的教育教学理念，以为国家培养各高素质、专业化人才为教育教学目标。在开展学生管理工作的过程中，应重视学生的核心地位，融入以人为本的管理理念。新时期高校学生管理工作的创新，有利于社会实用型人才的培养，更有利于高校教育教学水平的提高。新时期之下，学生管理工作的强化，是高校获得长期发展的关键。对于学生德育工作的重视，是高校探索学生工作创新的有效途径，有利于促进高校学生的全面发展。

首先，高校学生工作的开展应结合党团工作。高校党团的工作内容是以高校学生的思想教育为主，将学生的思想教育与高校的政治工作相融合，充分发挥党员先锋的模范带头作用，为高校学生的学习生活树立榜样，有利于高校优良学风的形成，进而促进高校学生的全面发展。第一，创建党支部，创设学生党员入寝制，鼓励学生党员深入学生的学习生活及学生的日常生活当中，协助高校教师解决高校学生的学习与日常生活问题。第二，自新生入校以后，高校负责学生管理工作的人员应向入校新生宣传学校党建工作开展的重要意义，引导新生主动参与宣传活动。第三，在学生实践的过程中，党支部应在不同时期做出相应的成绩，有利于高校及班活动的顺利开展，更有利于提高高校党建工作的感召力。

其次，高校学生工作的开展应融合校园文化。高校的校园文化是高校发展不可或缺的部分，对高校学生综合素质的培养具有重要的意义。高校的校园文化可以分为两种，分别是精神文化与物质文化。精神文化是指对高校学生正确的人生观、世界观及价值观的培养。例如，培养高校学生的爱国主义、团结友爱以及筑梦中国等精神。大型文化活动的开展，可以实现高校学生的人生价值，使高校学生明确自身的责任与义务，有利于高校学生思想道德品格的形成。例如，开展文明寝室、文明班级的评比活动和社会文化活动等，有利于高校学生综合素质的提高。学生工作与高校物质文化的融合，主要可以通过完善校园环境、图书馆及体育馆等人文景观建设。

再次，高校学生工作的开展应结合教育教学。高校学生工作的开展结合教育教学，有利于高校学生综合素质的提升。从教学计划着手，构建高校教学模式，有利于高校培养人才的教育教学目标的实现。除此之外，高校人文课程的开设，是学生工作与教育教学结合的方式之一。通过人文课程的开设，高校学生可以学习人际关系的处理技巧以及提升自我综合素质的技巧，有利于学生正确价值观的树立。高校的学生管理工作应注重国家人才的培养。例如，心理课与专业文化课的开设。既有利于高校学生专业特点的突出，又有利于高校学生综合技能的提升，使学生的高校生活丰富多彩。对于高校学生的政治思想教育，高校学生管理工作的负责人应积极开展教学实践活动，强化高校学生的实践能力，有利于高校学生更好地适应校园生活。

最后，高校学生工作的开展应融合学生就业为国家及社会培养可用性性人才，是高校办学的主要任务之一。高校学生工作的开展应融合学生就业，有利于高校学生学习与实践技能的提升。学生就业和创业的能力是高校人才培养的主要任务，且与高校的就业及未来发展密切相关。所以，高校应积极开办创业大赛与就业实践指导活动，指引学生认清社会现实，明确自身未来的发展目标，有利于高校学生正确就业观的树立，也有利于高校学生为人民及社会服务意识的提升，从而实现高校学生的社会价值。新时期高校学生工作的创新，高校应为学生创建良好的就业与创业实习环境，创建具有专业导向性特征的实践基地，加强高校与企业间的合作力度，有利于高校学生社会实践能力的培养。

二、新时代大学生管理的情况

（一）大学生管理环境的新变化

1. 国际国内环境的变化

国际国内环境的变化决定了大学生管理环境的时代性。

第一，随着全球化的推进，我国在政治、经济、文化、教育等诸多领域的国际交流与合作日趋频繁，高等教育国际化进程加速。在这一过程中，将不可避免地受到西方敌对势力"西化""分化"的影响，大学生成为主要影响对象，面临着西方文化思潮和价值观念的冲击。与此同时，高校学生管理工作既要考虑吸收国际先进管理经验，又要保持中国大学生管理的特色。

第二，改革开放以来，我国社会发生了深刻的变革，大学生既是改革开放成果的最大受益者，同时也受到了改革开放诸多矛盾的影响和冲击。在高等教育从"精英教育"向"大众化教育"转变过程中，越来越多的不同年龄阶段、不同学历层次、不同社会阅历、不同价值追求的人都有机会进入高校进修、学习，高校学生管理对象呈现出多样化的特点，大学生管理势必相应发生新的变化。

第三，随着高等教育的法制化进程的不断深入，法治观念逐步得到普及，个人维权意识也不断增强，大学生们不再简单地服从于学校管理，而是需要从学校获得更多的自由和权益保障，权利诉求不断增加。这就要求新时期的高校学生管理工作要做到"从严管理"与"以人为本"的有机结合。在此背景下，大学生管理体制革新步伐必须跟上社会进步和形势的发展变化，进一步拓展学生管理工作内容，管理方法和手段必须体现出时代特征。

2. 高校办学模式的变化

高校办学模式的变化增加了大学生管理环境的复杂性。

一方面，随着高等教育规模不断扩大和高校后勤社会化的推进，部分高校由单一校区办学变成了多校区办学，校园由封闭式变成了开放式，部分地区甚至形成了大学城，大学生出现了生活社区化和成长环境社会化的新问题。大学生的学习、生活、社交、实践、娱乐等活动都呈现出走出校园、走进社区和走向社会的新趋势。这使得学生群体管理由以前的建制式为主的群体管理向流动式群体管理转变，大学生安全管理也面临着前所未有的挑战，这使得大学生管理的难度有所增加。

另一方面，随着高校学分制和弹性学制的实施推广与不断规范，学年制整齐划一的教学管理模式逐步被打破，学生班级观念逐步淡化，学生自主选择专业、课堂、修业年限等，形成了以课程为纽带的多变的听课群，使不同专业甚至不同学校的学生在一起学习。学生管理的对象不仅局限于本专业学生，还包括因选修课程形成的其他专业或其他学校的学生，管理对象日趋复杂化。同时，以统一的教学计划为依据，以学习成绩为主要指标的学生评价体系失去了可操作性，以年级和班级作为学生评价基本单位的难度增大，这可能会导致原有学生激励机制失效。现行的以班级和党团组织为建制的大学生群体管理体制已不能适应这一新的变化，基层管理组织的作用受到削弱。

学生就业、资助、心理等现实需求的强化，凸显了大学生管理环境变化的现实性。从就业管理来看，随着就业高峰的来临，就业难问题成为社会关注的焦点，也成为每个大学生最关心的现实问题。面对日益严峻的就业形势，大学生对于国家的就业政策和就业市场规律明显不适应，学生的就业心态、诚信观念也不同程度地出现了偏差，学生对学校提供的就业市场、咨询指导、职业生涯规划、就业服务等有较高的诉求，但这种诉求不是当前所有高校就业管理能够满足的。这就使得高校学生就业管理工作需要根据学生的现实需求，不断进行调整与深化，切实为学生成功就业铺平道路。从资助管理来看，伴随我国经济的快速增长，人民的生活水平虽然有了较大提高，但目前在校大学生中经济困难学生的比例仍然较高，高校承载着不让任何一名学生因经济困难而辍学的任务。传统的资助管理只是对学生进行经济援助，使得部分经济困难学生出现了情感负担重、上进心缺失等问题。所以，新时期的学生资助管理工作不仅要满足学生物质需求，也要满足他们的精神需求。这使得学生资助管理工作的内容大大扩充，工作难度也不断增加。从学生心理健康发展来看，部分大学生不同程度地出现了一些心理问题，直接影响到大学生的健康成长和日常学习生活，心理咨询与调适越来越受到大学生们的认可。但由于社会环境的影响和大学生成长环境的差异，学生心理特点和心理问题也体现出较强的时代特征，新的心理问题不断出现，且发展性心理问题居多，这就要求在学生管理过程中，密切关注学生的思想和行为，根据学生特点，切实有效地解决学生的心理问题。值得注意的是，目前不仅存在经济困难学生、就业困难学生和心理困难学生等单一类别，还不同程度地存在经济、就业、心理三方面困难复合而成的"复困生"，这也使学生管理面临更多的矛盾，大大增加了学生管理工作的难度。

3. 互联网的发展造成大学生管理环境的变化

随着信息技术的进步，特别是互联网的发展，社会生产生活方式发生了相应的变化。互联网的发展增加了大学生管理环境的挑战性。

一方面，网络已经成为大学生获取信息的主要来源，大学生既是网络信息的生产者，也是网络信息的消费者，海量信息对促进大学生更新知识、拓展视野有着较大的促进作用，有效地激发了他们的学习兴趣、创新意识、竞争意识，形成新的文化意识和文化精神。

另一方面，网络也给高校学生管理工作的有效开展带来了一定的负面影响。网络信息的开放性、快捷性、丰富性等特点，使得知识的权威性受到质疑。网络的虚拟性、隐蔽性使网络成为有害信息的滋生地和传播地。一些大学生出现了沉溺于网上虚拟世界不能自拔、难以明辨信息而上当受骗，甚至出现了网络犯罪等情况。对学生管理而言，网络是一把"双刃剑"，给学生管理工作带来了新的挑战，需要学生管理工作者具有网络化思维，在网络环境中加强学生的正向管理，最大限度地消除网络对学生的负面影响。

（二）大学生管理对象的新特点

《中共中央国务院关于进一步加强和改进大学生思想政治教育的意见》明确指出：总体来看，当代大学生思想状况的主流是积极、健康、向上的。但在发展社会主义市场经济和对外开放的条件下，在各种思想文化相互激荡的环境中，大学生思想活动的独立性、选择性、多变性、差异性明显增强，受到各种思想文化的影响明显增多。一些大学生不同程度地存在政治信仰迷茫、理想信念模糊、价值取向扭曲、诚信意识淡薄、社会责任感缺乏、艰苦奋斗精神淡化、团结协作观念较差、心理素质欠佳等问题。

从横向上看，不同学生群体由于理想追求、知识水平、生活背景、努力程度的不同，体现出了明显的差异性。从党员群体来看，他们是当代青年大学生中优秀分子，代表着青年的发展方向，是大学生的标兵，是党与大学生联系最紧密的桥梁和纽带。他们理想信念坚定、政治意识强、政治认同积极，价值观、人生观积极向上；热爱祖国、热爱人民，关注国家大事，崇尚良好社会公德；富有正义感、集体荣誉感和团队精神，自主管理能力与帮扶助人意识强。但部分学生党员也表现出党性修养不足、功利性明显等特点。从学习优秀学生群体来看，他们学习目标明确，有强烈的求知欲和探索精神；敢于坚持真理，敢于开展批评；珍惜时间，讲求效率；具有良好的学习习惯，能自觉地遵守学校纪律和公共秩序。但也有部分学习优秀的学生表现出了高高在上、脱离群体、参与集体活动少、集体荣誉感弱等特点。从后进生群体看，部分学生理想信念模糊，社会责任意识缺乏；价值观念扭曲，依赖心理严重；秩序意识淡薄，处事随心所欲。从经济困难学生群体看，表现出了多样化的特点。他们一般具有较强的上进心和艰苦奋斗的精神，自强不息，富有爱心，乐于助人。但部分学生过于敏感、精神负担较重，容易发生不同程度的心理问题。

从纵向上看，不同年级的大学生呈现出不同的特点。以本科生为例，从大一年级看，他们具有不同程度的考上大学后的自豪感和优越感，对未来大学生活充分期待，自尊心强但心理承受能力较弱，参加集体活动热情较高，期望尽快转变角色适应大学生活。部分学生也表现出对大学生活不适应，学习目标丧失、人际关系处理不当、理财与生活经验缺乏等特点。从大二年级看，他们学习目标逐渐明确，人生理想更加现实化和社会化，主动意识增强，学习意愿强烈，对自我的定位趋于理性。但也有部分学生开始受到情绪、人际交往、学习、生活、恋爱等的影响出现不同程度的心理问题。从大三年级看，他们人生目标更加现实，学生群体开始逐步分化为保研、考研、就业、出国等群体，且体现出不同特征。准备保研的学生学习更加努力、更加注意收集保研相关信息；准备考研的学生则呈现出"三点一线"式的规律性学习，参与集体活动意愿明显降低；准备就业的学生开始积极准备就业的"敲门砖"，考取各种证书成为热潮，学生开始密切关注学校和本专业就业情况。从大四年级看，上半学期所有学生都处于紧张状态，准备保研的学生四处奔波，准备考研和就业的学生压力增大，他们都会不同程度地表现出焦虑、急躁等特征。下半学期，除尚未找到工作的学生外，其他学生的学习、生活开始呈现出散漫的状态，学生自由时间增加，社会兼职增多。毕业前夕更是表现出聚会多、安全隐患多等特点，毕业生离校教育管理的工作量大大增加。

（三）大学生管理任务的新要求

坚持"育人为本、德育为先"，切实解决大学生的实际问题，是高校学生管理任务的根本要求。大学生是十分宝贵的人才资源，是民族的希望，是祖国的未来。"培养什么人，如何培养人"成为高校教育管理的一项重大课题。高校必须紧紧抓住育人这个中心任务，坚持"高校教育，育人为本；德智体美，德育为先"的原则，从教书育人、服务育人和管理育人入手，坚持理论联系实际，贴近实际、贴近生活、贴近学生，切实为学生解决实际问题。

辅导员的职责和教育管理工作的任务主要体现在：一是做好学生日常思想政治教育及服务育人工作，加强学生班级建设和管理；二是遵循大学生思想政治教育规律，坚持继承与创新相结合，创造性地开展工作，促进学生健康成长与成才；三是主动学习和掌握大学生思想政治教育方面的理论与方法，不断提高工作技能和水平；四是开展相关工作调查和研究，分析工作对象和工作条件的变化，及时调整工作思路和方法；五是注重运用各种新的工作载体，特别是网络等现代科学技术和手段，努力拓展工作途径，贴近实际、贴近生活、贴近学生，提高工作的针对性和实效性，增强工作的吸引力和感染力。

一体化运行、专业化发展、个性化服务、信息化促进、法制化保障是当前高校学生管理任务的现实要求。

第一，传统的学生管理已不适应富有时代性、复杂性、现实性、挑战性的大学生管理新环境，这就要求传统的学生管理应向教育、管理、咨询和服务拓展，应将大学生管理的基本任务确立为大学生的群体组织管理、行为管理、安全管理、资助管理、就业管理以及管理的评估。大学生各管理部门应统筹规划、形成合力，实现学生管理工作的一体化运行。

第二，随着大学生管理环境的变化和管理任务的细分，以及管理对象要求的不断提高和变化，要求高校学生管理必须走专业化道路，保障学生管理的效率和效益。

第三，随着"以人为本"管理理念的深化和当代大学生个性化的凸显，大学生管理任务必须实现个性化服务。通过富有针对性的学生管理，促进每一名大学生的顺利成长成才。

第四，网络使学生管理工作面临新的挑战，已成为学生教育管理的重要阵地之一。这就需要高校学生管理工作既要利用网络加强对学生的教育、管理和服务，形成网上网下教育和管理的合力，又要充分利用现代网络技术，建立起信息化、网络化的学生管理系统，切实提高工作效率，更好地为学生服务。

第五，近年来，司法部门介入学校教育管理，法院受理大学生状告学校案件的现象已屡见不鲜，法制化已成为新形势下大学生管理的迫切需求。这就要求学生管理要严格遵守国家的法律法规，有法律有规定必须按法律规定办，没有规定的，也必须符合法律的基本原则。高校在制订各项学生管理制度时，应该认真研究国家和地方相关法律条文，注意听取学生意见，防止出现制度本身与法律法规相违背的尴尬问题，增强规章制度的科学性。只有这样，才能有助于增强学生管理的权威性，才能有助于保障学校的正常秩序。

第二节 大学生管理的创新

大学生管理在其发展的每一个历史时期和发展阶段都需要创造性地发展。当前，做好新时期的大学生管理，必须准确把握新时代大学生管理的新趋势，不断更新对大学生管理的认识，进而不断创新大学生管理的实现路径。

一、新时代大学生管理的趋势

（一）管理过程的规范化分析

大学生管理过程主要包括决策、计划、组织和控制四个环节。大学生管理过程的规范化就是要从以下四个环节入手。

1. 管理决策的规范化

大学生管理决策是指大学生管理工作者在掌握充分信息和深刻分析有关情况的基础上，运用科学的方法，从两个以上的可行性方案中选择一个合理方案的分析判断过程。

管理决策的规范化主要包括四个方面：首先，确定决策的指导原则，即指导管理决策活动的准则。其次，建立专门的决策机构，即有专门的决策机构和承担责任的专职决策人员。专门的决策机构是实现科学决策的组织保证。再次，构建管理决策的民主化机制。随着决策内容的日益复杂、决策速度的不断加快，大学生管理工作的领导者难于独立承担决策的重任。管理决策越来越趋向民主化，以确保决策的正确性、提高决策的效率。最后，严格遵循决策程序。决策程序从制度上规定了论证、评审和决策的方法与过程，是决策科学化的重要措施。在大学生管理的决策过程中，既要做好总体决策，又要结合大学生管理的实际情况做好分段决策。

2. 管理计划的规范化

大学生管理计划就是在决策既定目标的前提下，进一步根据实际情况，科学、及时地制订未来行动方案。

要做到管理计划的规范化，就要规范地进行大学生管理计划的制订、执行和调整。首先，在计划的制订方面，要有规范的信息获取渠道、科学的分析方法、合理的目标分解和有效的综合平衡，并使管理计划得以有效下达。其次，在计划的执行方面，除了按照原有计划执行外，还要让所有相关人员都了解在其执行任务时，一旦遇到突发事件，该怎么处理。同时，还可以建立一个良好的信息沟通系统，确保纵向、横向沟通的顺畅。最后，要根据实际执行情况对计划进行调整。

3. 管理组织的规范化

大学生管理组织的规范化主要包括四个方面：首先，根据大学生管理目标、内容、特点和外部环境划分工作部门，设计组织机构，如建立专门的学生就业管理机构、学生资助管理机构等。其次，根据大学生管理所涉及的具体内容，按专业化分工的原则设立相应的职位，如心理咨询专业人员、计算机系统开发人员等。再次，明确组织机构中的各种职责和职权，做到责权明晰。最后，协调大学生管理组织机构中各方面的相互关系，使组织机构内部成为一个有机整体。规范化的管理组织，能够让大学生管理人员更加明确在管理过程中的任务、责任、权利以及组织机构中的各方关系，保证组织机构的协调运行、组织目标的全面实现。

4. 管理控制的规范化

大学生管理控制是对大学生管理的计划、组织等管理活动及其效果进行测量和校正，以确保拟定计划得以实现的有效手段。管理过程是一个动态的发展目标系统，既不能一蹴而就，也不能一劳永逸，需要将规范化的控制贯穿于管理的全过程。

管理控制的规范化主要包括三个方面：首先，要确定控制标准。即为实际和预期工作成果的比较提供一个尺度，这是执行管理控制的前提。如果没有控制标准，控制工作也就失去了目的性。其次，要衡量偏差。即通过与标准进行比较，对实际执行情况作出客观评价，主要有直接观察、统计分析和例会报告三种形式。最后，要纠正偏差。即在衡量工作成效的基础上，根据被控对象相对于标准的偏离程度，及时采取措施予以纠正，使其恢复到预期状态上来。以上三个方面实际上构成了管理控制的一个运行周期，通过螺旋上升的循环过程，形成了一个完整、规范的反馈控制系统，使偏差不断缩小，从而保证管理活动向目标方向健康发展。

（二）管理模式的多样化分析

大学生管理模式的多样化是高校根据学生的需要，通过多方参与、协同解决的方式提供相应的公共服务与产品，从而确定大学生管理对学生负责的公共责任机制。

多样化的大学生管理模式的特点主要有：第一，多样化的大学生管理是一种互动的过程，突破了传统大学生管理模式中以单纯管理为主的工作方式，形成以管理与服务并重的工作方式。第二，多样化的大学生管理主体之间是相互协作的关系，追求公共责任的实现，高校与学生在传统大学生管理模式中的管理与被管理关系变成了相互协作的关系。

目前，大学生管理模式呈现多样化的特点。归结起来，常见的管理模式有"目标—关系型""系统—过程型""契约—参与型"和"中心型"四种类型。但在管理模式的应用中，不能照搬拿来，而是要科学把握管理模式多样化的核心要素（内容、对象、方法），结合各高校实际情况，建立起合理有效的管理模式。实现大学生管理模式的多样化要从以下几个方面入手。

1. 管理内容的多样化

构建管理、教育、咨询和服务于一体的多样化管理。

第一，管理也是教育，大学生管理工作必须坚持管理与教育相结合的原则，发挥制度的引导、约束、规范和教育作用，有意识、有目的、有计划、有组织地促进受教育者的发展。学生日常的教学管理既是一种管理手段，又是一项重要的教育措施。可以通过对课堂、作业、考试、社会实践等的管理，抓好教学管理的各个环节，帮助学生培养和提高综合能力，更好地实现自我价值。管理目的达到了，教育效果就实现了。

第二，充分发挥咨询在学生管理中的作用，采取恰当的方法对学生进行有针对性的教育和疏导，切实解决学生在实际生活中产生的困惑，如就业咨询、心理咨询等。

第三，以"服务管理"为突破口，改变过去重管理轻服务的做法，将管理与服务有机地结合起来。

2. 管理对象的多样化

管理对象的多样化要求管理要立足于管理对象的差异性，承认他们在智力、生理、情感和社会背景等方面存在的差别。在整个大学过程中，应根据学生的年级、性格等特征进行个性化的教育管理。一方面，根据每个年级的不同特点，每个阶段的管理目标和任务都应有所侧重，管理手段也要有所差异。一般来说，对于大一新生，要着重培养他们的适应能力，把重点放在养成教育上，之后，再有目的地培养他们的学习能力，提升专业基础知识水平。对于高年级学生，则应以导代管，引导其自我约束，自我管理，重视培养学生的实践能力，使学生在社会实践中得到锻炼。另一方面，学生的特长、兴趣、爱好不一样，发展方向也不一样。在管理中，应立足于这些类型差异，注意个性间的有序协调，多层次、多方位、多渠道地做好学生管理工作，使学生的个性和专长得到充分发展，潜力得到充分挖掘。

3. 管理方法的多样化

大学生管理方法是指在管理活动中为实现管理目标、保证管理活动顺利进行所采取的工作方式。大学生管理方法日渐成熟，已逐渐形成了一个相对完整的管理方法体系。它包括法律方法、行政方法、经济方法、教育方法等。不同的方法有不同的特点，也有其特有的适应对象，因此，在大学生管理的具体工作中，应该结合实际情况采取最有效的方法来实现大学生的科学管理。

（三）管理手段的信息化分析

管理手段的信息化主要是指利用信息技术来优化学生管理信息的传递和反馈程序，改变学生管理的组织方式，最终提高学生管理的运行效率。在实际的应用中，管理信息化主要是构建学生管理信息化体系，提供大量的学生信息资源、各种学生管理专用信息系统及其公用通信网络平台等。学生管理手段的信息化主要包括以下几个方面。

1. 日常管理的信息化

大学生的日常管理是一项十分具体、繁杂而又细致的工作，主要涉及学生的基本信息、学籍、学业、奖惩等方面的管理，实现日常管理的信息化能够让大学生管理人员从琐碎的事务处理中超脱出来。

首先，学生基本信息管理的信息化。即对学生的基本信息能进行方便、快捷、动态的更新、查询、统计等管理。其次，学籍管理的信息化。学籍管理分为基本档案、学籍档案、学生调班、分班以及退学办理等部分。可以管理学生的基本信息、学籍变动等情况；可以管理学生在校期间的专业调整和班级调整情况；还可以在新生入学时按照相关条件智能分班。再次，学业管理的信息化。学业管理包括学生选课、成绩录入、统计分析和成绩报表查询四个部分。最后，奖惩管理的信息化。奖惩管理主要包括学生奖励、处罚、考勤以及考评等内容，记录学生在校的行为表现。

管理服务的信息化。目前，不断提高服务质量，丰富服务内容，优化服务形式成为管理的一项重要内容。在信息化时代，利用信息化手段积极开展学生就业服务、学生资助服务、心理咨询服务等是新时代大学生管理的必然要求。首先，资助服务的信息化。资助服务的信息化主要包括困难补助、奖学金、国家贷款、勤工助学四个方面的内容，以及完成各项主要工作的计划划拨、申报、审批、发放、查询等功能。其次，就业服务的信息化。就业服务的信息化主要包括毕业生信息、用人单位信息、咨询指导和就业情况统计四大部分。它可以在毕业生和用人单位之间搭建一个桥梁，实现毕业生和用人单位的双向选择，并在此基础上，由就业管理部门和辅导员统计学生就业情况。最后，心理咨询服务的信息化。心理咨询服务的信息化主要包括建设网上测试与咨询系统，让学生通过网络测试自己的健康程度，及时地调整自己，平衡心态，同时让受挫折、有心理障碍的学生通过网络接受在线咨询。

2. 思想教育的信息化

随着科学技术特别是信息技术的迅猛发展，高校应积极主动地运用现代科技手段，使正确、积极、健康的思想文化占领网络阵地。一方面，建立融思想性、知识性、趣味性、服务性于一体的主题教育网站或网页，及时宣传国内外重大时事，使思想政治教育的内容不仅"进教材、进课堂"，而且"进校园网"，形成网上网下思想政治教育的合力。另一方面，开辟网上专栏，组织一支由水平较高的专家学者、德育教师和学生党员组成的骨干队伍，以平等、热情、友善的态度与大学生网民一起对一些热点问题、敏感问题、有争议的问题开展讨论、交流，宣传党和国家的方针、政策，发布积极健康的信息，倡导爱国主义、集体主义、帮助学生树立正确的和科学的世界观、人生观、价值观。

在实现管理手段信息化的过程中，必须要有相应的配套支持，如管理业务流程、信息化标准、信息化建设队伍等。否则，管理的信息化进程就会遇到许多管理和协调等方面的问题，既发挥不出信息化的高效率特点，也无法对信息化的质量和效果进行客观的评价，信息化建设取得的成果也就无从充分表现出来。

（四）管理队伍的专业化

管理队伍的专业化，主要指学生管理人员在整个管理生涯中，以学生管理为基础，通过专业训练，习得学生管理的专业知识、技能，实施专业自主，表现专业道德，逐步提高管理水平，成为一个良好的高校学生管理工作者的成长过程。管理队伍的专业化是高校学生管理工作的重要趋势，对于提高高校管理水平和办学效益有十分重要的意义。管理队伍的专业化主要表现在以下几个方面。

1. 专业化的职业素养

高校学生管理队伍的专业化具有一般管理队伍的特征，但因为其管理对象的特殊性而表现出具有高校学生管理特征的专业性质。主要体现在：

第一，掌握高校学生管理工作的相关专业知识和具有从事高校学生管理工作的专业能力。高校学生管理队伍专业化应掌握的专业知识主要包括：系统的科学文化知识；坚实的马克思主义理论及教育理论知识；高等教育管理科学的基础知识；现代管理知识；国家法律及行政法规、政策与规划等方面的知识。高校学生管理工作的专业能力在能力结构方面主要包括：语言表达和文字写作能力，教育管理和经营能力，科学研究能力和创造能力。

第二，工作效率高，工作效果好。这是推进高校学生管理队伍专业化的目的之所在，同时也是衡量高校学生管理队伍专业化程度高低的一个硬指标。专业的职业技能既不完全等同于知识化，也不完全等同于文凭化，关键在于学生管理者是否掌握并熟练运用高校学生管理专业知识和技能，管理行为是否专业化。专业的职业素养是管理队伍专业化的前提。

2. 专业化的机制保障

完善的管理机制包括专业化的招聘、培训、薪酬和考核机制四个环节。

首先，专业化的招聘过程是建设专业化队伍的入口保障。它可以从源头上保证高校学生管理队伍与管理岗位的匹配度，实现招聘的"最适"原则。根据"冰山模型"理论，高校学生管理队伍的招聘考核，除了"冰山上"的相关专业知识和技能外，"冰山下"应聘者的思想素质、职业道德、工作态度更是考核的重点。

其次，专业化的培训是建设专业化队伍的成长保障。高校学生管理队伍的培训是一个系统、复杂的工程，是一项长期性的工作，要始终坚持全员性、全面性、全程性原则。高校应该把学生管理队伍的培训纳入用人体制中，构建相应的培训制度，并落实专人负责管理。例如辅导员队伍的专业化，实质就是依托专门机构及终身专业训练体系，对辅导员进行科学的管理和培养，使辅导员掌握从事思想政治教育工作的知识和技能，实施专业自主，体现专业道德，提高自身学术地位和社会地位，全面有效地履行辅导员职责的过程。

再次，专业化的薪酬体制是建设专业化队伍的动力保障。合理的薪酬体系对高校管理队伍的满意度有积极的影响。高校学生管理队伍的薪酬体系构建可以坚持"对内公平、对外竞争"的原则，结合美国的行为科学家弗雷德里克·赫茨伯格的"激励保健理论"，充分发挥薪酬的"保健"效果，尽量消除工作的不满足因素。

最后，科学合理的考评制度是建设专业化队伍的优化保障。公平合理的绩效考核体制对于提高高校管理人员工作积极性有重要的促进作用。绩效考核不仅要建立一套科学合理的考核机制来考核高校管理人员的绩效，还应通过考核，形成相关的绩效反馈机制，进而为实现管理人员绩效的改善提供支持。完善的管理机制是管理队伍专业化的保障。

专业化的机构支撑。健全的组织机构是管理队伍专业化的支撑。没有健全的高校学生管理机构，高校学生管理专业化和高校学生管理队伍专业化的实现就成了无源之水，无本之木。同时，组织机构的构架也应相对稳定，只有这样，才利于提高职位的专业化程度。当然，这种稳定性是相对的，稳定并不排斥队伍内部的竞争上岗和定期轮换，更不排斥队伍内部的新陈代谢。因此，应该在高校学生管理的群体组织管理、行为管理、安全管理、资助管理、就业管理等方面设立专业化的部门和队伍，建立健全组织机构，为全面实现管理队伍的专业化提供有力支撑。

二、大学生管理创新的阐释、 路径与内容

(一) 大学生管理创新阐释

大学生管理创新是一个系统工程，既要考虑中国的基本国情，又要结合高校自身实际，既要适应社会发展的需要、与时俱进，又要通盘考虑高等教育的全过程。

《普通高等学校学生管理规定》明确规定了大学生管理的基本原则，指出"高等学校要以培养人才为中心，按照国家教育方针，遵循教育规律，不断提高

教育质量；要依法治校，从严管理，健全和完善管理制度，规范管理行为；要将管理与加强教育相结合，不断提高管理水平，努力培养社会主义合格建设者和可靠接班人。"这就突出体现了育人为本、德育为先的原则，强化了高校的育人功能。在《高等学校学生行为准则》中更是明确提出了大学生管理的目标，那就是要培养大学生"志存高远、坚定信念；热爱祖国，服务人民"的思想政治素质；培养大学生"勤奋学习，自强不息；追求真理，崇尚科学；刻苦钻研，严谨求实"的科学文化素质；培养大学生"积极实践，勇于创新"的创新素质；培养大学生具有"强健体魄，热爱生活"和"诚实守信，严于律己；明礼修身，团结友爱"的身体心理素质。这两个文件从政策的高度回应了高校学生管理工作中出现的新问题，在其指导下，大学生管理工作更加有效地应对了高等教育体制改革、高校规模扩大、高校后勤社会化、互联网络普及带来的新情况和新问题，使大学生管理工作克服了管理理念落后、管理制度不健全、管理模式滞后、管理手段老化等突出问题，推动了新一轮大学生管理的政策创新。

实践创新方面，全国高校以贯彻落实学生管理新政策为契机，在实际工作中进一步解放了思想，更新了观念，不但确立起全新的大学生管理理念，而且形成了全新的大学生管理的原则和模式。

在管理原则方面，全国高校普遍确立起三条基本原则。

第一，始终坚持以人为本、育人为本的学生管理指导思想和原则。《普通高等学校学生管理规定》是一个完整的制度体系，一条主线就是育人为本，它以最大限度地发挥学校教育功能为根本目的和出发点，通过管理育人、服务育人、制度育人的管理形式，全面贯彻国家教育方针，把维护、保障和发展学生权利作为学生管理的最高价值取向，努力促进学生的全面发展，从而顺利完成高等学校人才培养的使命。在高校，以人为本，就是以学生为本。管理只是手段，绝不是最终目的，最终的目的在于培养学生。管理过程中充分尊重和肯定学生的主体作用，充分信任学生的智慧和潜能，充分激发学生的能动性和创造性。真正做到以学生为本，以育人为本。

第二，始终坚持依法治校、依法管理的学生管理原则。《普通高等学校学生管理规定》坚持并遵循了"依法治教、依法建章、依法管理"的基本原则，严格依据国家基本法律法规建章立制，充分体现了与《中华人民共和国教育法》《中华人民共和国高等教育法》等有关上位法的承接性关系，具有时代性、创新性、合法性和规范性的制度创新特征，体现了科学化、法制化、人性化和个性化的现代学生管理的总体趋势，并且充分实现了在新形势下对上位法的细化、深化和发展，充分体现了依法治校，依规则规程行事的精神实质。

第三，始终坚持理论联系实际、实事求是的学生管理原则。在深刻领会《普通高等学校学生管理规定》（中华人民共和国教育部令第 21 号令）精神实质的基础上，全国各个高校正确分析和判断本校学生管理工作及其制度建设的实际状况，准确定位本校学生管理工作及其制度建设的目标，扬长避短，突出特色，形成个性，充分发挥学校优势，努力形成本校特色的既有共性特征又有个性特点的充满生机活力的现代高校学生管理制度。各高校在制订管理规定过程中实事求是，根据本校的具体情况，依据本校的办学目标来制订自己的管理规定，既不盲目攀比，也不千篇一律。

在管理模式方面，全国形成了依法推动管理创新的新趋势。很多高校对本校的学生管理规定进行了精益求精的修改，做到贯彻文件精神而不是照抄内容，从法学专业视角对相关管理文件的语言表述做了调整，把最不易被关注的细节都进行了修订。总体上来看，各个学校新制订的学生管理规定都突出强调了管理制度的育人功能，使教书育人的行为规范内化为各个条例的自觉要求，实现了行为规范与管理制度创新的"无缝对接"。全国高校实现了以观念创新推动制度创新的工作目标。很多学校在加强学生管理过程中，遵循权利义务、权力求济、形式合理、公平正义、权力制约、普遍奉行六个观念，摒弃工具主义和处罚学生两个观念，有力地推动了制度创新。

理论创新方面，以政策创新为先导，大学生管理研究拓展了研究视域，充实了研究内容。主要研究成果集中在四个方面。

第一，在以人为本的管理理念指引下，一大批理论文章从教育的本质是培养人的活动入手，重新界定大学生管理过程主体与客体的关系，深入探讨新时代大学生管理工作的新理念问题。提出了以学生为本，尊重学生，培养学生，切实关心学生成长成才，推动学生从他律走向自律，逐步实现自我管理的理论观点。

第二，将依法治国的基本理念引入大学生管理领域，把"法治"作为新时代大学生管理的重要手段，论述了依法管理大学生的必要性和重要性，提出了依法管理学生的理论观点。

第三，加强大学生管理队伍建设的理论研究，深入剖析了当前大学生管理队伍建设中存在的突出问题，探讨了新时代大学生管理工作队伍的发展趋势，普遍认为专业化是新时期加强和改进大学生管理队伍建设的必由之路。

第四，开展中外高校学生管理工作的比较研究，在对美英等发达资本主义国家的学生事务管理工作进行深入地考察和研究的基础上，吸收和借鉴西方国家在"人本"理念指导下，以学生个体为主体、以学生需要为中心、以学生满意为标准、以激发学生潜能为目的、以帮助学生成才为目标的具体做法，不断充实我们国家大学生管理工作的内容，提高管理、服务、咨询、指导水平。随着研究的不断深入，大学生管理理论研究已涉及管理理念、管理对象、管理模式、管理体制、管理队伍、比较研究等多个层面，大学生管理理论已见雏形，理论创新与实践创新有效互动，整体上推动了大学生管理工作水平的提升。

（二）大学生管理创新的路径探索

新时代大学生管理创新要通过引导学生实现自我管理、探索网络信息化管理以及加强管理队伍建设三条路径来实现。

第一，以学生为本，引导学生实现自我管理，推进大学生管理创新。

没有管理的教育和没有教育的管理都是软弱无力的。教育离不开管理，管理是为了教育。这就是以人为本的大学管理工作的全新辩证法。正是因为大学生管理工作与人才培养的这种特殊关系，使得大学生管理创新的路径有别于一般管理工作。它客观上要求用全新的管理理念作为指导。理念是反映对象深层次本质和规律的观念。教育理念是关于教育基本问题的深层次本质和规律的观念，具有理想性、持续性、统合性和范式性的特点。新时期的大学生管理理念要契合科学发展观的价值尺度，追求以人为本的管理。以人为本的实质就是尊重学生的发展特点和规律，尊重学生的人格个性，创建学生思想政治教育的良好环境，建构和谐的师生关系，培养素质全面、个性优长的创新人才；其关键是要正确发挥学生的主体性，尊重学生学习主体需求，使思想政治教育活动忠实于教育本身的内涵，根据不同的学生施以不同的教育，使学生的潜能得到充分的发挥，形成一种积极向上的内在的力量。

开展大学生管理工作不是管理人、约束人、控制人，而是创造条件培养人，通过有效的培养发展人。在这种方式中，学生本身既是管理者，又是被管理者，学生在这种角色转换中大大提高了自我管理的积极性，特别是增强了学生的自我约束、自我管制能力，在学习知识的同时锻炼了自己，既"学到了知识"，又"学会了做人"，增强了学生的主体意识和责任感。

第二，运用网络实行信息化管理，推进大学生管理创新。

在创新管理方式、方法和手段的过程中，要注重运用网络实行信息化管理，充分利用现代科学技术手段，针对不同时期大学生管理发展新情况和新趋势，开发管理平台，整合管理资源，实现网络化、数字化管理。通过网络实现信息化管理，能够使管理方式变封闭式管理为开放式管理，进一步加强了管理与思想政治教育的融合，与学分制等学校管理制度的配合，与社会管理的结合。同时，通过网络实现信息化管理，也是促使大学生管理变单一管理为综合管理，把管理与服务紧密结合起来，以服务促管理的有效途径。在管理方法创新方面，要充分发挥网络虚拟互动平台作用，实现师生有效互动，变说教为参与、变灌输为交流、变命令为引导，创造学生主动参与的全新工作局面。同时，在管理手段创新方面，当前最为重要的是通过网络信息化促进实行法制化的规范管理，建立合理的程序机制。

第三，加强管理队伍建设，推进大学生管理创新。

加强学生管理人员队伍建设是确保管理工作顺利开展的重要保障。随着新时期社会形势的变化，高校学生工作也发生了许多变化。学生工作的一些职能转化了，一些职能弱化了，一些职能需要强化了。学生工作由过去重管理向现在重教育、咨询、服务转化。心理健康教育、经济困难学生资助、助学贷款、就业指导等学生工作职能必须得到强化才能适应形势需要。

同时，大学生群体的思想问题和实际问题也更加复杂化、多样化，这就需要管理工作队伍凭借智慧、知识和技能形成"专家化"的本领。所以，从大学生管理工作的发展趋势来看，高校学生管理工作队伍必须走专业化道路。就当前大学生管理工作队伍而言，虽然在政治素养、敬业精神、个人品德上是合格过硬的，但在驾驭、解决实际问题的能力和本领上还与现实要求有较大差距，在不同程度上存在着"本领恐慌"。一些管理工作者带着固有的陈旧观念和思维定式面对学生，不了解、也不理解当代学生与以往迥然有别的内心世界和真实想法，甚至在语境上都难以与学生沟通，形成了代沟和隔膜。

一些管理工作者虽充满热情，但缺乏相关的基本训练和专业知识，甚至在信息的获取和熟悉上还不及学生，难以对学生产生真正有效的指导。显而易见，"本领恐慌"状态下与学生产生的隔膜，解决不了学生面对的实际困难，也解决不了学生的思想问题。因此，需要有专职从事学生管理工作的人，通过专业方式担当起新时期学生管理工作的重任，以工作的专业化带动队伍的专家化。要超常规选拔人才，高起点聚合精英，不拘一格，广纳贤才，培育一支数量足、素质高、业务精、能力强的专业化学生管理工作队伍。

（三）大学生管理创新的内容

第一，突出大学生管理中的育人功能。

大学生管理不是单纯地为了管理而管理，而是为了实现国家培养人才的目标而服务的。从这个意义上讲，大学生管理的目的就是培养国家需要的德、智、体、美全面发展的人才，管理的目的就是育人。因此，大学生管理创新的内容，应充分重视育人功能的发挥，突出以育人为目的和指向的管理内容。以育人为目的和指向的管理内容一方面应体现在大学生管理过程中的人、财、物等资源配置的方方面面，另一方面更应体现在对大学生进行教务管理、安全管理、行为管理、群体组织管理、就业管理、资助管理等学校各部门分属管理的方方面面。只有在这些方面充分发挥管理中的育人功能，才能实现大学生管理的创新。这就需要在大学生管理中处理好管理与思想政治教育的关系，将大学生管理与思想政治教育有机地结合起来，自觉地遵循教育规律，重视发挥思想政治教育在树立大学生正确的世界观、人生观和价值观方面的作用，实现科学管理和有效管理。

第二，完善大学生管理中的规章制度。

大学生管理创新只有生成为基本的管理规章制度，长期坚持，不断完善，才能推动管理工作不断上新台阶。大学生管理工作要创新，必须以科学高效的工作规章制度作为基础性的客观保证。在规章制度建设方面，除了国家制度层面的保障外，高校自身也必须努力创新学生管理工作制度，真正在学生管理工作领域形成一套宽容有序、落实有力、鼓励创新的工作制度，为学生管理工作走上创新之路提供可靠的保证。这不仅仅是一个为完善规章制度而进行制度设置的问题，而且更是一个在严格执行现有制度的基础上，在大学生管理的日常工作经验的不断积累和实践过程中的完善和创新。因此，大学生管理要牢固树立依法治校、依法治教的法制观念，通过正当程序控制学生管理过程，规范权力运行程序，彻底避免学生管理运行的无序性、偶然性和随意性，保证管理行为的合法性和高效性。

第三，健全大学生管理中的服务体系。

大学生管理的对象是青年大学生群体，不仅涉及大学生的生活、学习，而且涉及大学生社会实践和求职就业等方面。大学生活动的范围、领域、内容、目的都随着时代的发展和要求而不断地呈现出新的发展和变化，影响大学生的各种因素也相对复杂。这就要求大学生管理不能仅仅是管理者的管理、单纯的事务性的管理，而更应该是作为被管理者的青年大学生主动参与的管理、全方位服务性的管理。因此，大学生管理要强化和健全管理运行中的服务体系，积极健全管理中的服务软件和硬件体系。一方面，进一步解放思想，深化对管理的认识，树立服务意识和服务观念，在大学生管理中不断提升服务水平，营造管理育人、教书育人、服务育人的各部门齐抓共管的良好局面。另一方面，要加大投入和研发力度，充分利用网络信息技术平台，实现网络化、信息化、一体化的教务、安全、就业等服务平台，引导大学生主动参与到管理中来，最终实现自我教育、自我管理和自我服务。

第三章 新时代高校大学生安全管理与实施

安全管理是学校日常工作的基本组成内容，是做好教学科研工作、提高教育质量和维护教学秩序的基本前提和重要保障，是学校的基本责任。本章将从概述、内容、原则与策略四个方面对大学生安全管理进行系统的梳理，为做好大学生安全管理工作提供基本的认识、思路和方法。

第一节 大学生安全管理界定

一、大学生安全管理解读

（一）大学生安全管理的定义

大学生安全管理是指管理者根据社会的要求，针对大学生群体特点，有计划、有组织、有目的地对大学生实施安全教育及管理，妥善处理各类安全事故，以保障高校稳定和大学生安全，最终达到引导大学生全面健康成长的目的。大学生安全管理已由以往单纯地强调校园安全管理向以建立教育、管理和事故处理一体化的服务体系转变，逐步成为以培育安全理念，提高安全素养，增强安全技能，促进大学生的全面健康发展为目的的安全管理活动。

（二）大学生安全管理的特点

与其他安全管理相比，大学生安全管理有以下三个方面的特点。

1. 青年性

大学生安全管理的对象是青年大学生。因此，大学生安全管理是针对青年大学生特点的安全管理。当代大学生思想活跃，独立性强，有创新精神，对周围的事物，特别是新鲜的事物和知识反应迅速。同时，也应看到，大学生普遍存在着安全意识淡薄、社会经验不足、防范能力较差等特点。

大学生安全管理更加注重通过对青年大学生在校期间的日常学习、工作和生活的教育及管理，培养大学生正确的安全意识和良好的安全行为，在发挥青年大学生自身优点和长处的同时，帮助和引导大学生养成良好的安全行为习惯。大学生安全管理的青年性特征也体现在大学生安全管理的内容、形式、方法和途径随着青年大学生在不同时代、时期的特点而不断地创新和发展。

2. 群体性

大学生安全管理是对大学生学校生活这个特殊的群体性生活环境的管理，是对青年大学生这一同质性群体的管理，具有明显的群体性特征。通过加强对寝室、教室、实验室、图书馆等涉及学生学校生活各个方面的常规安全管理，保障大学生在校期间的人身财产安全，维护学校正常的教学和生活秩序，有效地排除其他社会生活环境中的不良因素对大学生学校生活的干扰，为大学生创造一个良好的学校生活环境。

3. 教育性

大学生安全管理在对大学生学校生活进行常规安全管理的同时，也在对大学生进行着安全方面的常能训练。少数大学生疏于日常生活安全，缺乏基本的安全常识和技能，这给大学生学校生活以及其他社会生活带来很多的隐患，不利于大学生健康成长。管理本身也是一种教育，大学生安全管理是大学生积累日常生活经验的重要途径，是对大学生进行常能训练的重要内容。大学生安全管理要充分发挥其育人功能，以促进大学生全面健康成长。

（三）大学生安全管理的任务

大学生安全管理有四方面的任务。

第一，宣传、贯彻国家安全管理工作的有关方针、政策、法律和法规。大力开展宣传教育活动，以校内外活动为有效载体，对大学生开展形式多样的安全政策和法律法规的教育，贯彻和落实国家安全工作精神，使大学生树立起安全意识。

第二，开展安全教育。利用各种渠道对大学生开展安全常识教育和安全技能培训，使大学生了解日常安全防护知识，具备日常安全防范技能。同时，注重对大学生开展早期的职业安全教育，结合专业特点，对大学生开展有针对性的职业安全教育和培训。

第三，进行日常安全管理。做好大学生日常安全管理工作，加强安全防范，维护正常的教学和生活秩序，保障大学生人身和财产的安全，维护校园安全稳定。

第四，安全事故的处理。建立健全规章制度，严格管理，明确责任，对出现的大学生安全事故进行及时、有效的调查和处理，做好应急预案，提高应急反应能力，控制事态发展，减轻伤害和损失。

二、大学生安全管理的意义

大学生安全管理对大学生、高校和社会都有十分重要的意义。做好大学生安全管理工作，关系到大学生自身的发展，关系到新时期高校的改革和发展，关系到社会的安定与和谐。

首先，大学生安全管理有利于大学生自身安全素质的提高。安全素质是人们完成某种任务所必需的基本条件和能力。良好的安全素质既包括掌握基本的安全知识和安全技能，又包括在安全知识和安全技能基础上建立起来的安全意识和安全观念。大学生安全管理是提高大学生自身安全素质的有效途径。大学生安全管理是对大学生在校生活的管理，与大学生学习、生活紧密相连。通过各种管理活动，对大学生开展安全教育和管理，有意识地培养良好的安全行为规范，能够使大学生在参与活动中掌握相应的安全知识和技能，进而内化为自身的安全意识和观念，指导行为实践。

其次，大学生安全管理有利于新时期高校改革和发展。近年来，随着高校办学规模的不断扩大，招生人数的不断增多，多校区办学模式的形成，高校安全管理工作面临着很多的挑战。相对开放式的校区如何有效地管理，学生住宿相对分散如何及时排查安全隐患，学生交通安全如何保障等安全问题需要大学生安全管理工作积极主动地做出反应。因此，作为高校安全工作的一项重要内容，大学生安全管理是随着高校改革和发展而不断发展的，已成为新时期高校改革和发展的重要内容之一。所以，只有正确地对待和处理好大学生安全管理问题，才能保障高校改革和发展的顺利进行，才能及时解决高校改革和发展中出现的大学生安全管理方面的新情况和新问题，才能形成合力，不断提高服务学生的能力和水平，促进大学生健康成长。总之，大学生安全管理是新时期高校改革和发展的必然要求，有着重要的理论和现实意义。

最后，大学生安全管理有利于社会的安定与和谐。学校的健康发展和稳定对经济社会的稳定和发展有重要的影响。在当前加快改革开放，全面建设小康社会的形势下，学校安全工作更显得尤为重要。大学生安全管理作为高校安全工作的重要组成部分，承载着管理和育人的功能。加强大学生学校生活的管理，为大学生在校学习和生活提供一个良好的生活环境，有利于维护学校正常的教学生活秩序。对大学生安全事故的处理，特别是对涉及大学生的突发公共事件，如突发公共卫生事件、突发自然灾害、突发恐怖袭击等事件的应急管理和处理，有利于充分保障大学生人身财产安全，有利于高校稳定与发展，有利于社会的安定与和谐。

第二节　大学生安全管理的内容

一、新时代大学生安全管理的基本内容

新时代大学生安全管理的基本内容主要包括三个方面：大学生安全教育、大学生日常安全管理和大学生安全事故处理。

（一）大学生安全教育

安全教育作为安全管理的基本内容之一，是事故预防与控制的重要手段。安全教育是通过各种形式的教育和培训，努力提高人们的安全意识和安全技能，使人们学会从安全的视角观察问题和审视问题，用所学到的安全技能去处理问题的教育活动。安全教育的内容非常广泛，一般而言，大学生安全教育包括安全知识教育和安全技能培训两个部分。安全知识教育包括法律法规的教育、安全常识教育、早期职业安全教育，以及心理健康教育。安全技能培训包括日常安全防范技能培训和早期职业安全技能培训两个部分。与系统的安全理论知识教育相比，安全技能培训针对性较强，注重实践教学环节，着眼于培养大学生的实际动手能力，它的主要目的是使大学生具备在某种特定的环境或条件下安全顺利地完成任务的能力。

第一，大学生法律法规教育，包括以下几个方面：①基本的法律法规教育，诸如《中华人民共和国宪法》《中华人民共和国刑法》《中华人民共和国教育法》《中华人民共和国高等教育法》等。②国家有关安全管理工作方面的方针、政策、法律、法规的教育，诸如《普通高等学校学生管理规定》《高等学校学生行为准则》等。③校规校纪的教育，特别是涉及大学生日常行为规范的教育，诸如校园

治安秩序管理规定、公寓管理规定、教室学生行为管理规范、宿舍防火制度、学生违纪处分条例有关规定、文明离校有关规定、社团管理条例等。

对大学生开展法律法规的教育，能够帮助大学生树立法律观念，形成良好的法律意识，使大学生对学校安全工作有一个总体性的了解，对自身所处的学习、生活环境有充分的认识，对自己在校园安全方面所承担的权利和义务有正确的态度，对自身在事故处理中所承担的责任有清醒的判断。

第二，大学生安全常识教育，主要包括防火、防盗、防抢、防骗、防滋扰、防食物中毒、防止网络犯罪等与大学生学习和生活联系紧密的安全知识教育，目的在于使学生掌握安全防范知识，树立安全防范意识。对突发公共事件的安全知识的教育和普及，是对大学生进行安全常识教育的重点内容。通过对大学生开展突发公共事件的安全教育，使大学生对突发公共事件有全面的认识，掌握在自然灾害、事故灾难、社会安全事故、公共卫生事件等突发公共事件发生时所能用到的预防、避险、自救、互救、减灾等公共安全知识和技能。对大学生开展全面、系统的安全常识教育，能够帮助大学生建立起科学的、实用性强的安全知识体系，有效地保护自身安全和公共安全。

第三，大学生早期职业安全教育也是大学生安全教育重要内容之一。早期职业安全教育主要是开展与大学生所学专业相关的安全教育，教育内容是在大学生实验室安全教育和实习实践安全教育的基础上，更加注重于对大学生走出校园、步入社会后，从事所学相关专业工作时，针对职业领域安全特点而进行的安全知识教育。早期职业安全教育体现着以人为本、终身教育的理念，更加关注大学生的未来安全。早期职业安全教育是提高大学生安全意识和安全素质的重要途径和手段。

第四，大学生心理健康教育是大学生安全教育的重要组成部分。大学生心理健康问题受多方面因素的影响。学校是大学生学习生活的主要场所，也是大学生产生心理问题的主要影响因素之一。从大学生的角度来看，学习压力的增大、生活环境的改变、就业和考研竞争的激烈等都会导致大学生出现心理安全问题。从学校的角度来说，因教学方法不当、管理不严格、奖评不公等情况的发生也都会给大学生心理带来不良的影响，使学生思想、行为异常，缺乏安全感。因此，在对大学生进行安全教育时，对大学生开展全面的、适时的心理健康教育显得尤为重要。心理健康教育主要包括应对挫折的心理教育、恋爱与性心理教育、人际交往的心理教育、正视学习的心理教育和如何应对环境和角色改变的心理健康教育以及遭遇突发事件时的心理健康教育。心理健康教育能够帮助大学生了解自身的心理健康状况，掌握调节心理状态的科学方法，指导自身行为实践，保护自身安全和合法权益。

第五，大学生安全防范技能培训，是在安全理论知识教育的基础上，着重培养和锻炼大学生处理实际安全问题的能力。安全防范技能培训主要是通过课堂安全技能的演示、课外实习实践、有组织的应急演练等活动，训练大学生防盗、防抢、防火、防人身伤害以及应对公共突发事件等日常安全防范技能，提高自身防卫能力。早期职业安全技能培训主要针对学生专业领域的安全特点，通过实习实践和专门训练等方式和途径，对大学生开展知识性和预防性的职业安全技能教育和培训，增强大学生职业安全素养和专业知识水平，促进大学生日常安全防范技能水平的提升。

（二）大学生日常安全管理

大学生日常安全管理是指对大学生在校期间的学习和生活过程中所涉及的安全问题进行的管理，主要包括人身安全管理、财产安全管理、消防安全管理、交通安全管理、社交安全管理、网络安全管理、卫生安全管理等，下面重点论述人身安全、财产安全、消防安全和网络安全。

1. 人身安全

人身安全是大学生日常安全管理工作中最重要的安全问题。大学生在校期间，威胁大学生人身安全，容易对大学生构成人身伤害的因素主要来自三方面：一是人为因素造成的不法侵害，如打架斗殴、寻衅滋事、聚众闹事等；二是因不可抗力造成的人身伤害，主要指自然灾害，如地震、雷击、山体滑坡、泥石流等；三是因意外事故造成的伤害，如摔伤、溺水、撞伤等。在大学生日常安全管理工作中，主要从以上三个方面着手开展大学生安全管理工作，规范大学生日常行为，防止诸如滋扰事件、伤害事件、人身侵害事件的发生，做好安全事故的预防工作。同时，在大学生受到人身安全威胁时，做到及时对大学生进行帮助和处理，并如实向主管部门和领导汇报，以有效保护大学生人身安全。

2. 财产安全

财产安全是大学生日常安全管理的一项基本工作。财产保护一般分为自力的保护和他力的保护。自力保护是指通过自己的力量，依靠所具备的安全防范知识和技能，对自己所拥有的合法财产采取措施进行保护。他力的保护是指根据国家法律的规定，依靠国家执法机关实现对个人财产的保护。随着科技的普及，信息时代的到来，大学生中拥有手机、笔记本电脑的人数不断增多，在带来更好的交互性和可移动性的同时，校园手机、电脑丢失，特别是手提电脑被盗的现象明显增加。近年来，随着高校实行的校园一卡通制度，即图书卡、饭卡、超市购物卡功能于一体的校园卡的使用，以及高校为大学生统一办理的银行信用透支卡业务的普及，在给大学生带来便利的同时，因大学生自身保管不慎而丢失、被盗的现象也相应增多，往往给大学生带来不小的财产损失。因此，在财产安全管理过程中，应充分利用安全管理活动，开展宣传和教育活动，引导和培养大学生增强自身财产安全保护的意识和能力。同时，着力从加强校园治安秩序、宿舍安全、公共场所安全等方面防止诸如抢劫、盗窃、诈骗等危害大学生财产安全的事件发生，加大打击力度，保障学生财产安全。

3. 消防安全

消防安全是高校安全工作的重中之重，任何部门和个人都有预防火灾、维护消防安全的义务。校园是大学生活动的主要场所，保护大学生的人身和财产安全，在大学生安全管理工作中，必须做好校园安全防火工作。公共场所，诸如图书馆、教学楼、体育馆、食堂、实验室等的防火安全管理是大学生安全管理的重要场所。对这些校园公共场所的管理主要包括建立健全规章制度和硬件配套措施，实行定期检查、报告和评估制度，重点检查消防设施、指示标志、应急照明、安全出口、疏散通道是否符合国家有关标准，做到严防火灾的发生。在防火工作中，对大学生集中住宿的公寓、宿舍楼进行安全排查和管理是大学生安全管理的重中之重。在管理中，必须坚决制止违章用电、用火等行为，在教育的基础上，对违反消防安全规定的行为进行严肃处理。

4. 网络安全

随着互联网技术在我国的发展，我国的网民数量已超过美国，居世界第一。信息化、网络时代的到来，给人们的生活带来了很多的便利。相应地，网络安全、网络行为问题也给了人们无尽的烦恼。作为紧跟时代步伐的大学生群体，是我国网民的重要组成部分。他们利用网络搜集信息，学习知识，交流沟通，促进自身更好地完成学业。然而，少数大学生迷恋网吧、浏览不良信息、沉迷于游戏、聊天交友、不慎受骗上当等问题时有发生，有的甚至走上了犯罪的道路。在大学生日常安全管理工作中，必须高度地重视大学生网络安全问题，加强网络监管，规范大学生的网络语言和网络行为。加强宣传教育，引导网络良好道德氛围的形成，坚决打击网络犯罪，维护高校网络安全。

（三）大学生安全事故处理

化解矛盾冲突，参与处理有关突发事件，维护好校园安全和稳定，是辅导员的主要工作职责之一。大学生安全事故处理主要是针对在学校实施的教育教学活动或者学校组织的校内外实习实践活动中，以及在学校负有管理责任的校舍、场地，及其他教育教学设施和生活设施内发生的，造成在校学生人身伤害、财产损害等后果的安全事故的处理。安全事故发生后，保护学生和学校的合法权益是大学生安全事故处理的主要目的和原则。大学生安全事故处理主要包括事故的调查取证、事故责任的认定、事故损害的赔偿和对事故责任者的处理四方面的工作。

1. 事故的调查取证

事故的调查取证工作是事故处理中十分重要的一个环节，它是弄清事故发生的经过、查找事故原因、有效控制事故的重要步骤。学生人身和财产发生一般伤害、损失后，通过及时调查处理，开展相应的调查取证工作，以获取事故发生的一手资料，找出事故发生的根本原因。在校园内，发生诸如学生非正常死亡、重伤或被窃、失火等突发公共事件造成人身和财产重大损失时，辅导员应保持沉着冷静，迅速采取措施进行抢救和保护现场，并及时通知学生家长。同时，加强思想政治教育工作，稳定学生情绪，恢复正常的教学和生活秩序，协同有关部门妥善处理。在调查取证的基础上，形成调查报告及时向学院、学校，以及相关主管部门汇报。

2. 事故责任的认定

安全事故责任的认定是在事故调查取证后，对各种证据资料汇总和分析的基础上，进行相应事故责任的判定。在安全事故责任认定的过程当中，主要依据相关法律法规及有关规定，对学校、学生或其他相关当事人进行责任认定工作。安全事故责任的认定，主要是根据事故相关当事人的行为与损害后果之间的因果关系依法确定。由于学校、学生或者其他相关当事人的过错所造成的安全事故，依据相关当事人在事故中行为过错程度及其与事故损害后果之间的因果关系认定其承担相应的责任。当事人的行为是事故损害后果发生的主要原因，应当认定其承担主要责任。当事人的行为是事故损害后果发生的非主要原因，应当根据实际情况认定其承担相应的责任。

3. 事故损害的赔偿

对所发生的事故负有责任的组织或个人，按照法律法规的有关规定，确定其承担相应的损害赔偿责任。在赔偿的范围与标准上，按照有关行政法规、地方性法规，或者依照最高人民法院司法解释中的有关规定执行。对于参加了学校集体组织的意外伤害保险、责任保险等险种的学生，积极主动帮助学生做好保险的受理和赔偿工作。在事故发生后，根据投保险种和投保公司的不同规定，帮助学生及其家长做好相应的报案工作、报销凭证的准备工作，以及相关证明的开具工作等。

4. 对事故责任者的处理

对事故责任者的处理，根据责任主体在事故中的具体情况，对事故责任者进行相应的责任追究。对造成安全事故负有责任的学生，依据事故实际的情况，以及对事故责任的认定进行相应的处理。因违反学校纪律而应对事故的发生负有责任的学生，根据学校相应的管理规定，诸如学生违纪管理规定、公寓管理规定、校园治安秩序管理规定等给予相应的纪律处分。因触犯刑律而对事故的发生负有责任的学生，交由司法机关依法处理。在对学生责任主体进行处理时，本着教育为主、处罚为辅的原则，使负有责任的学生通过事故教训受到安全教育，从而改正自身不良思想倾向和行为习惯，充分认识到安全对自身和他人的重要性。

二、大学生安全管理的重点工作

高等学校学生安全教育及管理应以预防为主。在对各类安全事故的预防工作中，尤其要防范涉及教育系统突发公共事件的发生。因此，对校园突发公共事件的预防与控制是大学生安全管理的重点工作。

随着高等教育的发展，影响高校安全的因素增多，各类突发公共事件时有发生。从高校安全工作的角度来说，突发公共事件，是指突然发生，造成或可能造成重大人员伤亡和财产损失，影响高校稳定和大学生安全的突发公共安全紧急事件。与其他安全事件相比，突发公共事件具有涉及范围广、影响时间长、损失程度大的特点，严重地影响着高校的稳定和大学生的安全。因此，预防和控制校园突发公共事件是大学生安全管理的重点工作，做好校园突发公共事件的防控工作，争取达到重心突出，以点带面，有效地保障大学生的安全，促进其全面健康成长。

目前，影响大学生安全的突发公共事件分为四类。

（1）社会安全类事件。包括各种非法集会、游行、集体罢餐、罢课、聚众闹事等群体性事件，以及各类邪教活动、各类恐怖袭击事件等可能影响校园稳定和大学生安全的事件。

（2）公共卫生类事件。包括在学校所在地区或学校内部发生、造成或者可能造成大学生健康严重损害的突发公共卫生事件，主要包括食物中毒、预防接种、服药造成的不良反应或心因性反应、传染性疾病以及其他突发公共卫生事件。

（3）事故灾难类事件。包括学校发生的火灾事故、水面冰面溺水事故、建筑物倒塌、校园重大交通安全事故、大型群体活动公共安全事故、拥挤踩踏事故、煤气中毒事故、校园爆炸事故、危险物品泄漏污染事故、后勤安全保障事故、校园周边安全事故、师生集体外出活动安全事故等重大影响大学生安全的事件。

（4）自然灾害类事件。包括在我国发生的水旱灾害，台风、冰雹、雪、沙尘暴等气象灾害，火山、地震灾害，山体崩塌、滑坡、泥石流等地质灾害，风暴潮、海啸等海洋灾害和森林草原火灾等。

为建立和健全防范、指挥、处置各类突发公共事件的工作机制，进一步提高教育系统应对各类突发公共事件的能力，保障学校师生员工生命和财产安全，维护学校正常的教育教学秩序和社会稳定，依据《中华人民共和国突发事件应对法》《国家突发公共事件总体应急预案》《教育系统突发公共事件应急预案》等法律法规，2009年，教育部制订了有关应急预案，对于应急处置的主要原则、工作设置、主要职责、事件等级分类、相应措施以及应急保障和善后处理等做出了明确的规定。

参与处理有关突发事件，维护好校园安全和稳定是高校辅导员的主要工作职责之一。因此，做好教育系统突发公共事件的预防和控制工作，必须认真贯彻落实相关法律法规和有关规定，坚持"安全第一，预防为主，综合治理"的方针，以保障大学生生命财产安全为根本，以落实各类应急预案为基础，以提高预防和控制突发公共事件能力为重点，增强广大学生公共安全意识和防灾避险的能力，提高应急处置工作水平。

通过全面加强应急管理工作，最大限度地降低突发公共事件发生的概率及其造成的人员伤亡和危害，维护高校的稳定和大学生的安全。

首先，对各类突发公共事件风险隐患进行全面的摸底排查，尤其是在容易引发重大突发事件的特殊时期和阶段。主要途径是深入学生当中去，了解和掌握他们的思想状况，掌握第一手的思想动态信息，针对大学生关心的热点和焦点问题，及时进行教育和引导。同时，深入宿舍、教室、实验室、食堂、图书馆等大学生相对集中的公共活动场所，彻底排查公共安全隐患，以达到预防和控制的目的。

其次，对大学生开展有针对性的公共安全知识和应急防护知识的教育和普及活动。通过课堂教学和课外实践活动，充分利用丰富多彩的校园文化活动，组织开展公共安全知识竞赛、公共安全活动月、公共安全讨论交流会和安全文艺演出、演讲比赛等形式，对大学生深入宣传学校各类应急预案，全面普及预防、避险、自救、互救、减灾等公共安全知识和技能。

最后，加强日常安全管理工作，有效预防突发公共事件的发生。加强对大学生人身安全、财产安全、网络安全、卫生安全、社交安全、消防安全等方面的日常管理，维护正常的校园公共安全秩序，有效地预防和控制校园突发公共事件的发生。

另外，近年来，大学生身陷传销、外宿受伤害、女大学生上当受骗等事件多发，也是大学生安全管理的重点工作。在全国打击传销专项整治行动开展以来，各有关部门集中力量查处重点传销案件，广泛开展宣传教育，打击传销行动取得了阶段性成果。但是，由于种种原因，传销活动仍然存在，有些传销组织打着职业介绍、招聘兼职等幌子，不择手段地利诱欺骗高校大学生，大学生上当受骗、误入传销组织的情况时有发生，严重损害着学生的身心健康。对于高校学生住宿的管理，各个高校基本已经加强领导，建章立制，进一步规范了学生住宿管理工作，认真落实按班级住宿要求，严格校外住宿学生的教育和管理，对特殊原因在校外租房的学生，必须履行相关备案手续。但是，也要清醒地看到，大学生未经学校同意，在校外租房受伤害，人身和财产安全受到侵害的事件仍时有发生，受到学生家长和全社会的普遍关切。以交友、助学、求职、创业等活动为诱饵的针对女大学生的不法侵害事件，也呈现出上升的态势。

有针对性地帮助大学生处理好学习成才、择业交友、健康生活等方面的具体问题，是高校辅导员的主要工作职责之一。因此，在大学生安全管理工作中，辅导员必须对这类事件的多发态势开展有针对性和实效性的安全管理工作。一是要贴近实际，贴近生活，贴近学生，定期开展对传销、外宿学生的调查和走访工作，了解真实的情况和问题，不断增强工作责任感和紧迫感。二是要积极开展主题宣传教育活动，提高学生防范意识和能力。三是要进一步加强对大学生的教育和管理，提高工作的针对性和实效性，防止传销等不法活动向高校学生渗透。

第三节　大学生安全管理的原则与实施策略

大学生安全管理的原则是管理者从事安全管理活动时应遵循的基本行为准则。辅导员作为大学生安全管理工作的重要组织者、实施者，在大学生安全管理中必须遵循各项原则，有针对性、时效性地搞好实施策略，开展好各项管理活动。

一、大学生安全管理的原则

大学生安全管理的原则是在大学生安全管理工作的实践中形成的，体现了大学生安全管理的客观规律，是大学生安全管理必须遵循的准则。大学生安全管理工作遵循的主要原则有保护学生原则、教育先行原则、明确责任原则、教管结合原则。

（一）保护学生原则

保护学生原则是指在大学生安全管理工作中，以学生为主体，依据大学生生活、学习和成长的需要，针对大学生的知识结构和年龄特点，开展安全教育和管理活动，保障大学生的人身安全和财产安全，促进大学生的健康成长。保护学生原则充分体现了高校以人为本的办学和管理理念。对大学生安全的保护要靠管理，这种安全管理不是消极、被动的管理，不是为了管理而管理、出了事故才管理，而是积极、主动的管理，是充分了解学生安全需要、针对大学生群体特点的管理。

因此，贯彻保护学生原则，应注重研究群体与群体之间、群体与个体之间、个体与个体之间的关系问题。贯彻保护学生原则，应把个体教育与群体管理结合起来。在重视个体的主体地位，突出大学生安全管理对个体的教育职能的同时，注重对群体的管理职能发挥，并将两者有机地结合起来。同时，还要充分发挥和调动大学生的主体性，使大学生切身体验到大学生安全管理工作对自身发展的重要性，把外在的教育转化为大学生自身的个人安全意识，组织他们积极参加各种安全教育活动，实现自我教育和自我管理，并最终转化为自己良好的行为习惯。

（二）教育先行原则

教育先行原则就是在大学生安全管理中，注重发挥安全教育的预防作用，通过课堂教学和课外实习实践，利用各种宣传、教育活动，使大学生掌握安全知识和安全技能，明确安全管理的重要性，理解安全防范的重要意义，自觉地参与到安全教育和管理活动中来。大学生安全管理工作要以预防为主，而做到预防为主，就必须以教育为先导，通过安全教育，使大学生充分认识预防工作的目的和意义，以此来使大学生认识安全工作。在大学生安全管理工作中，认真贯彻落实教育先行原则，重视安全管理中的教育工作，使安全教育充分发挥其预防作用，帮助大学生树立起正确的安全防范意识，掌握安全常识，具备安全防范技能。避免安全教育形式化、表面化，从预防为主的安全管理工作重心出发，来理解教育先行原则，高度重视大学生安全教育工作。教育先行原则还应重视对大学生安全技能的培训，克服单纯注重安全知识教育而忽视安全技能培训和实习实践的思想和倾向。

（三）明确责任原则

明确责任原则是指在大学生安全管理中，建立健全岗位责任制，完善大学生安全管理的队伍建设，实行责任追究制度。贯彻明确责任原则，有利于调动各方面积极因素做好大学生安全管理工作，有利于大学生安全管理应急机制的建立，有利于建立健全规章制度，加强队伍建设，实现严格管理。贯彻明确责任原则，能够在大学生安全管理中实现自上而下的合力，由主管部门牵头，各有关职能部门分工协作，积极配合，明确各自责任，具体组织实施安全教育和管理工作，使大学生安全管理工作制度化、法律化、长效化。

贯彻明确责任原则，能够把责任与权利结合起来，既明确了责任，又充分重视各安全职能部门的各负其责问题，做到责权分明。同时，建立责任评估体系，确立考核指标体系，运用测量和统计分析等先进的方法，对实际效果进行科学的评估。

（四）教管结合原则

教管结合原则就是在大学生安全管理工作中，把安全教育与安全管理两个基本内容有机地结合起来，在充分发挥教育与管理各自的作用的同时，使二者互为条件，相互补充。在安全管理实践中，往往会出现安全教育与管理脱节的现象，贯彻教管结合原则，有利于开展以预防为主的大学生安全教育工作，有利于教育和管理资源的充分利用，使之有机地结合起来，有利于安全管理水平的不断提高。作为教育主体的安全教育和管理工作者，应不断提高自己的安全教育水平，提高安全管理的整体能力，以便更好地贯彻和落实教管结合原则。同时，注意教管结合的工作重心问题，根据不同的时间、地点、不同的工作对象、不同的任务和内容来调整教育与管理的工作重心，做到相互结合，互为补充。

二、大学生安全管理的实施策略

高校的领导者、管理者、教师都负有对大学生进行安全管理的责任，但从大学生安全管理实施过程的特点和方式看，辅导员的作用举足轻重。辅导员是高等学校教师队伍和管理队伍的重要组成部分，具有教师和干部的双重身份，是高校学生日常思想政治教育和管理工作的组织者、实施者和指导者。因此，大学生安全管理是高校辅导员的重要工作内容之一。辅导员作为大学生安全管理工作的组织者、实施者，应从以下几个方面着手开展工作。

（一）以宿舍和公寓为重要阵地，做好大学生的安全管理工作

学生宿舍和公寓既是开展大学生思想政治教育的重要阵地，也是开展大学生安全管理的重要阵地。宿舍和公寓是大学生生活的主要场所，也是安全隐患和安全问题相对集中的场所，涉及大学生的人身安全、财产安全、用水用电安全、防火安全、网络安全等。为此，宿舍和公寓是开展大学生安全管理活动的重要场所。

以宿舍和公寓为重要阵地开展大学生安全管理工作，能够使安全管理工作更加贴近大学生学习和生活，贴近大学生真实的安全需要，有利于以更为灵活的方式开展安全知识的教育和普及工作，有利于对存在的安全隐患及时加以处理，有利于引导大学生的思想和行为，促使大学生养成良好的学习和生活习惯。

以宿舍和公寓为重要阵地的大学生安全管理工作，涉及以下三个方面。

第一，深入寝室，关心学生生活，主动了解学生的安全需要。

大学生安全管理工作中，从想学生之所想，急学生之所急入手，主动了解学生的安全需要，而不是被动地提供安全教育和服务。了解学生真实的安全需求，需要经常深入寝室，扎实开展教育和管理活动，从关心学生的吃、穿、住、用、行出发，与学生交朋友，融入学生集体生活，得到学生的认可和信赖，这样才能与学生交流和沟通，为他们解决现实学习和生活中遇到的安全问题，帮助他们及时解决安全方面的困惑。只有做到真正关心学生生活，并且主动了解学生的安全需要，才能使学生切身感受到安全管理的重要性，主动参与安全管理活动。

第二，严格管理，仔细排查安全隐患。

在主动了解学生安全需要的同时，根据学生反映的情况和问题，仔细排查宿舍和公寓存在的安全隐患，特别是关系到学生人身财产安全的隐患，如防火安全

问题、用水用电安全问题、公共卫生安全问题等，做到发现一个解决一个，决不麻痹大意。同时，加强对学生宿舍和公寓的安全管理，杜绝学生在宿舍和公寓出现的不安全行为，如酗酒、违章用电、私带外人留宿等，一经发现，根据相应的管理规章制度严肃处理，以达到教育的目的。

第三，强化大学生安全管理的思想政治教育功能。

思想政治教育工作在帮助大学生树立正确的安全意识，提高大学生的安全素养方面起着重要作用。在大学生安全管理过程中，充分发挥思想政治教育的功能，通过开展形式多样的安全教育活动，引导大学生的思想和行为，如网络安全行为、交往行为、公共安全行为等，从学习和生活的各个方面，引导大学生树立正确的安全意识和安全观念，建立集体安全责任感，从自身做起，自觉遵守安全规章制度，正确处理日常学习、工作和生活中遇到的问题，以有效地推进大学生安全管理工作顺利开展。

（二）以案例教育为重点，做好大学生的安全教育工作

对学生开展安全事故的案例教育是大学生安全教育工作的有效手段之一。发生在校园内的安全事故案例接近大学生的日常生活，以这些真实的案例开展安全教育，更具有说服力。在安全教育中，对典型的案例深入分析，弄清事故发生的原因、过程、形式、危害及其规律，能够把安全教育以真实的形态展现出来，往往会给教育者和受教育者留下深刻印记，使大学生真正了解在什么情境会出现这种不安全的情况，出现这种不安全情况的原因，一旦发生类似的情况应该如何去面对和处理，如何运用日常所学到的安全知识和技能去解决问题，起到警示和教育作用。通过对安全事故案例的分析，能够使学生直观地认识和理解树立安全意识、具备安全知识和安全技能的重要性。

以案例教育为重点，做好大学生的安全教育工作，必须关注以下几点。

第一，建立案例教育库，做好大学生安全事故案例的归档、整理工作。

在安全教育中，做到有针对性地开展案例教育，需要辅导员在日常安全教育及管理的过程中，注意收集、整理发生在大学校园生活中的，或与大学生人身财产等安全密切相关的典型安全事故案例，建立案例教育库，积累案例影音、图像和文献资料，认真分析研究案例对大学生安全教育的现实意义，并将其科学、有效地运用于大学生安全教育工作中。做好大学生安全事故处理后的归档和统计工作是开展安全教育，建立案例教育库的有效途径。通过对这些案例的比较分析，能够更好地掌握大学生群体对安全方面的认识水平和重视程度，发现安全教育中的薄弱环节，改进教育工作。

第二，根据环境、季节等变化规律，适时地开展案例教育。

各类安全事故的发生概率是随着环境的不同和季节的变化、节假日的变化而相应改变的。因此，大学生安全管理应根据环境、季节等相关规律的变化而调整教育及管理的重心。相应地，组织开展案例教育也是如此。有针对性地、适时地设计和组织校园安全教育活动，通过安全知识竞赛、安全知识交流会、安全活动月、专家讲座等形式多样的安全文化活动，开展防盗、防火、防病、防事故的安全案例教育，并使其经常化。这就要求在大学生日常安全管理工作中，注意梳理不同环境、季节、节假日前后安全事故的规律性变化，及时搜集和分析校园安全案例教育的反馈信息，以增强校园安全文化活动和案例教育的针对性、实效性。

（三）以班级和党团组织为依托，引导大学生自我安全教育和管理，实现自我服务

学生班级是学校工作的最基层，是学生的基本组织形式，是学生自我教育、自我管理、自我服务的主要组织载体。因此，大学生安全管理要充分发挥党团组织在教育、团结和联系学生方面的优势，注重依托班级、社团等组织形式，引导学生自我教育、自我管理、自我服务。

对大学生进行安全教育，实施安全管理，实质上是在努力引导大学生树立安全意识，实现自我教育、自我管理、自我关爱和自我服务。因此，大学生安全管理工作注重以班级和学生社团为依托，以充分发挥党支部、团支部、学生会组织的带头作用，为大学生创造和搭建良好的活动空间和平台，使其主动参与安全管理工作。大学生的自我安全管理，是高校大学生安全管理工作的一个重要组成部分，是完善大学生安全管理工作的有效途径。

实现大学生自我安全服务，首先要引导大学生实现自我安全教育。大学生自我安全教育是大学生自我安全服务和管理的良好开始，它使大学生由受教育者、被管理者、受保护者的身份，转化为教育者与受教育者的统一体，能够真正做到从群体和自身的安全需求出发思考安全教育问题。大学生的自我安全教育更贴近大学生实际生活，更有说服力和感召力。通过适时的、有针对性的大学生自我教育活动，支持以班级和社团为单位开展安全教育活动，鼓励开展以安全教育为主题的文艺节目演出、安全知识竞赛、安全知识讨论、安全知识信息交流会等活动，以达到自我教育的目的。

大学生的自我安全管理是在大学生自我安全教育基础上的一种管理活动。通过组织开展群体内部以及群体之间的管理活动，帮助和引导大学生群体开展以班级、年级以及社团为单位的安全管理活动，以达到巩固教育成果、实现自我教育

的目标。在大学生安全管理工作中，除了加强对大学生团体组织的引导和管理外，还应注意对大学生自我安全管理组织的培训工作，使大学生团体组织具备相应的安全管理专门知识，知道如何管理，怎样高效地管理。

在大学生自我安全教育和管理的基础上，引导大学生努力实现自我安全服务，有助于培养大学生群体互助意识，培养团队精神，并善于及时发现身边的安全问题和隐患，实现互帮互助，互相交流。通过大学生的自我安全服务，能够加深大学生对安全管理工作的认同，形成人人参与服务，人人共创服务的局面。在大学生安全管理工作中，积极引导和支持大学生自我安全服务活动，充分调动学院、年级、班级及各党支部、团支部和学生会组织带头开展服务学校、服务学院、服务同学的安全服务活动。通过组建大学生安全服务队、大学生安全志愿者协会等大学生社团组织，并为其创造良好的活动空间，使其成为大学生安全管理工作的重要力量。

（四）树立服务学生的理念，妥善做好大学生安全事故的处理工作

强化服务意识，提升服务理念，时时刻刻帮助学生和服务学生是做好大学生安全事故处理工作的出发点和归宿。也只有树立服务学生的理念，才能使学生在发生事故、真正需要帮助的时候能够想到老师、信任学校，能够在第一时间通知相关负责人，而不是发生事故后因顾虑对安全事故责任的追究而谎报、瞒报，不敢告知，也不愿意告知，以至于拖延时间，私自处理，造成更加严重的后果。这些都要求大学生安全事故处理工作做到以学生为本，关心他们的切身感受，关注他们的切身利益，真正树立服务理念，做好大学生安全事故的处理工作。

树立服务学生的理念，妥善做好大学生安全事故的处理工作，主要从以下三个方面入手。

第一，提高应急反应能力，做到第一时间处理。

时间是安全事故处理过程中最为重要的因素之一。安全事故的处理是否及时，直接影响着安全事故损失的大小、影响范围的程度、事故当事人各项权益的保障以及事故责任的认定和追究。因此，在处理大学生安全事故的过程中，必须具备很强的安全事故应急反应能力，争取做到第一时间得到信息，第一时间到达现场，第一时间帮助学生解决实际安全问题。运用快速反应机制，制订事故处理预案，同时，注重发挥学生干部、党员、班委会成员的作用，要求他们经常与老师沟通，在发生安全事故时能够及时上报，以便对大学生安全事故进行及时有效的控制和处理。

第二，把学生的利益放在首位，做到妥善处理。

学生安全事故的处理要贯彻落实保护学生的原则，把学生的利益放在首要位置，切实保护学生人身财产安全，维护学生的各项合法权益，依照大学生安全事故处理原则和程序，做到公平、公正、公开地妥善处理。在涉及责任的认定和追究时，本着以合理适度、教育为主的原则，在事实认定的基础上，根据有关学生安全管理规定进行合理适当地处理，充分发挥和利用安全事故处理过程中的教育作用，引导学生认清安全事故的危害，勇于承担对于事故所应负的责任，并且从中吸取事故教训。

第三，以学生为本，做好事故处理后的教育工作。

安全事故发生后往往会给学生的心理造成很大的压力，带来情绪和思想上的波动。安全事故的追究和处理也会给学生日后的学习和生活造成一定的影响。帮助和引导学生正确面对安全事故所带来的影响，使他们在今后的学习生活中变压力为动力，是日常学生思想教育工作中必须面对的问题。因此，在安全事故处理后，要特别重视对学生的跟踪教育工作，深入寝室、教室，与他们谈心、交流和沟通思想，为他们减轻心理压力，帮助他们正确认识和对待安全事故所带来的问题，引导学生回到正常的学习生活中来。只有以学生为本，认真、扎实地做好学生事故处理后的思想教育工作，才能更加有效地提升安全管理工作质量，做到防患于未然。

（五）扎实开展调查研究，不断探索大学生安全管理的新内容与新途径

高校辅导员开展大学生安全管理工作要定期开展相关工作调查和研究，分析工作对象和工作条件的变化，及时调整工作思路和方法。需要与时俱进，一切从实际出发，实事求是，重视调查研究工作，对影响大学生安全的因素进行及时的搜集、分析和处理，以准确把握大学生安全管理中出现的新情况，根据不同环境和不同学生的特点，不断探索大学生安全管理工作的新内容与新途径。

扎实开展实践调研工作，包括以下两个方面。

第一，注重对学生网络行为的调研。

当前，互联网络已经成为大学生首选的学习和交流的工具。交流方式的不断创新，实时网络语音交流、自助性聊天室的出现、QQ 群网络的组建、博客网站的兴起给大学生的学习和生活带来很大的便利，这使得他们更容易就喜好和关心的问题相互交换各自的见解和看法。辅导员工作要渗透到大学生的网络生活当中，及时地、有效地引导大学生的网络思想和行为，减少和避免不良因素对大学

生安全的影响，特别是公共性突发事件的发生对于学校、社会的安定与和谐的影响。因此，必须注重对学生网络行为的调查和研究，掌握大学生最新网络行为动态，不断探寻大学生网络行为规律。

第二，重视对学生社会生活的调研。

大学生在校期间的学习和生活是有规律性的学校生活。大学生除学校生活外，还处于家庭生活和社会生活环境中，这些校外生活环境对大学生的成长以及他们的学校生活有着重要的影响。因此，重视对大学生校内外社会生活的调查和研究是做好大学生安全管理工作的必然要求。通过对大学生校内外生活的调研，掌握大学生在其他社会生活环境中的实际情况，分析这些情况对大学生学校生活的影响，及时调整大学生安全管理的思路和方法，帮助和引导大学生更好地适应各种社会生活。在调研中，对大学生社会文化生活的调查和研究是大学生安全管理的重点工作。社会文化生活错综复杂，游戏机房、酒吧、网吧、KTV 等娱乐场所往往给大学生的生活带来较大的消极影响。通过访问调查、普遍调查、抽样调查等社会调查方法，力求掌握大学生社会生活第一手资料，在分析、归纳和总结的基础上，梳理社会生活对大学生积极和消极两方面的影响，找到克服不良社会因素对大学生学校生活的影响的思路和办法，以引导大学生正确面对并积极参与社会生活。

第四章　新时代高校大学生对话管理

对话是时代的呼唤，新的对话时代奠定了大学生对话管理的时代背景和现实基础。当代大学生具有强烈的对话品性，这是大学生对话管理最为直接的内在依据。然而，我国当前的大学生管理由于工具理性的泛滥和传统官本位文化思想的深刻影响等原因导致对话精神缺失，形成了一种单一、封闭的独白式管理模式，产生了严重的危害，走向对话成为必然的选择。对话正是规避我国当前大学生管理中的种种问题与弊端的良方，能够成为大学生管理中的一种良性内生机制。

第一节　大学生对话管理的必要性

一、大学生对话管理的时代背景

人类历史的潮流滚滚向前，已昂首步入崭新的社会。对于这个渐趋明朗的新社会形态，学人们从不同的角度冠以不同的名称，如后工业社会、信息社会、知识社会、生态社会、后现代社会等，不论如何称呼，人们的共识是：这是一个不同于以往任何社会的新时代。"对话"是这个新时代的鲜明表征和核心精神。"'对话'已经成为当代社会的关键词。从国际事务到人与人之间的关系，从政治领域到学术领域，'对话'已经成为人们追求的一种状态，同时也成为人们达成目的的有效策略。人类社会似乎正步入一个对话的时代"（刘庆昌，2001）。

在政治领域，联合国被公认为各国政治对话、博弈的重要场所，"联合国——在最佳情况下——可真正成为不同文明之间对话的场所，成为一个这种对话能够扩展并在人类做出努力的每个领域开花结果的论坛"。各国之间、各地区之间的冲突和战争虽时有发生，但对话、谈判与协商已成为解决问题的主流取向。各国内部的政治民主化、"自民对话""政务公开"等已成势不可当的趋势。

在经济领域，各国之间的贸易壁垒正在被逐步拆除，出口贸易已成为各国经济的重要支撑，各国之间的经济依赖关系日益密切，世界经济正在走向一体化，当前由美国次贷危机引发的金融危机席卷全球、无国幸免就是典型例证。

在文化领域，各地区、各民族，特别是落后地区、少数民族的文化正在从封闭走向开放，从本土走向世界，而强势文化、外在文化也正在加速融入本土文化，世界不同文明之间特别是东西方文化之间进一步走向交流与渗透、对话与融合。可以说，"各国之间、不同文明、文化和族群内部和相互之间每天不进行这种对话，和平就不能持久，繁荣就得不到保障。"可见，"对话"包含了某种巨大的能改变现状的能量，带给人们走出冲突与困境的希望。

因此，相应地，在学术领域，无论是在哲学，还是在社会学、经济学、文学、美学以及宗教、伦理学等领域，"对话"都受到广泛的青睐，成为最流行的概念之一。而科技领域的巨大进步和飞跃发展，为人们之间的交往、对话提供了必要的技术手段和载体，对全球对话起到了推波助澜的作用。对话遍及整个世界的所有领域，正成为人们日常生活的存在方式——新的对话时代已经来临。

二、大学生的对话品性

我国当代大学生的年龄一般都在 17～23 岁，正值青年中期，这个时期正是一个人成长、进步的关键时期，也是人生最美好、最灿烂的黄金时期。这时期的大学生生理、心理急剧变化，生长发育迅速，因而具有"体力高峰、智力高峰、社会需求高峰、特殊行为高峰、成就高峰，最积极、最有生气、最肯学习、最少保守思想，敢想、敢说、敢干"（孟东方，2002）的特点。这些特点使大学生具有鲜明的对话特征，而且由于身处对话的时代，使得大学生的对话品性显得更加突出和强烈。对大学生进行管理时必须深刻认识大学生的这些对话品性，牢牢把握这些对话品性，采用与之相对应的管理方式，才能产生管理的功效，提高管理的水平。

（一）需要结构多样化，为大学生提供了对话的动机

需要是人的行为的基础和源泉。人具有多种多样的需要，正是由于人们需要的多样性，才导致了人们千姿百态的行为和理想追求。美国心理学家马斯洛按照人的需要的重要性和发生的先后顺序将其归为五类：生理的需要、安全的需要、交往的需要、尊重的需要和自我实现的需要。这五类需要从低到高排列成人的需要层次结构，只有当下一级的需要得到满足之后，人们才向更高层次的需要迈进。不同年龄阶段，人们的需要有所不同，不同的年代由于社会环境、条件和要求不同，人们的需要也不尽相同。尽管人们的需要是丰富多样的，但处在生产力水平低下的社会和物质贫乏的年代的人们，由于基本的物质生活需要都得不到满

足，他们的其他一切需要实际上是处在潜隐和抑制状态，在此情况下，人们现实的实际需要其实是很单一的。因此，需要的多寡及其满足程度是受到社会历史条件制约的。

我国新时代的大学生处在改革开放日益深化、市场经济和知识经济交织的年代，同时具有上述"五个高峰"的特征。社会政治、经济、文化、科技和教育诸方面都在影响着他们的思想和行为系统，使其产生丰富强烈、纷繁复杂的需要结构。而我国当前经济建设的快速发展，科学技术的突飞猛进，促进了物质财富和精神财富的极大提高，推动着社会各方面的全面进步，为我国当代大学生多样需要的满足提供了现实可能性。

因此，各种超前的现代化的物质生活需要，多维自主的社会交往需要，新奇高雅的文化娱乐需要，提升自我的学习求知需要，自我实现的专业成才需要，加上青年期强烈的归属和爱的需要、尊重和理解的需要等，使得当代大学生在需要满足上"似乎没有不需要的"，甚至表现得有点"贪婪"。可以说，当代大学生与以往任何一个时代的大学生相比，其需求心态的最大不同和突出特征就是它的丰富多样性（崔景贵，2005）。按照行为科学的观点，需要产生动机，动机激发行为，大学生多样化的需要推动其产生与丰富多彩的外部世界建立多种多样的"我—你"对话关系的动机，进而产生相应行为，以实现其多种多样的需要。

（二）自我意识增强，为大学生提供了对话的必要性

一般来说，大学生都有较强的自我意识（这是其个性趋于成熟的标志），主要体现在三个方面。

（1）自尊心明显增强。他们往往争强好胜，希望得到别人的认可、尊重、支持和关心，难以忍受别人对自己的命令、控制、指责和冷漠。

（2）特别关注自我的发展。他们经常将自我与他人做比较，经常对自己的过去、现在和未来以及自身的素质和潜能进行立体思考，以认识和评价自我，对自我发展有强烈的愿望。

（3）注重自我与环境的关系。他们具有丰富的情感体验，看重别人对自己的评价，希望对环境有全面的认识，希望与周围的人建立良好的人际关系，并依据环境的发展变化调整自己的应对策略。

自我意识的增强使大学生处处希望显示自己的能力，摆脱别人对自己的束缚和干涉。他们的成人感迅速增强并渐趋定型，并且几乎无一例外地认为自己已经完全长大成人，具有自主自立意识，对个性有自己独特的理解，渴望拥有鲜明的个性，希望自己能够主宰、决定一切，自己独立地走自己的路；他们大多不满足

于学校管理者或家长为其设计好的成才模式和发展道路，试图摆脱所谓"独裁专制、家长式"的束缚，对"出于好心"的包办代替和别人的"指手画脚"特别反感（崔景贵，2005）。这种自我意识的增强使大学生要求与他人平等对话，根据在对话中的体验、领悟确立自己的判断，自主地处理各种事务。

（三）价值观念多元化，为大学生提供了对话的土壤

当代中国最显著的特征是改革开放。改革开放开阔了大学生的胸襟和视野，五光十色、异彩纷呈的新观点、新学说、新思维乘着观念更新的时代列车，穿过洞开的国门，一起涌到了渴求真理的大学生面前，为大学生思考过去、面对现实、走向未来提供了新的参照，这使得大学生能够从不同的基点、不同的角度，以不同的方式、不同的方法观察多彩的世界。他们对过去的一切，敢于质疑反思，对眼前的一切，不再轻信盲从，对未来的一切，勇于大胆探索（王寿林，汪庆华，2003）。

同时，随着知识经济、信息时代的到来，国际化、网络化趋势深入发展，古今中外现存与发展的各种思想观念、价值追求和生活方式从不同的角度和渠道影响着今天的大学生，使得大学生的价值观念出现了前所未有的多元化重新组合，从而表现出前所未有的包容性，绝对权威崇拜，绝对一元的价值信仰和价值评价标准已不复存在，而代之以一幅多元纷呈的价值世界图像（崔景贵，2005）。这种多元价值观念的并存、碰撞、交融和整合，构成了大学生对话的良好氛围和土壤。

（四）思想意识的开放化、民主化，为大学生提供了对话的条件

随着大学生各种生理机制的健全和成熟，他们血气方刚，精力充沛，朝气蓬勃，思维敏捷，爱好和兴趣广泛，锐意进取，求知欲强，富有理想，憧憬美好的未来，因而他们没有保守的思想，不墨守成规，敢于打破传统思想的束缚，热烈奔放，豪情满怀，以开放的精神和态度，大胆探索、勇往直前；他们具有强烈的民主意识、竞争意识和公平意识，敢于批评，渴望参与，勇于竞争，积极争取自己的民主权利，对于不公正、不平等的现象深恶痛绝，敢于运用法律武器维护自身权益。当代大学生这种开放、民主、平等的性格特征符合马丁·布伯所说的"我—你"对话关系的本性，为大学生的多元对话提供了前提条件，并使之成为可能。

三、大学生管理的必然选择

大学生管理中对话精神的缺失对大学生管理和大学生的发展造成了严重的危害，不仅使管理不能发挥应有的价值和作用，反而使管理走向了自我封闭的深渊，阻碍管理的变革和发展。物极必反，否极泰来——大学生管理必然走向对话，用对话的精神来消解原有的种种问题和弊端，为大学生管理的发展拓展新的空间，开辟新的路径。

（一）对话消解封闭，走向开放

对话作为一种关系，将对话双方有机联结起来，互相以对方为取向，形成一种双向沟通关系，从而消解自我封闭与自我中心。将对话引入大学生管理，使大学生管理中的各种关系成为对话关系，不仅管理者与学生之间形成对话关系，管理者与管理者之间（不论是平级还是上下级）、学生与学生之间、管理者与其他相关者（如家长、社区民众）之间、学生与其他相关者之间、其他相关者之间、管理者与环境之间、学生与环境之间等都应形成对话关系，从而瓦解原来单一、封闭的管理体系，使之全面走向开放。

开放是对话的固有本性，只有开放才能生存，只有开放才能发展；开放是事物生存发展的内在需要与动力；开放为大学生管理发展开拓了广阔的空间。因为开放，大学生管理者不能再官僚，形式主义也再无栖身之所，他们更加自信与豁达，更能理解学生、包容学生、引导学生；因为开放，学生才能走近管理者，理解管理者，才能自觉支持、认同管理活动，才能汲取各方面的信息和关爱，自由自主地成长；因为开放，大学生管理的相关各方才能积极介入管理活动，实现管理的各个方面、各个环节的和谐与协同，达到管理中各种资源的整合与优化，推动管理创新与发展。

（二）对话尊重差异，倡导多元

我们生存的世界是一个多样性的存在。多样性产生差异，也正是世界万物的千差万别，才使我们的生活变得丰富多彩。人类的生存有赖于周围生物世界的多样性，然而人们却先天地不喜欢多样性和差异。正是人们致力于消除差异达到同一的诉求，导致了人们之间的种种对立、冲突、争端与战争。对话摒弃这种意识上的误区，主张尊重差异，包容多样性，并在此基础上异中求同、同中存异。差异不仅必要，而且能够成为组织的巨大资源。"对话使人们深入认识和了解差异性，同时也提供了一种途径，使人们能尊重差异性。没有差异，世间就只剩下单一与重复。差异性是创造的必要条件……当我们尊重各自的不同时，就会让我们能够进行流畅的谈话，从而发现差异性的真正力量，开创新的时代"（琳达·埃利诺，格伦娜·杰勒德，2006：240）。

对话进入大学生管理，将开创大学生管理新时代。它倡导尊重学生差异与个性，消解传统的单一模式，形成多元化的管理模式。多元化的模式突出学生主体地位，关注学生丰富多彩的世界，根据学生的丰富性、多样性、多元性、立体性和不断发展变化的情况，适时适度地调整具体的管理目标、内容、方法、形式和手段，因材施教，从而建构起每个学生独特的个性和创造能力。

（三）对话提高管理者素质

对话具有生产性、创造性的特征，对话的过程是相互造就的过程，是相互提高的过程。在对话中，不仅学生的素质和品格得以生成建构，管理者的素质也在不断提高。大学生是时代精神的代表和化身，他们身上聚合了时代的新思想、新观念，他们代表着社会的前进方向，管理者与之对话能够促进自己思想解放、观念更新，并不断与时俱进。而且青年大学生思想敏捷而活跃，能激发管理者的新构想、新思维、新创见。此外，大学生还是一个成长中的矛盾体，他们的心理特征、情感体验复杂而多变，敏感而冲动，这就对管理者的管理方法和艺术提出了较高的要求：既要顺应个性特征，又要追求管理的价值目标。这将促进管理者不断改进工作方法。更为重要的是，对话的过程也是管理者自我暴露的过程。

在对话的过程中，管理者知识、能力、素质方面的优势和缺陷都将暴露出来，这是管理者合理认识自己的机会，它使管理者正视自己的不足，自觉生发提高自身素质的欲望和诉求，这种欲求将随对话的持续开展和深入进行而生生不息，不断高涨，故而，对话又成为管理者提高自身素质、促进专业发展的内生动力。

同时，对话，还能促进人的反思。管理者在对话中会不断反思，不断提高。随着管理者素质的不断提高，又反过来推动管理的创新和发展。因为管理者是大学生管理的设计者和规划师，是管理中的首席，他们的高素质必然带来高水平的管理。因此，对话是大学生管理中的一种良性循环机制。

（四）对话锤炼学生的品格

现在的大学生是在改革开放后国家现代化建设取得重大成就的优越环境中成

长起来的，绝大多数是独生子女，他们既承载着崭新时代的信息，具有天生的优势和潜质，又由于从未经历过苦难，从小娇生惯养，具有天生的品格缺陷。他们往往以自我为中心，性格固执、偏执，不善于与人相处，缺乏责任感和团队合作精神，依赖性强，难以独立自主……这些不足既是他们人生发展的障碍，也是社会发展的隐忧，是我们的大学教育和管理中必须解决的一大课题。然而如前所述，我国现行的大学生管理由于其自身的严重封闭性、单一性导致它不但不能解决这些问题，反而加剧了这些问题的存在，并引发很多新问题。走向对话是解决这些问题的必由之路。对话管理是锤炼学生品格的良方。

对话是一种精神，一种境界，一种修养。在对话中，学生不仅可以学会学习、学会认知，还可以学会生存、学会处事。对话是一种转向，一种他向思维。学生在对话中能够学会理解他人，尊重他人，学会如何处理人际关系，如何与人共事；学会关爱他人，换位思考，养成责任意识和合作互助的精神。对话是一种心与心的相遇，情与情的碰撞。在对话中，一切都是出于自己的真诚之心，是自我的自然流露。在这种对话精神的长期浸润下，学生自会养成一种诚信的品格，达到知、情、意、行的和谐统一，做到言行一致、表里如一。同时，对话既是一种他性的激活，也是一种我性的坚守，它要求自主思考，自主创建，使学生摒弃一切依赖思想，养成独立自主的性格。随着对话管理的发展，学生的品格将会得到不断提升。

第二节　大学生对话管理组织

大学生对话管理作为一种管理新范式，在管理组织上将发生一系列新的变化，具有一些新的特征与性质。这些新变化、新特征符合管理组织发展的必然趋势，能够克服传统大学生管理组织的弊端，充分调动管理各方的积极性和创造性，形成一种良性的大学生管理组织运行机制，确保大学生管理价值目标的实现。

一、网络化的生态组织

大学生对话管理组织内在的各种关系是多重对话关系，大学生对话管理的组织结构相应也就成为一种立体多维的网状结构。在这个网络化的组织结构中，任一组织或个人都成为网络中的一个节点，与其他组织或个人的关系不再像传统的大学生管理组织等级结构中的单纯的对上对下的关系，而是向一切相关组织与个人开放，与一切相关组织与个人相联结而形成立体化的、多重多维的网状关系。例如，就大学生管理的校级职能部门学生处（部）而言，在传统的管理组织结构中它的主要关系是单一的对上对下的关系：对上主要与校分管副书记（副校长）联结，对下主要与院分管副书记（副院长）、院学生工作科（办）联系。然而它与其他相关组织和个人的工作、业务联系极少。这是一种简单化的垂直结构关系，它忽视了大学生管理工作的复杂性。而在对话管理组织关系中，校学生处（部）除了传统的对上对下的联结关系外，对上还要与其他校领导及上级相关部门密切联系，争取他们的关心与支持；在平行关系中，除了与工作直接相关的校团委密切联系、协同工作外，还要与其他相关的职能部门（如教务处、后勤处、科研处等）密切联系和配合，争取他们对学生管理工作的理解、关注与参与；对下还要与其他院系领导和部门密切联系、接触、了解、听取他们的意见和建议，争取他们参与、承担学生管理工作与任务；此外还要与社区、社会有关部门及人士联系与接触，了解他们对大学生的看法、评价与要求，这种多重网络关系形成了一种立体化的组织结构图景。

再就学生辅导员而言，其组织关系就不再是传统组织结构中的相对固定地主要与院（系）分管领导、校学生处（部）及班主任和学生联结的单一化关系，而是还要与院（系）其他领导与部门、院（系）团委、学生会及其他学生社团、教师、家长及社区、社会中的其他一切相关者密切联系，就学生管理的各种问题展开讨论，这样也形成了相应的网络关系。

在大学生对话管理组织关系中，任何组织与个人都向其他一切相关组织与个人开放而形成网络关系，这样在大学生对话管理组织系统中形成的纵横交错的、多重复合的立体网络关系已无法用图在纸上清晰地展示出来。这种网络关系并不是对传统的大学管理组织结构的抛弃，而是内含了传统的组织结构，并在其基础上添加多重联结，使组织中的任何部门和个人之间都能相互联结而形成对话关系，这是一种全新的组织体制。在这种组织体制下，组织结构进一步走向扁平化，即组织中间层次减少、管理幅度增宽、冗员裁减，从而形成了一种干练、紧凑的扁平型（即椭圆形）组织结构。这种结构能够使组织内信息传递畅通，降低管理成本，提高管理者积极性，使组织变得灵活、便捷，从而提高管理效率和效能。

在大学生对话管理组织中，等级层次虽然仍旧存在，但传统组织的等级意识被弱化，每一层级对应一定的职责、权利与义务，不同层级的区别只在于权责与义务的不同，而这些权责与义务同等重要，处于平等地位，没有高低贵贱之分。

因此，渗透在大学生对话管理组织结构中的是民主与平等的精神，组织部门与管理者之间、管理者与学生之间是一种基于主体与主体的合作共进关系。与此同时，传统大学生管理组织中的单一中心即以管理者中心、以上级为中心被大学生对话管理组织中的多中心所取代，组织中的任何部门与个人（包括学生）都不能被其他部门和个人所取代，都是管理的主体，都可以成为组织中心。这种多极主体、多中心地位是对大学生对话管理组织中民主与平等精神的根本保障。

大学生对话管理组织的内在网络化结构是一种生态结构。大学生对话管理组织因其内部各层级及其人员之间以及组织与环境之间的多重复合的对话、交流、互动关系的建立，而使其成为一个有机生态系统。生态系统作为生物学概念，是指在一定地域中的生物群落及其与环境之间不断进行物质循环和能量流动而形成一个整体，其各个组成部分通过物质循环、能量流动和信息传递而成为一个具有统一功能的系统，它具有反馈调节、相生相赖、有机耦合的内在机制。这种机制就是对话机制，它与对话的内在机理是完全一致的。大学生对话管理组织就是一种生态组织。在这种组织中，大学生管理各方各处自己的"生态位"，各自具有不可替性，既各自独立又相互交织，各自都为组织贡献力量，又都从组织中吸取有益的养分，共同构筑有机相连、和谐共生的组织生态图景。

大学生对话管理组织作为一种生态组织，具有开放性。它与外部环境之间形成了一种交互共生的生态关系。大学生对话管理组织系统向社区、社会方面的外部环境开放，既从外部环境的状况与要求中寻求自身的价值目标定位，比如根据社会经济发展需要对大学生的知识、素质要求制订大学生管理的目标、内容、措施与方法；又通过自身的管理活动去积极影响、建构学生的知识、素质和能力，经由学生去影响、促进社会的发展与进步，从而回馈社会和外部环境。通过与外部环境的开放互动来确保大学生管理组织生存、发展的力量之源。同时，在大学生对话管理组织内部，无论是纵向的上下层级之间还是横向的各部门及人员之间都形成一种开放对话的关系，每个组织和个人都向其他组织和个人开放，既能吸收其他组织和个人的经验、意见和建议，又能给予其他组织和个人以经验和启发。这样，组织的内外壁垒被打破和消除，组织边界走向模糊化和柔性化，组织具有更大的灵活性和应变性。

大学生对话管理组织作为一种生态组织，具有整体性、协调性和有机性。它强调大学生管理组织系统是作为一个整体而存在的，整体大于部分之和，整体的价值具有优先地位。组织中的每个层级（如校、院、系、班）、每个部门（如学生处、团委、学生会、学生科等）、每个成员（如具体管理者、学生等）都是作为整体的组成部分而存在的，不能与整体相分离，离开了整体就没有了价值和意义；每一个个体或单元只有在整体中才能共生共长，共存共荣。因此，各个部门、单元和个体之间必须协调配合、分工合作，协同推进大学生管理工作的开展。每个部门、机构的行为和活动必须与组织整体的理念、目标相协调，而不能相悖逆，只能起促进作用，而不能起阻碍或相反的作用，否则就不能在大学生管理组织的整体中生存、发展。而且它不仅要求组织内部协调，而且要求组织与外部环境之间协同进化。大学生管理系统作为大学生态系统的一部分，必须与大学其他系统如教务系统、人事系统、科研系统、后勤系统等协同配合，共同推进大学目标。可见，大学生对话管理作为一项系统工程，要求整个大学管理必须具有对话性。大学生对话管理组织的生态性的最根本之处在于其内在联系的有机性，而有机性是生态组织的根本属性。"生态系统是（而且必然是）一个很广的概念，它在生态学思想中的主要功能在于强调必需的相互关系、相互依存和因果联系，那就是各个组成成员形成机能上的统一"（P. 奥德姆，1981：9）。大学生对话管理组织的有机性在于其内在的精神性、价值性，来源于其内在的活生生的精神相遇关系，体现于其生态系统内部的相互作用、相互影响、相互关联的血肉共生关系。

具有开放性、整体性、协调性、有机性的大学生对话管理生态组织，能够形成一种良性再生的自我调节机制。借助于这种自我调节机制，大学生管理生态系统中的各个部门和成员能够使自己适应于物质精神和信息流动的任何变化，彼此相互协调、互利共生、合作共赢，趋向于达到一种稳定平衡的状态，这是一种动态发展的平衡状态。这时，组织系统各层次之间的联系更加紧密，结构更加合理，功能更加完善，运行更加和谐有序，充满无限的生机与活力，从而实现可持续发展。

二、自组织

20世纪60年代末70年代初兴起的自组织理论，揭示了一些自然界普遍存在的规律，这些规律包括：简单确定的系统可以产生简单确定的行为，也可以产生不稳定但有界的貌似随机的不确定性行为，即混沌；当一个系统产生混沌现象时，未来行为具有对系统初始条件的极度敏感依赖性，初始条件的细微变化将会导致截然不同的长期未来行为，因而本质上不可长期精确预测；系统在演化过程中具有自创生、自生长、自适应和自复制等特性。这一理论的诞生，一方面打破了建立在牛顿和拉普拉斯基础上的决定论幻想，另一方面在简单与复杂、随机与确定等方面之间架起了一座桥梁，因而冲击了几乎所有的科学研究领域，使之成为各门学科的研究前沿，激起了包括社会学家、经济学家和管理学家们在内的各学科工作者的极大兴趣（刘延平，2007：245）。

在管理科学领域，探讨建立自组织管理是当代管理理论研究的前沿课题。大学生对话管理在组织机制上从传统的"他组织"走向"自组织"，是自组织理论的典型应用范例，顺应了管理理论的发展趋势和内在要求。

大学生对话管理根植于个人主体性之中，它突出、尊重每一个人的主体性，将人与人之间的关系视作主体与主体间的关系，发挥每一个人的主体作用，尊重和张扬每一个人的主体价值，每个人主体价值的实现都是在与其他主体价值的交互作用中完成的，管理目标的达成也是在多重主体的交互作用中实现的。管理各方之间是基于主体与主体的民主、平等关系，管理的基础深植于学生、教师和一般管理者之中，管理的组织机制是一种自下而上的内发机制，管理上级在下级基础上产生，接受下级的监督，下级民意对上级的去留具有决定意义；管理决策是一种民主决策，管理政策措施的制订是民主讨论、公共选择的结果，管理各方的行为是一种自主行为，外界指令是自主行为判断的参考选项；上级指令是基于民主之上的法理权力做出的，下级遵从上级的指令是一种自主的理性选择。大学生对话管理的组织动力来源于组织内部以及内外部之间的互动对话，因此，大学生对话管理的组织机制是一种自组织，这种自组织是传统形式的"自组织"与"他组织"的统一，而且"他组织"服从于"自组织"，成为自组织机制中的有机组成部分。

（一）开放性

大学生对话管理组织系统的开放性是形成其自组织机制的前提和基本条件。自组织理论表明，一个系统要想形成并保持有序的结构，必须从外部环境引入物质、能量和信息的"负熵"流，并不断排除其"代谢"产物，从而"吐故纳新"，即只有在开放条件下"耗散"才有可能。对于开放系统来说，系统可以自发地从无序进入有序的耗散结构状态。大学生对话管理组织具有这种耗散结构，它不仅在组织内部各层级、各单元、各成员之间处于对话互动状态，而且在组织与外部及环境之间也经常地、不间断地处于开放对话之中，并经由这种对话不断地进行着物质、信息及精神意识的交换，组织系统就在这一过程中不断地吸收着新鲜的信息而摒弃落后的思想观念和行为方式，这使其具有一种新陈代谢的自我调节、自我生长机制。

（二）远离平衡态

远离平衡态是大学生对话管理形成自组织机制的最有利条件。所谓远离平衡态是指系统内部各个部分的物质和能量分布极不平衡，差异很大。自组织理论认为，系统的有序结构不能从无序的平衡态产生。因为平衡态就像一个吸引中心，它会使有序结构趋向于平衡态而遭到破坏并最终瓦解。大学生对话管理尊重学生、教师及管理者的个体差异性、多样性，立足多样性开展多元化的管理。对差异性的倡导、维护与保持，使大学生管理组织处于错综复杂的动态交融之中，永远处于远离平衡态。

（三）对话中的非线性相互作用

对话中的非线性相互作用是大学生对话管理自组织机制得以形成和保持的内在根据。系统要形成新结构，构成系统的各要素就既不能是各自孤立的，也不能仅仅是简单的线性联系，只有它们之间存在非线性的相互联系和相互作用，才能使它们产生复杂的相干性和协同性，进而形成区别于原有系统结构的新的有序结构并得以保持。"对话是未曾预演的理智探险。"（夏正江，1997）与对话始终相伴的是不确定性的产生和不确定性消除。一切都不可预知，一切又都顺乎自然，这就是对话的玄奥与真谛所在。对话过程是典型的非线性过程，具有情境性和突发性，其内在机理是非线性相干的。大学生管理中内在的各种对话关系的建立，使其系统内部各要素间处在非线性的相互作用之中，从而形成和保持有序结构，产生自组织机制。

（四）对话造成的"涨落"

对话造成的"涨落"是大学生管理中自组织机制形成的动力学因素。由于系统要素的独立运动或在局部产生的各种协同运动及环境因素的随机干扰，系统的实际状态值总会偏离平均值，这种偏离波动大小的幅度就叫涨落。对于任何一个多自由度的复杂体系来说，这种偏离都是不可避免的。当系统处在由一种稳态向另一种稳态跃迁时，系统要素间的独立运动和协同运动就进入均势阶段，任何微小的涨落都会迅速放大为波及整个系统的巨涨落，推动系统进入有序状态。在系统的演化过程中，系统中那些不随时间而衰减，相反却增大的涨落，便成为新的有序结构的"种子"。大学生对话管理组织是多元文化荟萃、交融、激荡的场所，各种不同的思想文化观念与组织固有的习俗、惯例、观念和常规文化发生着不断的碰撞，使组织文化经常发生程度不同的偏离和波动，导致了组织系统的"涨落"，那些敢于向组织传统文化发起挑战，经得起时间的考验，历久而弥坚，越来越得到更多人的认同、拥护与支持的思想和行为就会成为组织形成新的有序结构的变革力量。

三、学习型组织

学习型组织理论是当今最前沿的管理理论之一，而学习型组织则是当今最时髦的组织发展取向之一。大学生对话管理组织是一种学习型组织，它是经由对话的路径构造组织的学习机制，促进组织的团体学习和系统思考，实现组织创新的目标。对话精神是一种学习的精神，大学生对话管理组织与学习型组织具有内在的一致性。

首先，大学生对话管理组织充盈着学习型组织的五项修炼。管理各方在对话中不断接受着新的思想、新的观念，不断挑战自己的思想底线，进行着一次又一次的超越。超越性是对话的内在本性，对话是实现自我超越的最佳路径与方法。与自我超越相伴随的是心智模式的改善。组织成员在各级各类的对话中，不断审视着自己的心智模式和思维假定，通过不同的心智模式和思维假定之间的碰撞、融合，不断吸收新的思维因子，去除过时的思想要素，使自身不断波动、涨落而实现改善、提高与发展。

大学生对话管理组织是知识、思想共享的场所，是一个对话的共同体。对话共同体追求共同的愿景，形成共同的文化。而共同愿景既在对话中确立，又在对话中发展。大学生对话管理中的学习是团体学习，它不是局限在少数层级和管理者中，而是存在于所有层级、所有环节的全体组织成员之中，并形成团体合力，学习已经成为组织的一种习惯和行为模式。大学生对话管理中的学习还是一种系统思考。对话无边界，它涉及组织中的所有问题，组织成员在对话中探讨各种问题的解决之道，全面了解组织成员的各种需要，全面考察组织的各种关系、发展目标和整体利益，系统思考并制订组织的发展战略。五项修炼融于大学生对话管理组织的一体关系与过程之中，使之具备了学习型组织的内在属性。

其次，大学生对话管理组织内含了学习型组织的几个关键要素。大学生对话管理组织是信息共享的组织。在此组织中，信息是完全公开与对称的，组织成员享有相对平等的信息获取机会与条件，拥有基本的能够进行平等对话的信息资源，能够及时获取组织公共信息——这是大学生对话管理的基本的前提条件。基于民主对话产生的领导是有头脑的领导，因为民主对话崇尚真才实学，摒弃不学无术只有高素质的、具有创新思维的管理者才能成为大学生对话管理组织的领导者角色。

大学生对话管理组织是动态发展着的组织，它时刻关注学生的新特点、新变化，时刻聚焦社会环境的新情况、新问题，时刻吸纳外界的新思想、新观念，制订和推行与时俱进的管理战略、规划与方法。它从传统的集权化取向走向分权化管理，授予下级管理者特别是基层的学生辅导员充分的自主权，相信他们的智慧和能力，发挥他们的主体性，鼓励、支持他们的创造性作为，使他们人尽其才，发挥最大的作用。

对话是文化的联结与衍生。大学生对话管理的重要任务就在于营造一种积极健康、格调高雅的对话性的校园文化氛围，形成一种强势的校园文化影响力，促进大学生管理各方特别是学生的"自在栖居"与和谐发展。大学生对话管理组织是一种立体多维的、扁平化的、网络化组织，这与学习型组织的横向组织结构是完全一致的。

第三节　大学生对话管理目标和方法

一、大学生对话管理目标

（一）大学生对话管理基础性目标

大学生对话管理的基础性目标包括学生知识的建构、对话意识与能力的培养、非理性因素的发展等，这些目标既是对大学生对话管理的基础要求，也对人的主体建构与发展起着基础性的作用，是大学生对话管理最低层面的目标。

1. 建构知识

知识是主体在与外部世界（包括其他主体）相互作用的基础上所获得的认识，是人们就认识对象所持的某种描述、判断、认识、观念、看法或主张。知识是人类理性和智慧的源泉，是人及人类社会发展的推动力量。知识既是教育的重要内容与载体，更是教育的主要目标之一。大学是探究高深知识的场所，现代大学已经成为知识保存、传播、应用和创新的主要集聚地。大学生进入大学的主要目的也是学习知识，所以大学生管理理所当然也应确立促进学生知识学习的目标。

传统的大学生管理对此没有足够的认识，大多停留在为管理而管理的层面，更多的是致力于管住学生，使学生遵守校规、校纪，通过维护正常的教学秩序，调动学生学习的积极性，去辅助教学的开展，间接促进学生的知识学习。这固然是其一方面的功能与作用，但它却没有达到大学生管理与教学是处于同等地位教育途径的认识高度，没有认识到大学生管理本身就是学生知识学习的环节，纵使认识到了这一点，也只是在致力于某种知识或信念的灌输、传递与教化。

大学生对话管理则基于知识建构性本质的新认识，顺应知识建构的对话机理，本身就具有知识建构的内在品性，同时也以达到学生的知识建构为目标追求。它致力于在管理中构建一种对话共同体，创造和形成一种学生知识建构的情境和场域。在大学生对话管理中建构学生的知识，既包括科学知识，也包括人文知识。科学知识为人的发展提供基础和手段，人文知识指引人发展的方向和目标，二者相互补充，共同推动人的和谐、协调发展，缺少任何一方面，都会导致人的发展的完整性的支离。缺乏科学知识，人就不能正确认识世间万象及其规律，就不能实现人类社会的发展，甚至使人不能立足于世界；缺失人文知识，将使人道德沦丧和精神退化，最终迷失自我。科学与人文是人生发展的两翼，二者共同铸就幸福、美好的人生。"科学提供幸福的物质前提，人文提供幸福的精神条件；科学解决人的生理平衡问题，人文解决人的心理平衡问题；科学使人获得现实的利益，人文使人享受到理想的快乐；科学以实在的方式让人感受到适意，人文以超越的方式使人体验怡然自得的意境；科学将有限的、具体的满足赐福于生活，人文将无限的、永恒的激情灌注于人性。"（胡中锋，1998）

2. 培养对话意识与能力

对话的更深层次的隐喻是一种"对话意识"，正如滕守尧先生所说："如果没有一种'对话意识'，即使使用了纯熟而优美的语言，即使在谈话中有问有答，即使这种问答花样百出，那也只是机械的问答，绝非真正的对话。因此，真正决定一种交谈是否对话的，是一种民主意识，是一种致力于相互理解、相互合作、共生和共存，致力于和睦相处和共同创造的精神的意识，而这就是'对话意识'。"（滕守尧，1997：17）以这种对话意识和精神看待他人他物，处理与他人他物的关系，是一种全新思维。大学生对话管理的重要目标就在于培养学生的这种对话意识与能力，实现与他人他物共生共存的发展。

（1）反思与批判的意识与能力。人是自我超越的存在，人的超越是在"应然价值"的引领下，通过对现实状况的反思和批判，达到对人的现实规定性的否定而实现的。反思是前提，在于发现问题与不足；批判是反思的延续，在于找到解决问题之道，实现新的超越与发展。

反思与批判是对话的内在精神与力量所在，是人所特有的意识和能力，这种意识和能力需要弘扬和培养。反思与批判的意识与能力是学生自主性和创造性的体现，是青年大学生必备的素质和能力，是青春朝气与活力的象征，所谓"指点江山，激扬文字"正是对大学生这种精神品质的真实写照。"只有要求进行批判性思维的对话才能产生批判性思维""对话人具有批判性"（保罗·弗莱雷，2007：40，41）。

大学生对话管理正是诉诸对话的力量来致力于培养学生反思与批判的意识与能力，使学生不唯书、不唯上、不唯师，善于发现问题，敢于提出问题，挑战权威，打破旧的思想和观念；善于反思，敢于批判，不为流行的思想与观点所左右，敢于表达和坚持自己的主张，敢于同不良风气做斗争，坚持真理，修正错误；把现实看成是一个过程、一种改造，而不是静态的存在，能以自己全部的生命去参与、去投入、去探究。

（2）交往与沟通的意识与能力。在现代社会，人的交往与沟通能力显得极其重要从而受到普遍重视，业已成为教育关注的焦点。联合国教科文组织在其权威报告《教育——财富蕴藏其中》中明确提出，面对未来教育的挑战，教育必须围绕四大支柱（即学会认知、学会做事、学会与人共处和学会生存）来重新设计和组织。在这四大支柱中，交往与沟通能力的培养贯穿其中。学会认知是在培养学生如何与符号化的"文本"开展交流和"对话"的能力；学会做事重在锻炼学生与他人、集体和社会的交往与沟通能力；学会与人相处和学会生存更是要培养学生与他人和周围世界及环境的适应、沟通与超越能力。

大学生对话管理是培养学生交往与沟通的意识和能力的有效路径与方式，它在让学生尽可能多地掌握人类不同的知识形式、理解形式与思维形式的基础上，尽力培养学生的适应生存能力、情感体悟能力、倾听领会能力、语言表达能力以及人际交往的能力与技巧等，为学生的生存与发展提供有力的工具。

（3）共享与合作的意识与能力。竞争是人类社会发展的动力之一，但是过度竞争导致了人与人之间关系的恶化，使自然遭到破坏，资源面临枯竭，使人类社会面临种种冲突、危险甚至杀戮与战争。20世纪人类恶性竞争式的发展，已使我们的世界伤痕累累、千疮百孔。因此，片面的单一向度的竞争没有出路，人类只有合作，才能协同共进、共生发展。而教育对于培养人的合作互助精神与能力负有不可推卸的责任。

当今的学生绝大部分是独生子女，从小娇生惯养，天生地以自我为中心，存在严重的依赖心理和自私独享倾向，与人共享、合作的意识和精神较为缺乏，因此，培养他们的共享与合作的意识与能力就更显迫切与必要。"对话是一个过程，可以帮助我们挖掘自身潜力，增进合作水平，平衡合作与竞争之间的关系。在某种意义上，对话是处理人际关系的新方式，使我们在无论面对何种处境时都更有依靠。它赋予了我们一种相互合作、处理危机、进行决策、解决问题的新方式。对话，还帮助我们从合作的角度出发，建立起良好的团队关系。（琳达·埃利诺，格伦娜·杰勒德，2006：13）"大学生对话管理能够帮助培养起学生参与共享、合作互助的意识与能力，使学生学会与他人合作共处，并通过与他人的合作实现共同发展的目标。

（4）创新的意识与能力。创新是人类发展、进步的灵魂。创新精神与能力是高素质人才必备的首要素质。教育的任务就在于通过知识的学习，使学生养成创新的意识，具备创新的能力。创新精神是一种质疑探究的精神。具备创新精神的学生必须具有问题意识和怀疑精神，不迷信权威，不因循守旧，敢于质疑，善于质疑，勇于探索，通过投身实践去发现、创造新的知识和思想。创新精神是一种进取精神，它最终指向真理，而这正是对话的追求。

对话具有开放性与流动性，这是它的创新之源。对话是一种未曾预演的理智探险，它并没有一个特定的终极性目标，永远面向未来开放，面向人类永无止境的未知领域敞开着。对话的完成不在于形成确定不变的知识，而在于由对话经验本身激起新的更多更好的对话。当我们谈得更多更好时，我们就会成为不同的人，我们就"变革"了自己（夏正江，1997）。大学生对话管理的过程就是大学生的创新意识和能力被不断激起和造就的过程，在此过程中学生不断获得新的认识，又不断指向新的目标，生生不息，永无止境。

3. 发展非理性因素

非理性是与理性相对应的概念。理性是指人们在意识反映控制下自觉地认识和把握事物的抽象思维能力、形式与活动，其主要表现形式是概念、判断和推理，具有内在性、自觉性、抽象性、逻辑性等特征。

非理性则可从广义和狭义两方面来理解。在狭义上，它是指人的主体结构中属于非理智、非认知方面的因素，如动机、欲望、情感、意志、信念、习惯等；在广义上，它除此之外还包括人的认识中的非逻辑因素，如幻想、想象、猜测、顿悟、直觉、灵感、潜意识等。

非理性因素虽然以意识反映为基础，但常常不为意识反映所控制，具有不自觉性、不确定性、突发性、瞬时性、非逻辑性、非语言性、体验性、创造性等特征。非理性在人的主体活动中具有驱动、激活、选择、调控、维系与突破等方面的重要作用，往往是人的主体个性中比理性因素更为重要的标志，构成个性的动力因素，形成人的认识发生的重要的主观机理，是人的创造性的源泉。正如爱因斯坦所说，"感情和愿望是人类一切努力创造背后的动力"，他甚至认为科学家们"每天的努力并非来自深思熟虑的意向或计划，而是直接来自激情"（爱因斯坦，1976：279，103）。列宁也说："没有'人的感情'，就从来没有也不可有人对于真理的追求。"（列宁，1988：117）非理性因素与理性因素一同构成人的完整主体，二者缺一不可。

传统教育是一种理性教育，注重学生理性知识的传授和理性精神的培养，忽略了学生非理性因素的培养与发展。如果说教学的主要功能在于促进学生理性因素的发展，那么教学之外的管理就理应以促进学生非理性因素的发展为己任，这样才能使二者相互配合，协同促进学生的发展，但是传统的大学生管理同样深受理性主义的影响，甚至是一种极致形式的理性管理。它以"工作"为中心，遵循科学理性的逻辑和管理活动的客观规律，强调科学的决策，定量化、标准化的管理，稳定有序的组织结构，明确的职责分工和严格的规章制度和纪律控制，等等。这种理性管理模式不仅不能发展学生的非理性因素，反而极力排斥、压制、扼杀学生积极的非理性因素，严重阻碍了学生主体的完整发展。

而大学生对话管理正是对学生受压抑的非理性因素的解放，追求学生非理性因素发展的目标。它把管理的规律与法则、规范与秩序、制度与程序等融入以人为本的人性化管理之中，重视人的社会、心理因素在管理中的作用，注重学生心理和情感方面的需要与体验，是理性管理基础上的一种非理性取向的管理，在其中，学生的非理性因素能得到合理的保护、激发和自由发挥。对话是对话双方或多方全身心的投入和全方位的展现，这其中既包括理性因素，也包括非理性因素，特别是非理性因素的介入与发动，使对话充满激情，勃勃生机，这又将引发更多、更新的非理性因素的产生。

在对话中，人的动机、情感、意志、信念等因素会不断生发、碰撞与发展，人的想象、猜测、直觉、灵感、潜意识等因素会不时跳跃、迸发和闪现，从而使得对话遐想无边、妙趣横生、其乐无穷。当然，非理性因素有积极和消极之分，其积极成分如情绪情感中的激情、热情、好奇心等能激活人的各种意识要素，调动人的认识潜能，促进传理和人的发展；而消极成分如情绪情感中的冷漠、厌恶、焦虑、失望等则会抑制人的认识，延缓认识的进程，从而阻碍、干扰和破坏管理与人的良性发展。那么倡导发展非理性因素会不会良莠不分？这倒大可不必担心，因为真正的对话具有发展与矫正的内在机制，即它能发展、强化良好品质与因素，矫正、去除不良品质与成分，实现"扬长避短"，促进组织与人的良性发展。

（二）大学生管理发展性目标

大学生对话管理的发展性目标包括学生人格的完善、可能生活的建构、人生价值与意义的追寻等。之所以将它们称作发展性目标，不仅因为它们本身是一个发展的过程，始终处在一个不断发展的、永恒持续的、不可最终完成的进程之中，更是因为它们与人本身的发展与完善始终交织在一起，各自从不同的角度去实现人的主体建构与发展。

1. 完善人格

大学生和谐人格建构的总体目标是：

（1）内部心理和谐。使大学生的气质、性格和能力、认知、情感和意志、需要、动机、兴趣、信念、理想等心理特点、倾向和过程能符合自己的年龄特点而协调发展，从而保持良好的心理健康状态。

（2）行为和谐。能正确认识自己的角色身份和能力，养成与之一致的和谐行为模式。

（3）人际关系和谐。能正确对待他人，尊重他人，理解他人，爱护他人，富有爱心和同情心，乐于助人，团结友爱。

（4）与社会和谐。关心集体，关心社会，具有团体意识和社会责任感，能融入集体和社会，并促进集体和社会的发展。

（5）与国家和谐。具有爱国主义精神，将自己的价值追求与国家的前途、民族的命运结合起来，与之和谐共建。

（6）与时代和谐，能正确认识时代的要求和自己肩负的历史使命，树立与时代要求相一致的世界观、人生观、价值观。

（7）与自然和谐。关爱自然，保护环境，善待动物，尊重客观规律，按客观规律办事。

（8）全面和谐发展。注重德、智、体、美等全面发展，具有合理科学的知识、素质和能力结构。

（9）事业、生活和谐。有正确的人生态度，热爱生活，追求事业，积极进取，开拓创新，能正确对待事业、生活中的挫折，永远保持乐观的态度和奋斗精神。

（10）整体和谐。以上各方面处于协调、平衡、统一和匀称的发展状态，形成完整统一的健全人格、理想人格和最佳人格。

对话是实现大学生人格完善与和谐的最佳路径。对话是一种境界，一种修养，一种品格，它本身就是一种促进人格不断发展与完善的新陈代谢机制，能够净化人的心灵，使人向善去恶，思想认识与道德境界得以不断提升。大学生对话管理就是要使对话成为学生的管理生存方式，培养学生的对话意识与品质，使学生养成对话的思维与习惯。通过与自我的对话，使学生时刻反思和检视自己，正确认识自己的优势与不足，认识、把握自己的角色和责任，时刻调整自己的心理状态，实现自己心理与行为的和谐；通过与他人对话，使学生懂得尊重，学会关心，善解人意，懂得向他人学习，从而调适自我，建立和谐、协调的人际关系；通过与自然对话，使学生懂得虔敬自然，敬畏生命，保护环境与生态，实现人在自然中的诗意栖居。

2. 建构可能生活

大学生对话管理回归生活世界，它立足于学生的现实生活，建构学生的可能生活。我国著名学者赵汀阳认为，"可能生活是现实世界所允许的生活，但不等于现实生活。可能生活是理想性的，它可以在现实生活之外被理解。如果一种可能生活得到实现，它就是现实生活"，"可能生活可以定义为每个人所意味着去实现的生活"（赵汀阳，1994：116）。由此可见，一方面，学生的现实生活是可能生活的基础和前提。可能生活并不意味着脱离人的现实生活，排斥或否定人的现实需要。现实生活是学生唯一能够真实把握、得以充分享有的生活形式，也是学生真实拥有的发展可能性得以不断实现和不断生成的过程。另一方面，可能生活又是对学生现实生活的反思、批判和超越。它指向一种"尚不存在"的理想生活，体现着人的可能之在，是人面向自己拥有的各种发展可能性所做的主动筹划，主要指向人所拥有的、具有积极意义的发展可能性，代表着人生活的希望。

因此，可能生活既介入学生的现实生活，又超出学生的现实生活，是一种既源于学生的现实生活，又高于学生的现实生活的理想生活形式，是一种基于历史和现实而指向学生的未来与可能的动态生活形式，是一种自成目的性、富有生活意义和生命价值的生活形式。现实生活是人的基本生存状态，它决定了人的生存和延续；而可能生活是人的生活的理想形态，它决定了人的自我完善与自我实现的高度。大学生对话管理作为一种管理生活方式，就在于引导学生从现实生活出发，去体验、反思、批判现存生活，去感悟生活的真谛，去梦想、去创造更加美好、更加完满、更富价值和意义的可能生活。大学生对话管理的过程就是现存生活不断被超越、可能生活不断被建构的过程。

可能生活追求的目标是幸福。赵汀阳指出，"每种可能生活都有其特有的幸福，而且不是另一种生活所能替代的，放弃一种可能生活就等于放弃一种幸福"。

他认为，可能生活是一种合目的性的生活，是基于幸福追求的一种选择，"尽可能去实现各种可能生活就是人的目的论的行动原则，就是目的论意义上的道德原则，这是幸福生活的一个最基本条件"（赵汀阳，2004：150，149）。所以，可能生活的实现是幸福生活的前提，这同时意味着生活意义与价值的丰富；而幸福生活是可能生活的目的，是超越现实生活的一种创造性生活。"生活的意义必定在于生活本身，生活的意义在于创造性地去生活并且创造可能生活。幸福生活与有意义的生活是同一的"（赵汀阳，2004：26）。幸福不同于快乐，它能给人一种持久的祥和与愉快之感，而快乐只是一时的兴奋；幸福是生活本身的成就，并且幸福所构成的意义可以改变人生的整个画面，而快乐是消费性的，它留不下什么决定人生意义的东西。幸福也不同于欲望的满足和利益的获得，它超越了主观性的原则，具有更普遍的伦理意义。幸福原则"是为每个人着想的，它所揭示的生活方式有助于提高每个人的生活质量，它将指出每个人如何更充分地利用自由去把各种可能性变成充满活力的现实生活"（赵汀阳，2004：147）。

可能生活是全面性和多样性的生活。人是一个完整性的存在，是一个由自然与社会、生理与心理、物质与精神、理性与非理性、科学与人文等多层面、多因素构成的综合体，人的心理与需要也是丰富多样、复杂多变的，甚至可以说是不可穷尽的，然而也正是这些使人成为世间最崇高、最伟大、最不可超越的存在，同时也决定了人的可能生活的全面性与丰富多样性。因此，大学生对话管理的任务就在于创造全面、多样的生活条件与空间、文化环境与氛围，去培植、建构学生全面多样的可能生活，鼓励他们自主选择、自主筹划、自主决定自己的生活方式，引导他们感受、理解、省察和创造自己的生活，在充满不确定性的生活中，学会鉴别、学会选择，做出判断；使学生成为自己生活的主人，追求一个较"今日之我"更为完满的"明日之我"，不断超越现实生活走向属于自己的可能生活，创造更加灿烂、美好的明天。

3. 追寻人生价值与意义

人是意义性存在、价值性存在，人是无法忍受无意义的生活的。正如我国著名哲学家高清海所说，"人生活在世界上，总是在自觉不自觉地追求与思索着人生的意义。一种没有意义的生活，对于人来说是一种最大的苦刑，纵然衣食富足，饱暖无忧，人仍会感到不满足，会感到一种无边的虚无包裹着他，使他内心里不安宁、不踏实"（高清海，等，2006：83）。人要超出自己的生存境况，不时追问"人应当是什么""人应当如何生活""人为什么生活"等问题，这些对人自身价值意义的追寻，构成了人生的终极关怀。这就是人与动物的根本区别所在。

人在世界中存在，把自身与世界都看作是有意义的，把自身与世界的关系也看成是有意义的，否则，他的生活便是无意义的。因此，人必须追求意义，因为意义才能使人的生命有价值。人生受意义的引导，有意义的人生必定是完满的、充实的。人生意义的引导是一种精神的力量，它使人有价值地生活，使人有期待，使人努力奋斗，对人生、对生活进行有意义的筹划。人生不断地寻求意义，也就是在寻求中实现意义，而人生对意义的追求就表现为"我的生活，我的所作所为必须是有根据的、有价值的"（金生鈜，2001：64）。人生的价值与意义首先在于超越与创造。现实世界的"不如人意"和"不能满足人"的性质，使人需要以一种积极的态度超越现实，去追求一种更值得人生活的生存境界。人总是满怀希望地期待着明天，人生的自由、创造、价值与责任就植根于人的这种未完成性和这种希望的人生。

人能在实践活动中，在"自由自觉"的创造性活动中，去形成真正属于自己的价值生命、文化生命或者说"类生命"，并且只有在这种超自然生命的创造中，人才真正成其为人，并感受到人生的真实幸福与乐趣。人的使命就在于不断通过自己的创造性活动，逐渐升华其价值，使人不断"生成为人"。人之伟大，人之超越动物，就在于"人不再是自然之手驯服的机器，人成了自己行动的目标（赫尔德语）"，永恒超越和不竭创造是人应具的精神境界（高清海，等，2006：84）。人生的价值与意义还在于奉献与给予。价值、意义均是关系的范畴，体现的是人与世界的一种关系——"意义来自人在其世界中的牵涉"（里克曼，1989：209）。

因此，人只有走出自我，走向他人，走向世界，并将自我奉献给他人，奉献给世界，其人生才真正具有价值和意义。索取的人生只能导致物欲的膨胀，将人淹没于物质与利益的世界，越陷越深，永无止境，而浑然不知"我是谁"，又"为了谁"。只有在奉献中，在给予中，我们才能感受到自己与他人的关联，才能发现自己对他人的价值和意义，才能感受到真正的满足感和成就价值，才能体会到真正的幸福。可以说，奉献的过程、给予的过程就是人生价值与意义的呈现过程。

人生的意义归根到底是生活的意义，人生的价值说到底是生活的价值，它们都要体现在生活的实践与行动之中，因而人生的价值与意义就只能从生活的体验中领悟出来。"'人'的'意义'是在活生生的生活之中。'人'生活在'世界'之中，自从'人—有'了这个'世界'之后，'人'就'有'了'意义'，所以'人'的'意义'……是从生活、从'世界'体会领悟出来的"（叶秀山，1991：55）。对话是一种领悟，一种阐释和一种觉解，"只有通过这种自觉的阐释与觉解，人的生活意义与生存境界才会以一种澄明的方式向人们宣示出来，并由此出发，引导人们去自觉地追求真实的人生意义，提升自己的人生境界"（高清海，等，2006：84）。

大学生对话管理正是通过管理对话使学生从自己的生活世界中体验、领悟，进而阐释和觉解人生的价值与意义，超脱于眼花缭乱的物质功利世界，从实然走向应然，探寻人生精神、价值与意义之境，不断去超越、去创造、去奉献、去给予，去实现自我又超越自我。大学生对话管理过程就是价值意义的追寻过程，这是一个不断变化、发展的过程，永远处于未完成态。"人生对意义的追求永远处于过程中，人生从来没有不变的意义，人生就是在追寻中实现价值，人就是不断地理解，获得意义的引导，从而使自己的生活有目的，有价值，从而使自身从现实的境况中站立起来，超越现实，进入未来"（金生鈜，2001：64）。追寻着价值、意义的人生，必然是完满充盈的人生，必然是有价值、有意义而幸福的人生。这样的人生理应成为大学生的追求。

（三）大学生对话管理终极目标

任何事物都是特殊性与普遍性的统一，大学生对话管理也不例外。作为一种特殊性的大学生对话管理，其终极指向性目标是培养学生的对话理性，引导其对话人生；作为一种普遍性的大学生对话管理即作为一种教育意义上的大学生对话管理，它又要以实现教育的目的（即人的主体建构与发展）为自己的终极指向性目标。

1. 培养学生的对话理性，引导其对话人生

在本书研究的对话哲学视野里，无论是大学生知识的建构、各种对话意识及相应能力的培养，还是人格的完善，乃至可能生活的建构、人生价值意义的追寻，最终都指向一处即学生对话理性的形成。在对话理性指引下的人生即对话人生，这是一种崭新的人生，将把人带向一个新的境界。

对话理性是在对话理念与精神基础上升华而形成的一种主体精神构造，它嵌入人的本体精神与意识深处而成为人的内在品性。对话理性是对科学理性的补遗和纠偏，又是对传统价值理性的超越，是在突破主客二元思维模式的主体间性新视野下对二者的有机融合。它以科学理性为基础机制，以价值理性为目的取向，是一种新形态的理性，是人类理性发展的未来走向。

马丁·布伯认为，真正的人生是对话人生。我国学者夏正江对对话人生进行了比较深刻的分析：从存在论角度看，对话人生就是超越"它"的世界，学会与世界"你"建立一种活生生的精神上的相遇关系的人生；从认识论角度看，对话

人生就是以一种开放的、自由探究的理性精神，同他人（或他人所创造的文本）一同参与到追求知识、真理（包括真、善、美不同类型的知识）过程中的睿智人生；从社会哲学的角度看，对话人生是一种发生在人际交互世界之中的，以人类相互交往、沟通、理解的实践旨趣为导向的人生（夏正江，1997）。对话人生的核心和灵魂是人的对话理性，它以追求人本身整体的生命精神和价值意义为目标。特别要指出的是，对话人生是一种审美人生，它代表着一种生活修养与境界（滕守尧，2006：16）："对话意识的高扬，必定会将人类引向一个异于以往任何时代的新时代……更重要的是，它有了一种更新的和更强有力的精神追求——对于'对话'造就的高深精神境界和审美文化的追求。这种追求必将促进当代人精神向更高的层次发展，也会使当代艺术更加丰富。对话精神如果得以实现，我们的文化就会一步步走向古哲们梦想的真、善、美一体的境界，成为人人向往的审美文化。"在这种生活境界里，人与宇宙万物（如日月星辰、山川草木、飞禽走兽）都能和谐相处，都能保持一种生命之间的对话与沟通关系；能与天地相参，摆脱小我的钳制，感到宇宙万物浑然一体；不再为物欲所奴役，为世俗的功名利禄所累，以一种坦然的、超功利的豁达态度去体验天地人生，内心里有一种淡泊的宁静与澄明感；不再囿于因果链条的框架去看待世间一切事物，而是以一种审美的、艺术的眼光去鉴赏天地人生，去汲取天地的灵感与精华，以充实自己的人生（夏正江，1997）。这种人生境界极类似于我国著名哲学家冯友兰先生所推崇的"天地境界"，即能知天、事天、乐天、同天的境界。有这种境界的人，有知而又无知，有我而又无我；内外相通，动静合一；仍然要过道德的生活，要过功利的生活如干活赚钱，要过自然的生活如吃饭睡觉，但又不只停留在这些生活上，这就是"道高明而极中庸"（李振霞，1991：229—230）。"充满劳绩，人诗意地栖居在大地上"，德国浪漫派诗人荷尔德林的这句名言正是对对话人生审美取向的完美表达，它将把人带入心灵自由、生命圆融的艺术之境。

2. "对话人"：人之主体建构与发展的目标指向

大学生对话管理以实现教育目的为最终目标。那么，教育目的是什么呢？对于这个问题学术界一直存在着不同的观点与争论，但近年来随着对工具化教育危害的揭露与批判的深入，对于教育应以人为目的认识在我国教育界已取得了基本共识。在此基础上，本书的研究进一步将教育的目的定位于人的主体建构与发展。这里的"主体"不是传统的主客二元思维模式下的单子式的占有性主体，而是在对话哲学主体间性视野下的处于关系中的共生、共在、共享的主体，是一种，交互主体、类主体和共主体。

人的主体建构与发展是平衡发展基础上的个性化发展。"平衡发展"是指人的德、智、体、美等各方面的素质与能力的协调发展，强调的是人的发展的完整性。完整性是相对于片面性而言的。德、智、体、美等构成现代人发展的整体，缺一不可，衡量的底线是"不失调"即不致使某一方面发展明显的或严重的缺失，任何片面的发展都是对生命完整性的背离，甚至导致人的畸形发展。平衡发展只构成人的主体建构的基础，而不是目标，目标是要在此基础上追求个性化发展。个性是人的丰富多样性的生动体现，是人存在的现实的表征，因此，教育的目的应是追求学生平衡发展基础上的个性化发展而不应是全面发展。全面发展的完人目的观作为一种美好的理想，是缺乏现实性的，它抹杀学生的个性，去追求趋同化、单一化、标准化的发展目标，值得反思。而个性发展的教育目的观则主张多样化、多元化的发展目标，它放弃教育中的"宏大叙事"风格，倡导开放和多元歧异，建构和发展学生主体的差异人格和独特个性。

人的主体建构与发展的目标指向是形成一种"对话人"。当今时代的显著特征和核心精神是对话，未来社会是共生的社会，是生态的社会，是对话的社会，未来人是对话人。对话理性与对话人生的主体就是对话人。对话人的人格特质是理解、尊重、包容、民主、平等、开放、自由、共享与和谐等精神意识，它是能与他人、社会及自然和谐共生、协同发展的人。在整个社会几乎被物欲淹没、被工具——技术理性所主宰、全面异化而"物极必反"的今天，这种对话人已成为人们内心的普遍呼唤与向往。并且，随人类社会开始步入马克思所设想的三个发展阶段的第三个阶段即"建立在个人全面发展和他们共同的社会生产能力成为他们的物质财富这一基础上的自由个性"形态阶段的趋势日益显现，普遍交往时代开始来临，这种对话人的特征已开始初步呈现。

对话人萌芽于当代社会，为当今社会所渴求，但由于社会历史条件的限制，它却还不能成为当今社会的主体，但毫无疑问，它将是未来社会实践活动的主体，是未来社会理想的人格范型。在今天，倡导大学生对话管理，以培养对话人为目标，以对话人为理想范型促进人的主体建构与发展，既是在为当今社会培养引领者，又是在为未来社会培养新人，这体现了大学生对话管理的当代意蕴和未来价值。"对话人"正是大学生对话管理的全部理论与实践的旨趣所在。

二、大学生对话管理方法

对话既是一种管理的理念，也是一种管理的目标，更是一种管理的方法。大学生对话管理在管理方法上从传统的行政式的命令转变为对话式的商谈，从以训导为主的管理方式转变为以引导为主的管理方式，这是一种管理方法的根本转向，它强调通过对话的方法导向学生自觉自愿的行动。从广义上说，对话作为一种哲学观，本身也是一种方法论，在此意义上，本书研究所述及的一切作为一种大学生管理理论，同时也都是关于大学生管理的方法论。本书主要是从具体、狭义层面探讨大学生管理对话的方法与路径，而且是选取其中的几个重点问题进行初步研究。

（一）信息公开与网络对话

1. 信息公开

信息是一种宇宙现象，它与物质、能量并列为客观世界的三大要素。信息是事物存在的一种表征，世界上一切事物都作为信息源而存在。管理中的信息是管理活动中的各种消息、情报、数量、指令、密码、符号、文件、政策等信号的总称。信息贯穿于管理活动的整个过程中，有效的信息沟通是有效管理的保证。管理过程就是各种信息不断地加工处理和反馈循环的过程，就是信息沟通的过程。信息是组织的"血液"，要维护组织的正常运转，必须保证"血液"的循环通畅。

信息不对称是导致管理不公的重要原因。美国三位经济学家——乔治·阿克洛夫、迈克尔·斯宾塞和约瑟夫·斯蒂格利茨经过30多年的研究提出了信息不对称理论，从而获得了2001年的诺贝尔经济学奖。信息不对称理论认为，当市场交易一方比另一方拥有更多的信息，处于信息优势地位时，便有利用信息不对称进行欺骗的动机。当产品的卖方对产品质量比买方有更多的信息时，低质量产品将会驱逐高质量产品，从而使市场上的产品质量下降。在信息不对称的情形下，人们可以通过有策略地使用信息来达到私有利益。这种信息不对称现象不仅发生在经济领域，同样也普遍地存在于政治、管理等其他一切领域，是导致权力寻租产生腐败等不公现象的真正根源。

在大学生管理中，由于信息的不对称性，导致一部分学生利用其与管理者的特殊关系而获得种种优待，如评优评奖、良好的就业机会等，这些学生往往学习不努力，处处投机取巧，时时巴结管理者，而那些脚踏实地、学习刻苦认真的学生反而在竞争中处于劣势，这挫伤了其学习积极性，从而产生类似低质量产品驱逐高质量产品的相对差生排挤优等生现象，并由此衍生诸多不良风气。况且由于信息不对称使管理者往往拥有更多的信息，处于信息垄断地位，从而有权控制、支配学生，使学生与管理者处于不对等地位，不可能开展平等对话。对话要求打破信息的不对称性，寻求信息的平等。

信息代表着一种话语权，拥有一种信息就拥有相应的话语权。对话本身就是一种信息沟通，就是一种话语权的交换。信息不对称导致对话双方先天话语权不平等，因而无法对话。因此，对话要求信息公开，只有信息公开，才能消除信息的不对称性——信息公开是对话的先决条件。另外，信息公开本身就是一种对话。大学生管理中的各种信息是管理者的意志、看法与主张的体现和载体，公开这些信息，让学生与这些信息对话，其实也就是在让学生与管理者对话，它既是作为管理各方先前对话结果的对话，又是作为进一步展开对话基础的对话。可见，信息公开既是大学生对话管理的基础和前提，又是大学生对话管理的方法与路径。或者说，信息公开本身就是大学生对话管理的一种体现和形式。

在大学生管理中，信息公开的基本要求是及时、准确、客观与全面。

（1）信息具有时效性，信息公开必须及时，只有及时才能体现信息的价值。及时意味着不能超前，也不能滞后。超前公开信息将会造成工作混乱，从而扰乱人心，影响秩序。当信息处于萌芽、形成或法定公布前阶段时，提前公开或透露属泄密，是违纪或违法行为。而信息公开滞后，将会影响信息的时效，产生不了信息应有的价值与作用，甚至还会造成损失。管理者要将各种管理信息或管理之外与学生相关的信息及时向学生公布，特别是与学生切身发展相关的重要信息更是要在第一时间及时送达学生，不得有任何延误。

（2）准确是信息的生命。古今中外由于信息失真而导致决策失误、事业受挫的事例不胜枚举：曹操赤壁之败重要原因就是蒋干等提供了虚假的不准确信息。管理者向学生提供准确的信息既是信息的本性使然，更是管理的权威性体现，也是大学生管理的教育性要求。试想作为管理者（同时作为教育者）却向学生公开失真的、不准确的信息，如何去取得学生的信任与支持呢？

（3）客观就是要求管理者向学生公开的信息不能加以主观性的选择因素，不能凭借主观好恶或者人为的价值判断去歪曲、隐瞒事实真相，也不能凭借一定的价值判断去为一些事实或理念辩护或说教，否则会造成学生的反感，使管理者丧失与学生对话的基础。

（4）全面就是强调信息公开要完整反映事物、事件或过程、活动的全貌，不能对信息进行片面取舍，只公开对管理者有利的信息；不能"报喜不报忧"；不能只公开积极的一面，忽略阴暗面。事实上，阴暗面并不是对事物本身的完全否定，它的存在是事物存在合理性的体现，学生对事物的阴暗面是能够正确认识和理解的，只有将信息全面公开，才能增加学生对信息的信任度，增强对话的真诚性。信息公开之后还要重视信息反馈，因为公开不是目的，公开是为了反馈，进而推行。在信息公开之后，管理者要倾听学生的反映，就学生的意见与看法再行展开对话，互通有无，吸收学生及其他相关各方的合理意见与建议，修改、完善相应的管理计划、方案、政策、制度与措施，推动管理工作的开展。

2. 网络对话

网络对话是大学生管理的新兴领域，具有一些不同于其他任何对话的新特点。

一是虚拟性。网络是一个不同于现实世界的虚拟世界，网络对话的各方往往都是以匿名的方式进行的，但虚拟不同于虚无，它是真实存在的。

二是本真性。由于其匿名性，对话各方没有任何顾虑，因而对话往往是无任何保留和遮掩的，是一种本真的、野性的流露。

三是自由性。它不受任何控制，是一种无拘无束的真正的自由对话。

四是开放性。网络没有任何边界与禁忌，是一个无限开放与包容的空间。

五是便捷性。它方便、快捷。网络对话的这些特点使它深受青年大学生的欢迎与钟爱，在大学生中广为流行。大学生所钟爱的就理应是大学生管理所重点关注的。

当前，在我国大学生管理中，如何运用网络加强大学生的教育与管理作为一个热点、难点问题也引起了高度重视，但在具体实践中却基本上是处在初始阶段，大多只停留在建个网站，在网站上附带个 BBS，发布有关信息之类的简单运用阶段，偶有利用 QQ 群、微信、微博与学生开展真正交流对话的，也只是自发行为，没形成"气候"。说"高度重视"，实则更多的是指社会各界与学校对一部分大学生沉迷网络、荒废学业，以及网络中的各种不道德、陷阱等负面问题的普遍忧虑，而面对一个如此自由、开放的庞大空间更多的却是束手无策、放任自流的状况。实际上，系统发挥网络在大学生管理中的正面效应是一片尚待深入开采的处女地。

网络对话是大学生对话管理的重要渠道与路径。在大学生对话管理中，要构建全方位多层次的网络对话平台，使学生能够通过网络直达管理者和教师，使管理者和教师能够通过网络走进学生。学校各级各层管理者在此过程中应承担不同的职责与任务，分工合作，协同推进。学校要大力加强校园网建设，确保每一个学生及各级管理者和教师在自己的自由时间能自由上网，制订相应的促进大学生网络对话管理的规章、措施。

在此基础上，校、院（系）重在建好网站（页），办好各种独具特色的论坛（BBS），抓好各种信息的网上发布，通过网络实现各种事务的公开与透明；承担学生管理主体职责的辅导员、班主任重在建微信、QQ 群，发布各种学生管理事务信息，与学生开展日常交流与对话；各个班级及学生社团组织（在我国，学生群众组织承担着一定的学生管理辅助职责）重在建好自己的博客与各种形式的沙龙与论坛，广泛吸引学生参加各种主题的网上讨论。特别是此前已述及广大的专业教师在教学之外也应承担学生管理者的职责，但是绝大部分的教师在课堂教学之后离学生越来越远，根本没能走进学生的生活世界。

事实上，由于时空的限制，要让绝大多数教师在现实生活的课堂之余去更多地、面对面地接触、了解学生，真正与学生对话、交流，促进学生发展，只不过是一种完美的想象，是几乎不可能真正实现的，而网络却可以将这种理想付诸实现。广大教师可以通过各种形式的网络对话，特别是以博客的形式与广大的学生在线交流，走进学生的生活世界，发挥自己的人格魅力去影响、教育学生，实现与学生的共同成长。

此外，对学校各级领导者来说，应向学生开放电子邮箱（E—mail），接收学生的来信与投诉，并及时给予相应的答复、处理与解决。通过学校纵横交错的网络对话平台，使学生能够及时了解有关信息，使学生的意见得到及时反馈，学生的任何思想问题与困惑都能得到倾诉，并能寻到知音，从而得以疏导与解决。在网络对话中，必须遵守和顺应网络对话自身的特点，保持网络对话"原汁原味"的特征，比如学生参与网络对话一般都是以匿名方式进行的，但也有可能因为真情流露或其他话语特征而暴露身份及其相应的一些隐私或隐秘之事，除非涉及重大违纪、违法或其他特别原因，管理者和教师要为之保密，切不可将之公之于众。只有这样才能保证网络对话不变味，才能使之能够长久坚持，取得学生的信任，学生才能放心参与，否则，真正的网络对话将不可复存。随着网络对学校生活的全面融入以及学校生活对网络的全面依赖，网络对话将成为大学生对话管理的主渠道与主方法之一。

（二）尊重差异与共享性思维

1. 尊重差异

世界上不存在两片相同的树叶——世界是多样性的存在，多样性产生差异，差异的存在具有客观性、普遍性。差异是对话的基础，差异产生对话，世界上千差万别的事物构成了一幅五彩缤纷的对话图景。差异之间的对话是事物发展的内在动力。差异的存在是事物的本然，消灭差异就是消灭事物本身。因此，差异不仅不应被消灭（也不可能被消灭），而且理应受到尊重和保护。每一个大学生都是一个独特的生命个体，不仅长相千差万别，心理因素更是复杂多样，纵使双胞胎也各有差异。

这种差异性的存在理应成为大学生管理的立足点，大学生管理的目的不应是去消除这种差异，因为它永远不可能被消除，而应是在这种差异的基础上促进每个学生独特个性的发展。而传统的大学生管理却往往漠视学生的差异，统一思想，统一标准，统一规范，统一各种规章制度，用统一的"模子"去规制学生，打磨学生，它的一切作为其实都是在千方百计地去除学生的差异性，使学生成为符合某种预制标准的"人才"，却往往导致学生"千人一面"，缺乏独立的个性。

大学生对话管理正视差异、尊重差异、善待差异、利用差异，以促进管理各方面特别是大学生的发展。它承认、尊重学生不同的思想观念和生活方式，学生来自"五湖四海"，他们的文化背景、成长环境、生活经历往往存在很大的差异，因而看待事物的方式，生活的态度也会有很大的不同，这是很自然的，无须强求一致；它同样尊重学生的个性与兴趣爱好，不将个性独特的学生视为"异端"，而是鼓励其发展，将学生的兴趣爱好视为其特长，积极支持并加以多方发展；它反对单一化的评价标准，要求对学生进行多元化评价，视每个学生为"人才"，都能够"成才"，从而同等对待，一视同仁。因为按照加德纳的多元智力理论，每个人都同时拥有多种智力，多种智力在每个人身上以不同的方式，不同的程度组合存在，使得每个人的智力都各具特色；每个学生都有自己的优势智力领域，学校里不存在差生，全体学生都是具有自己的智力特点、学习类型和发展方向的可造就人才。学生的问题不再是聪明与否的问题，而是在哪些方面聪明和怎样聪明的问题（袁振国，2005：127）。大学生对话管理的任务就是因材施教，因材施管，为学生的多样化发展创造各种环境和条件，使每个学生的智力特别是优势智力都得到激励与开发，使每个学生都获得"自足其性"的发展。大学生对话管理还强调不同学院之间特别是不同学科专业之间的差异，根据学科、专业的不同特点对学生进行特色化管理，摒弃单一的统一模式，设置多元化的管理目标，施行多样化的管理方法，促进管理的权变性与灵活性。在大学生对话管理中，尊重差异还包括尊重不同管理者的差异，尊重管理者的创造性，发挥每一个管理者的聪明才智和创造精神，形成不同的管理风格与艺术。大学生对话管理没有固定的模式与方法可循，它作为"行动的哲学"，不是统一的、永恒的，而是动态的，更多的是偶然的，处于解释的过程；它是一种艺术，更多的是依赖于管理者的责任心与创造性。因此，管理者要层层放权，上级尊重下级，尤其要鼓励、尊重、支持和发挥基层的首创精神和开拓精神，使各种与众不同的创新做法都受到应有的积极保护。在大学生对话管理中，尊重差异还必须合理处理冲突，变冲突为机遇。有差异就必然会有冲突，冲突也是一种对话，只不过是一种激进的、带有破坏性的对话，"个性的差异常常是冲突的温床。视而不见并不能解决问题；被掩盖的矛盾往往会出其不意地爆发。如果团队懂得如何从中学习、利用的话，矛盾冲突像多样性一样，可以成为团队的资源"（琳达·埃利诺，格伦娜·杰勒德，2006：170）。因此，这就要求管理各方学会宽容差异、包容冲突，学会相互理解，在冲突中融合差异、利用差异、发展差异，将差异导向合作，从而产生"以他平他""和实生物"的功效。"要充分发挥团队的潜力，必须利用成员的差异性。你要了解每个人的长处与短处，通过集体合作，以发挥出比所有人简单叠加更巨大的能量。只有战胜个体差异，扬长避短，才能发挥所有人的潜能"（琳达·埃利诺，格伦娜·杰勒德，2006：167）。尊重差异，包容差异的冲突可以成为管理各方从中学习、激发创造性的时机，可以转化为向别人学习同时帮助别人的机会，这将成为大学生管理新文化的开端。

2. 共享性思维

在戴维·伯姆看来，所谓"共享（participation）"有两个层面的意思：它最初的含义是指"参与、分享（to partake of）"，就像分吃食物一样——大家从同一个碗里扒饭吃，大家一起分吃面包或者其他东西；第二个含义是指"参加、分担（part in）"即做出你的贡献，它意味着你被接纳并融入到整体之中。把此两层含义合在一起，就是要求在考虑问题时把主体和客体结合在一起，而不是把二者割裂。共享性思维是相对于平实思维而言的，"平实思维旨在依据现实的实际面貌来反映现实——它宣称自己总是如实地告诉你事物的本来面目。我们倾向于把它当成最好的思维方式。比如专业技术思维，就旨在尽量精确、实在地描述事物"（戴维·伯姆，2007：100）。它以实用为目的，以结果为导向，导致了思维的分裂性，它总是以解剖的方式去分析事物，通过思维把事物分解成为各个部分。它把每个事物（包括人）都当成一个独立和互不关联的客体对象，它视人为工具或手段，而非目的或结果，这是导致人类冲突的根源。共享性思维是与此不同的一种感知和思考方式，在这种思维模式里，"各个事物之间不存在明确的界限，它们彼此可以互相弥漫渗透；万物之间都存在着一种潜在的互相联系，我们对世界运动的感知乃是对某些永恒本质的参与和共享"（李·尼科，2007：18）。这是百万年前我们人类就有的思维方式，但后来由于平实思维的盛行，它却莫名其妙地躲入阴影里，变得黯然失色。然而它仍蛰伏于我们的意识深处，秘密地起着作用。"作为一种处于内隐状态的思维，它可以使人产生共同感和一体感"（戴维·伯姆，2007：102）。因而，它倾向于把事物作为一个整体来看待，认为普天之下的万事万物都互相参与和分享彼此，万物的精神都是一样的。这种参与和共享无处不在，其精神实质便是包容。"即使思维会以一定的方式来区别事物，但共享仍无处不在——它存在于人与人之间，存在于思维和情感之间，存在于任何事物之间……它用一种新眼光来观察事物——认为万事万物都'包容'于万事万物之中。归根结底，包容性是万物的根本，我们眼前所展现的事物则只不过是这种内在包容性的外在展示或呈现而已"（戴维•伯姆，2007：106）。

共享精神渗透于对话之中，共享性思维则是对话的精髓所在，也是大学生对话管理的根本思维方法。"与对话相伴而生的，还有一种参与和共享的精神。也就是说，每个人不但参与和分享对话的进程，而且也都能对对话的进行有所贡献。即使你的贡献并没有得到明显的表现。你仍然是在共享对话，仍是在以某种方式参与着对话。各种思维、情感、观念与意见都渐次侵入，即使我们竭力抗拒，它们也会在我们身上滋润生长"（戴维•伯姆，2007：106）。因此，共享性思维是联结大学生对话管理各方的思想意识基础。大学生管理的各方在对话中走出自我，融入团体，他们既参与其中，又分享彼此，不拒绝和排斥任何一个人，即使个人有不同的意见，也会很快被团体所吸纳，并融入到团体的共同意义之中，这种共享精神与理念已渗入到每个人的思想意识里，成为他们处理各种事务与关系的思维方式与方法。在这种思维的观照下，在管理中形成了"我为人人，人人为我"的良好精神氛围，每人都为他人着想，理解他人，尊重他人，包容他人，关怀他人，帮助他人，积极主动地为他人做出自己的贡献。这样，人人都是贡献者，人人也都是接收受益者，这是一种双赢、共赢甚至一赢俱赢，人人都是胜者。这种共享性思维浸润下的对话管理，"使我们心胸开放，使我们认识到我们是相互关联的个体，由此认识到人与人之间的差异是形成我们整体的必要条件。每个人奉行的不同理念，既可以使我们相互产生距离，也可以成为天赐的礼物，使我们成为更加丰富多彩、充满活力的整体"（琳达•埃利诺，格伦娜•杰勒德，2006：237）。共享性思维使大学生对话管理具备一种强有力的凝聚力，其中流淌着意义之溪，这种共同分享的意义溪水就像水泥一样将整个团体紧紧黏结在一起。

（三）学生参与

大学生对话管理崇尚学生参与，为学生参与管理提供了新的根本性的机制保障，同时，学生参与又成为大学生对话管理的主渠道。管理者与学生之间平等对话关系的确立，从根本上保证了学生参与管理的主体地位，使学生可以从容地步入管理关系世界，从而使学生参与进入完全对话性的自然本真状态。这种参与真正体现了以人为本、以学生为本的精神，真正符合管理的本质规定和学生的根本意愿，是促进学生主体建构与发展的有效路径。

要在我国大学生管理中构建这种良好的学生参与路径，应做到以下几方面。

第一，管理者必须摒弃传统的视学生为被教育、被管理的对象的观念，真正确立尊重学生主体性的思想，视学生为管理的主人，将参与作为学生的权利，认识到学生参与是管理的本质要求和学生自主发展之必需，是改进自己的管理方法、提高自己的管理水平的有效形式，去尊重学生参与的权利、自由和意愿，去改善和创造各种有利于学生参与的环境与条件，从而激发学生参与的积极性、主动性和创造性，使参与的理念与精神成为管理核心精神与价值取向，渗透在管理的整个过程之中。"参与必须扎根于整个组织、管理者和员工的行为和心灵中"（Gynthia，2002）。管理者作为管理活动的组织者、发起者，其认识和理念的变革与积极作为，永远都是管理改进的首要前提。

第二，要力求达到"三全参与"，即全员参与、全面参与和全过程参与。所有的学生，只要其本人愿意都应有参与管理的机会与途径，而不是只有少数学习成绩拔尖的学生、学生干部或有某方面特长的学生才有机会参与，这就要求消除对学生参与管理的种种障碍与歧视，拓宽参与渠道，创造更多的参与机会。全面参与就是指学生有权参与与其相关的各种组织管理活动与事务，特别是与学生切身利益紧密相关的政策、措施、规范和要求，必须在学生的全面直接参与下制订，体现学生的意愿和要求，切合学生的实际情况，使其具有更广泛的基础和最大的可行性。全过程参与即学生有权参与各种相关管理的全过程，从学生干部、代表的选举、监督与罢免，从管理活动的决策、执行、反馈与完善，从管理的计划、组织、协调、控制到监督评估，都要保障学生的有效参与。学校管理生活是社会生活的一种形式，让学生全方位、有选择地参与，通过对管理执行的全程监督，对管理行为的道德合理性评价，以及其他公共服务、校园文化活动及社会实践的完全参与，使其体会个人责任与权利、自我价值与社会价值的统一，达到发展学生的社会协作精神和主体人格的目的。

第三，"三全参与"不是无限度参与，它有一个参与限度的合理确定问题。由于大学事务的复杂性与专业性、学生经验与学识的不足以及学生在校时间的短暂性等原因，学生的参与必然是有限度的。对于如何划定学生参与事项的范围及其相应的程度，除了考虑与学生学习的相关度外，还应结合学生的实际参与能力，根据二者的相互依存关系建立起有一定层级关系的学生参与权保障的指导性原则：如果某事项与学生的学习目的相关，且学生有参与能力，应切实保障学生的参与；如果某事项与学生的学习目的相关，但学生没有参与能力或参与能力较小，只要保障学生适当参与即可；如果某事项与学生学习目的不相关，但学生有参与能力，则应保障学生的参与权，但参加与否取决于学生自己的热情与意愿；

如果某事项与学生学习目的不相关，且学生又没有参与能力，则可以不保障学生的参与（韩兵，2006）。可见，学生参与管理的重点在于与学生学习目的相关且学生一定的参与能力方面，应在学生学习目的与实际参与能力二者的相关限度下尽力扩充、发展学生参与管理的内容、途径与方式。但是这只是一个相对的原则，因为学生学习目的最终都是为了学生主体的成长，而实际管理中几乎找不到与学生成长不相关的事项，况且学生参与能力也是一个动态发展的概念，不同学生能力也不尽相同；从另一个角度看，越是学生没有某种参与能力，越应让学生参与以锻炼以发展这种能力，因为无论何种能力都是学生成长所必需的。因此，在学生管理实践中，最根本的是在确保学生正常的学业时间的前提下，拓展尽可能多的学生参与管理的内容、途径与机会。

第四，学生参与管理的制度保障。健全的制度和完善的机制是任何一个组织进行民主管理的基础和保证，也是大学生实现有效参与的前提和保障。因此，在我国的《中华人民共和国高等教育法》中应对保障学生的参与权问题予以明确规定，并在《普通高等学校学生管理规定》中对高校落实学生参与权的具体参与途径、内容、形式、程序、机制等问题作出原则性规定，从而在根本上确立大学生参与管理的法律性依据。高等学校应据此建立起一系列的平等对话的参与机制，如公开听证机制、民意调查机制、咨询审议机制、选举投票机制、批评建议机制、失职举报机制等（张成福，等，2002：340），并形成一系列相应的规章制度。管理者要增强法治意识，摒弃管理中的主观随意性，用规范的制度体系确保学生参与管理的全面实现。

第五，在参与中实现对话。管理者要将学生参与作为了解学生的认识与思想的重要渠道，从中搜集学生的意见与建议作为管理决策和制订计划、规划、措施以及开展相关工作的依据；同时在此过程中向学生阐述自己的管理理念、计划及相关打算与安排，与学生真诚地交换看法，进行深入讨论，取得共识，达成一致意见，即使有分歧形不成共识也没关系，因为这正是进一步对话的契机；还可以就更加广泛的问题开展更为随机的对话，促进管理者与学生二者的协同共生、建构与发展。管理者还要将学生的参与视作自己融入学生生活世界的良好契机，从中全面了解学生的家庭背景、成长经历、思想状况、生涯规划等各种问题，并将之作为因材施教、因材施管的依据。对学生在参与管理中提出的问题、意见与建议，管理者要认真考虑、研究，尽力采纳和解决，并将处理情况与意见及时向学生反馈，对于没有采纳和没有得到解决的问题要提出理由，做出解释，对于学生满意与否及进一步的意见还要持续关注，并再行开展对话、交流与沟通。如此循环往复，推动管理与学生参与的不断交融与发展。

第五章　新时代高校大学生心理管理

随着我国教育的不断发展，高校也取得了蓬勃的发展，大学生就业压力也随着大学生数量的增加而日益上涨，随之而来的心理问题也日渐突出，目前我国高校大学生心理健康状况堪忧。高校具有一定的特殊性，如何解决高校大学生心理健康问题，促进大学生健康、全面和可持续发展是当前社会比较重视的一个热点问题。

第一节　大学生的自我意识

进入大学的学生，都会思考一个问题："我是谁?""我有什么目标?""我为什么上大学?"等形而上的问题。当我们再问一个简单的问题：请你向别人描述你自己时，你首先想到的特征是什么？是你的性格特征，如外向、内向还是外表特征如高、矮、胖、瘦？还是社会类别如男、女等？事实上，你可能更倾向于用概括性的语言对自己做一个总体评价。如"我是一个追求优秀的大学生""我是一个有理想、有抱负但有些懒惰、自制力弱的人"等。所有这一切，都是大学生自我意识的真实体现。

一、影响大学生自我意识发展的因素

影响大学生自我意识发展的因素可分为主观因素和客观因素两大方面。

（一）主观因素

影响大学生自我意识发展的主观因素主要有理想、价值取向、思维模式、心理与人格等，本书重点论述理想和价值取向。

1. 理想

理想是人们对未来所抱有的希望。理想始终在潜移默化地影响着一个人的思想和行为。确立什么样的理想，对人的一生有重要的作用。大学生处于生理和心

理还未完全成熟的时期,自我意识也处于发展之中。因此,理想的树立对他们来说是成长过程中一个重要的环节。

在大学生自我意识形成和发展中,理想有两方面的影响:第一,理想的感召力。理想是人的自觉的精神行为追求,树立了理想,人就有了精神支柱,有了动力。大学生如果自觉地把个人理想和社会理想结合起来,就会正确认识自我,正确认识各种社会现象。反之,夸大个人理想,把个人理想和社会理想对立起来,既不能正确认识自己,也不能正确认识社会。第二,理想的现实基础。理想总是有一定现实根据的。有许多大学生的自我发展不顺利,理想得不到实现,就是没有根据现实确立理想,"理想我"与"现实我"差距太大,甚至无法统一,其原因就在于此。

2. 价值取向

价值的本质就是主体的功能和作用对客体(社会)需要的满足。人的价值就是指个人作用对客体(社会)的需要的满足。在不同的价值观影响下,有不同的自我意识。大学生自我意识的一个特点是"理想我"与"现实我"的冲突。个人利己主义的价值观念具体反映到大学生的自我意识里,就是抽象地谈论"人"、人的价值,认为社会只是为自我发展提供条件,这样脱离社会的"理想我"构想和"现实我"的冲突就是不可避免的了。我们鼓励学生在集体主义的价值观指导下树立"理想我",这种"理想我"不是一切以自我为出发点,而是考虑到社会现实、社会现实与自我的关系、社会现实背景对自我发展的约束,这样才能正确认识自我的地位、作用,正确地对待自我价值,从而形成符合国家和社会利益的自我意识,以便充分发挥自己的才华。

大学生正处在青年末期向成年期的过渡时期,心理上也相应地处于尚未成熟向成熟的发展阶段。尚不成熟的心理水平使一些难以克服的心理和人格弱点成为影响他们自我意识发展的又一重要因素。大学生有限的认识水平、不够强的心理承受力、性格上的缺陷等,都会影响他们自我意识的发展。

(二)客观因素

影响大学生自我意识发展的客观因素主要有社会环境、文化氛围、学校和教师等。

1. 社会环境

人是社会性的存在而非孤立的抽象物,个体及其自我意识必然受到他所处的社会环境的影响。随着改革开放的不断深入，社会转型和变迁加剧，当代大学生正处在一个社会日益变动的时代。这种活跃开放的社会环境的确为大学生施展才华提供了更为广阔的天地，但也给他们带来了更多的选择和心理矛盾与心理压力。社会环境的竞争性既给他们鼓舞，也将不确定性和不安全感带给了他们。这既可刺激完善自我、超越自我的追求，也可导致心理失衡和自我的失落。加上社会风气的影响，也会加剧大学生自我意识的矛盾冲突。

由于大学生的心理、思想还不成熟，对社会风气还不能做出完全正确的分析和判断，因此，社会风气对大学生的自我认识、自我评价，对大学生关于理想、前途的认识，都会产生关键性的影响。同时，社会风气是在一定时期内形成的，它必然反映在人们的意识中，而形成意识的过程是长期的。所以一旦形成一种意识后，其影响也具有长期性。大学生自我意识是从中学生自我意识延续下来的，在大学生自我意识中还要加强、完善。同样，在大学生走向社会成为国家建设者后，他们的自我意识也是在差不多相同的背景上形成的。因此，我们一定要重视社会风气的影响，并通过团体心理辅导尽可能消除一些不良的社会风气影响。

2. 文化氛围

文化氛围的影响包括三个方面。

（1）社会主导文化的影响。所谓"主导文化"是指在某一社会占主导地位的文化，它影响和制约着整个社会生活，是这一社会的灵魂。我国是社会主义国家，社会主义思想体系无疑是目前我国占主导地位的文化。受这一社会主导文化的影响，当前青年学生在自我意识中投身改革、奋发向上、报效祖国、推进社会进步成为其主流。从总体上来说，他们的个人目标和社会前进方向是一致的。

（2）社会亚文化的影响。"社会亚文化"是某一社会中处于次要、从属地位的文化。一般来说，亚文化与主文化的可融性较少，并往往以反或逆主文化的面孔出现，青年学生就难免不受它的影响。由于受到年龄、知识结构、接触社会层面等的限制，社会亚文化在他们当中占有相当的市场。但只要我们正确引导，他们的价值观就一定会随着社会的主旋律而健康发展的。

（3）受西方文化思潮的影响。随着我国改革开放，西方文化也逐渐浸透到社会生活和社会文化的各个层面，因此，青年学生的自我意识也受到影响。一般来说，西方文化在青年学生中通常会产生两种不同反映：一种是青年学生能够用辩证观点对西方文化进行正确分析、评估、对待，从而确定自我对这种文化的认同、吸收、消化程度，并将其应用于社会，接受实践的检验；另一种则认同西方文化中那种灯红酒绿、纸醉金迷、奢侈的生活方式，过于追求个人价值、个人利益，从而在现实生活中表现出许多令人诧异的社会行为。

3. 学校和教师

个人人际环境是个体直接参与和接受影响的亚环境，是自我的现实存在圈。个人人际环境主要指个人成长中的重要他人及其人际氛围，如父母、家庭、老师、学校、朋友、团体等对自己的影响。大学生已离开家庭、父母，进入大学学习生活，对大学生自我意识的发展影响最大的个人人际环境应数学校和教师了。教师在大学生自我意识的形成发展中有重要影响。教师因有丰富的知识而受到学生的尊敬。教师的言行、品德、信仰、精神境界等，有意无意地影响着学生，并受到学生的效仿。所以，教师角色不同于学校环境外的其他"角色"，对学生的影响作用是独特的。

因此，我们应把握影响自我意识发展的各种因素，巩固和发挥这些因素的积极影响作用，减少并尽量消除其消极影响，以便促进大学生准确地了解自己。

二、大学生自我意识的特点表现

大学生就其年龄而言，处于青年初期和中期阶段。特殊的年龄和心理生理发展阶段，使得他们表现出不同于其他青年人的自我意识特点。

第一，大学生较儿童少年时期更多地关注自己。

上大学意味着独立生活的开始，生活上的独立促进其心理上开始独立，他们开始更多地关注自己、关心自己的现状和未来发展。他们不断地寻求自己未来的道路，并为之进行周密的计划和安排。他们在认真进行自我观察、自我分析、自我评价时，能不断地觉察"理想我"与"现实我"的差距。大学生在关注自我的同时还会产生一种孤独感，并产生和别人交流的欲望，内心里涌动着想被别人理解、想与别人沟通的渴望。

第二，大学生自我意识逐渐趋于稳定，但未完全成熟，存在矛盾冲突。

相关研究结果表明，大学生自我意识发展已达到较高水平。这不仅从大学生自我意识总体得分和自我评价的得分较高可以证明，而且自我认识、自我体验、自我控制三者之间的关系比较协调，成为一个有机整体，也证明了大学生自我意识发展进入相对稳定时期。当然这并不意味着大学生自我意识已成熟、完善，如前所述，它还存在着各种各样的矛盾与困扰。

第三，大学生自我评价能力增强，但存在片面性。

由于大学生掌握了比较广阔的知识，面对社会对他们的期望和要求，深入了解自己的愿望更迫切。"我究竟是什么样的人?""我应该成为什么样的人?"都是大学生们十分关心并经常思考的问题。他们还经常主动地与周围人们做比较来认识自己,评价自己。这一切都表明了大学生的自我认识具有更高的自觉性和主动性。大学生能借助一定的社会评价来认识自己,但又不完全依赖别人的评价,这是大学生自我评价能力增强的表现。但是,由于大学生对客观事物的理解和判断上的肤浅性和片面性,常使他们对自我的理解和判断只看到一面而看不到另一面,只看到表象而看不到本质。

第四,大学生自我体验深刻丰富,但两极性明显。

大学生的自我体验比较丰富,有喜欢、满意自己或讨厌、不满意自己的肯定和否定的体验,有喜悦或是忧虑的积极和消极的体验,也有紧张和轻松的体验。大学生的自我体验丰富、细腻、深刻,情感体验的基调倾向于热情、憧憬、自信、急躁等,而且两极性十分明显。当他们取得成绩受到表扬时,当他们的言行举止被别人接纳时,就会表现出愉快、喜悦等积极的肯定的情感体验;当他们受到挫折、批评时,就会产生低沉、忧郁等消极的否定的情感体验。

第五,大学生自我认识、自我评价很容易受情绪的影响。

一旦在学习、生活中遇到困难和挫折,他们往往就会产生一些非理性的认知,表现出内疚、不安、自卑等负性情绪,以至否认自己、拒绝自己,甚至会打破原有的心理平衡,不能一分为二地看待自己,背上沉重的心理包袱。

第六,自我控制、自我教育能力有较大提高,但仍有明显不足。

随着独立性的提高,大学生自我控制力增强,一般情况下,大多数同学能够理智地处理同学之间的矛盾与冲突,克服自己对专业学习的厌倦情绪,按学校的规章制度和要求管理自己。但少数同学还存在自我控制力差的一面,因此,大学生中违纪现象时有发生,同学之间矛盾激化的情况也时常出现。一旦发生问题,学生的自我监督、自我管理、自我教育能力仍不能充分地起到应有的作用。

总之,大学阶段是个体自我意识急剧增长、迅速发展和趋于完善的重要时期。大学生自我意识团体心理辅导应根据大学生自我意识发展的过程和特点,努力促进大学生自我意识的发展和提高。

三、大学生自我意识的矛盾性

大学生是富于理想的,自我期望值也较高,当他们在认真进行自我观察、自我分析、自我评价时,不情愿地看到"理想我"与"现实我"之间存在的较大差距,而这种差距又不是一时半刻能消除的,因而产生了自我意识的矛盾,表现为内心冲突，甚至出现极大的内心痛苦和强烈的焦虑不安。归纳起来，当代大学生自我意识的矛盾冲突主要表现在以下几个方面。

（一）"理想我"与"现实我"的冲突

这可以说是大学生自我意识矛盾最突出、最集中的表现。大学生对未来充满信心，抱负水平较高，成就欲望较强，但由于他们生活范围相对狭窄，社会交往比较单一，缺乏社会阅历，对自我认识的参照点较少，因此，不能很好地将理想与现实结合起来，从而使"理想我"与"现实我"之间产生较大的差距。这种差距在给大学生带来苦恼和不满的同时，也会激发大学生奋发进取的积极性。但如果这种矛盾与冲突过于强烈，不能及时加以调适，则会导致自我意识的分裂，从而带来一系列的心理问题。

（二）独立意向与依附心理的冲突

上大学后，大学生的独立意识迅速发展，他们希望能在经济、生活、学习、思想等方面独立，希望摆脱成人的管束，自主地处理所遇到的一些问题。但他们在心理上又依赖成人，无法真正做到人格上的独立。这种独立意向与依附心理的矛盾也一直困扰着他们。

（三）交往需要与自我闭锁的冲突

大学生迫切需要友谊，渴望理解，寻求归属和爱。他们有强烈的交往需要，希望能向知心朋友倾吐对人生和生活的看法，盼望能有人分担痛苦、分享欢乐。但同时他们又存在着自我闭锁的倾向，许多人往往不愿主动敞开自己的心扉，而把自己的心灵深藏起来，在公开场合很少发表个人的真实意见。他们在与他人交往时存有较强的戒备心理。正是这种交往需要与自我闭锁的矛盾冲突，使得不少大学生感觉十分"孤独"。

（四）自信心与自卑感的冲突

大学生考上大学时受到老师、家长、亲朋好友的赞誉，同辈人的羡慕，故而优越感和自尊心都很强，对自己的能力、才华和未来都充满了自信。然而进入大学后，群英荟萃，强者如云，许多大学生发现"山外有山"，尤其是当学习、文体、社交等方面显露出某些不足时，有些大学生就会陷入怀疑自己、否定自己的不良情绪中，产生自卑心理。在这些大学生的内心深处，自信心和自卑感常常处于冲突状态。

（五）追求上进与自我消沉的冲突

许多大学生都有较强的上进心，他们希望通过努力来实现自身的价值。但在追求上进时，困难、挫折在所难免，不少大学生常常出现情绪波动，在困难面前望而生畏、消极退缩，虽然退缩但又不甘放弃，心中依然想追求、想奋进，内心极为矛盾，困惑、烦躁、不安、焦虑也由此而生。

（六）激情与理智的矛盾冲突

这是自我意识的自我控制方面的冲突。自我控制是指个体摆脱监督和支配的一种自我意识倾向。青年大学生，最大的特点是感情易于冲动，表现出自我控制能力较差，甚至有时被人利用，听到赞扬时容易忘乎所以，受到责难时立刻怒发冲冠，讲到哥们义气处又极易铤而走险。往往理智让位于情感，导致做出一些错事、蠢事。在做过错事、蠢事后，又会后悔不迭，马上变得一蹶不振，使自己陷于懊悔的惆怅之中。处于激情与理智的矛盾冲突中的大学生开始往往激情占上风，意志力强的学生，理智才能控制激情。

由自我意识的分化带来的种种矛盾冲突是大学生自我意识发展中的正常现象，也是大学生迅速走向成熟的集中表现。自我意识矛盾冲突一方面会使学生感到焦虑苦恼、痛苦不安，可能影响到他们的心理发展和心理健康；另一方面也会促使他们设法解决矛盾，来实现"理想我"与"现实我"的整合统一。

而由于大学生个人的社会背景、生活经验、智力水平、追求目标等方面的差异，自我意识的整合统一途径也有所不同。总的来说其整合统一途径有三个方面：一是努力改善现实自我，使之逐渐接近理想自我；二是修正理想自我中某些不切实际的过高标准，并改善现实自我，使两者互相趋近；三是放弃理想自我而迁就现实自我。一般来说，自我意识能进行积极的整合统一的，往往心情舒畅、生活如意，容易成功；自我意识消极整合统一的，即不惜牺牲理想自我而趋同现实自我以达到整合统一的，则往往胸无大志、悲观失望、难有作为；自我意识无法整合统一的，则往往内心苦闷、心事重重、无所适从。

四、大学生积极自我意识的构建

自我意识是人格发展的核心要素，在自我认知、自我体验与自我控制三者相互影响、相互作用的过程中，大学生自我意识经历了分化—矛盾—整合后逐步成熟。

（一）认知训练，发展自我

我们应从当代大学生自我意识发展的规律入手，教育和引导大学生树立正确的人生价值观，帮助大学生建立良好的自我意识的导向系统。教育实践证明：对教育效果起决定作用的环节在于被教育者根据自己的需要有选择地接受社会道德规范、价值观念等要求，使之"内化"为个体的思想品德意识，再"外化"为个体的道德行为。这种"内化"和"外化"作用是任何他人也无法替代的心理过程。一方面，在价值观教育中充分利用大学生自我意识分化其矛盾的积极因素，并排除其消极方面，就有可能促进大学生自我心理的调节；另一方面，使其矛盾中的"理想我"和"现实我"逐步走向统一，达到自我教育的最高境界，为其自我意识的完善奠定良好的基础。

1. 正确认识自我，全面评价自我

正确认识和评价自我是自我调控的重要因素，是塑造、完善自我意识的基础。大学生对自己的价值观、愿望、动机、个性等特征以及自己的所作所为有一个正确的全面的认识和评价，就能够取长补短，调控自我，发展自我和完善自我。真正地认识自己，全面评价自我的方法很多，主要有：

一是与他人比较认识和评价自己。个人认识与评价自己的能力、自己的价值、自己的品德以及个性特征往往是通过与他人的比较而实现的。与他人比较，最重要的是要选择恰当的参照系。大学生不仅仅要与自己情况差不多的人相比，更要与优秀的人们相比，与理想的人物和标准相比，"见贤思齐焉"。

二是从他人对自己的态度中认识和评价自我。人们总是要在与他人的相互交往中不断深化对自己的认识，同时也在认识和评价他人，在评价他人过程中，也接受他人对自己的评价。

三是通过反省自己的心理活动和行为来认识、评价自我。随着大学生自我认识与自我评价能力的提高，大学生必须经常反思自我，勇于并善于将自我作为一个认识的对象，严于解剖自我，敢于批评自我。

四是积极参加实践活动，借活动成果认识和评价自我。大学生应打破自我心理闭锁，增加生活阅历，在积极参加实践与交往中使自己的天赋与才能得以发挥，以便进一步全面评价自我和发展自我。

五是综合分析评价。将通过各个途径获得的关于自我的信息进行分析、综合

与比较，实事求是地全面评价自我。

2. 欣然接受自我，恰当展示自我

对大学生来说，认识自我固然不易，接受自我和展示自我常常更难。欣然接受自我，就是对自己本来面目的认可、肯定和喜悦的态度。欣然接受自我有助于维护和增进心理健康。将一个真实的我、本来的我展示于人们面前，可以让别人了解自己，展示自我有助于密切人际关系，有助于正确认识自我和评价自我。此外，唯有欣然接受自我，才能自重自爱，珍惜自己的人格和声誉，努力进行自我修养，谋求自身的发展。欣然接受自我要做到以下几点：一是要全面、正确地评价自己。对自己的长处短处不能夸大，也不要贬低。二是要正确对待短处。短处有两种，一种是能够改进的，如不良的习惯等；另一种是无法补救的，如先天的身材矮小等。对前一种短处要闻过则改，不可文过饰非；而对后一种短处则要勇敢地面对它、承认它、接受它。三是要正确地对待失败。有的人面对失败一味地自责、贬低自己，使自己丧失信心。我们要清醒地认识到眼前的失败并不代表永恒的失败，须知"失之东隅，收之桑榆"，大学生应正确地对待失败，做生活的强者。

3. 努力塑造自我，积极超越自我

认识自我、悦纳自我是为了塑造自我、超越自我。只有自觉地塑造自我的大学生才能更好地发挥人所特有的自我教育功能。大学生既要注重自我又不应固守自我。一个人要想在社会中扎根，就必须努力超越自我。超越自我就是超越现实自我而成为理想自我的过程。"自我"是在超越自我的过程中不断发展完善的，因此，大学生不能满足于现在的"我"，而应充分认识到自己所处的时代，感受到肩负的历史重任，尽全力地发挥自己的才华，发掘自己的潜能，使自我得以发展。

（二）感悟体验，洞察自我

一般来讲，"现实我"与"理想我"总是不一致的，二者之间总是有着距离，如何看待这二者的距离直接关系着自我体验。当对缩短距离充满信心时，人会产生积极体验，也就是"自信"，认为自己可以努力提高"现实我"以实现"理想我"。自信是大学生较为普遍的优秀品质，但有些学生自信过度，自我感觉太好，骄傲、自大，听不进师长的教诲，听不进同龄人的意见，一意孤行，这种自我膨胀过度的自信是"自负"。自负的人缺乏自知之明，容易失败，也容易受伤。相

反，有的学生在将现实我与理想我做比较中，体验到的是"失望"，认为现实我与理想我的差距太大对自己缺乏信心，把目光总盯着自己的缺点、不足，从而逃避退缩，这就是"自卑"。自负与自卑都会影响大学生的心理发展和人格成熟，是不容忽视的自我意识偏差。

（三）适时调控，完善自我

自制力强的人，常会克制自己的情绪，做事有计划性，自我发展方向明确。自制力弱的人，常会不顾场合宣泄一番，表情就是"晴雨表"，行为充满"情境性"。自制、自律、自觉等是积极的自我控制的描述，而自我放弃、懒惰、逆反等则是消极的自我控制。大学生在自我控制上开始有了明显的自觉性、主动性，但在追求上进的同时，由于困难、挫折在所难免，因而不少大学生常常情绪波动，在困难面前望而生畏、自我放弃。

另一方面，大学生随着自我控制独立性的增强，常表现出力图摆脱社会传统的约束，按照自己的意志行事。绝大多数大学生自认为自己已达到法定的公民年龄，强烈要求像成年人那样独立自主地行事，不愿受父母的约束和教师的训诫。然而大学生在摆脱依赖、走向独立的过程中，有时会矫枉过正，表现出过分的独立意向，导致产生逆反心理，其表现为不分正确与否，一概排斥，情绪成分很大，有时只是为了反抗而反抗。逆反的对象主要是家长、老师以及社会宣传的观念和典型人物等，其结果是阻碍了他们自己学习新的或正确的经验。大学生要学会对自己进行适时的调控，努力完善自我。

1. 目标确立要适宜

当代大学生要建立崇高而远大的目标，把自己的追求与社会的发展联系起来。但是高远的目标并不是好高骛远，而应该把它建立在一个个小目标的基础之上，通过实现一个又一个小而具体的目标，由近及远，由低到高，逐步实现人生的崇高理想。

2. 实现目标要有恒心和信心

任何一个目标的实现，都需要以坚强的毅力为保证。如对目标认识的自觉性和主动性，实现目标的恒心与毅力，克服困难的决心，对成功的正确态度和较强的挫折耐受性等。大学生的这些品质都在不断发展的过程中，因此要特别注重增强自我控制的自觉性、主动性，将社会的需要转化为主观上实现"理想我"的内部动机。

3. 不断完善、超越自我

加强自我修养，不断进行自我塑造，达到完善自我、超越自我的境界是健全自我意识的终极目标。健全自我的过程也是一个塑造自我、超越自我的过程。经验告诉我们，认识自我已属不易，自我控制就更难，期望自我开拓、升华、超越更是难上加难。对大学生而言，塑造自我实现理想乃是其终生的目标，因此加强自我修养是大学生的重要课题。大学生应有很高的抱负和远大的理想，但"齐家、治国、平天下"须从"修身、养性"开始，从点滴小事做起，从行动开始。

第二节　大学生的情绪

一、大学生情绪情感发展的特点

（一）大学生情绪情感的特点

1. 大学生情感发展的特征

大学生正处在青年时期，他们的情绪与其整个心理过程一样正处于蓬勃发展的时期，即由不成熟迅速走向成熟的重要时期，并且情绪的成熟比认知的成熟较晚一些。大学生情绪最基本的特征是它的两极性和矛盾性。

大学生情绪的两极性指大学生情绪容易从一个极端跳到另一个极端，大起大落，摇摆不定，跌宕起伏。表现在苦恼时受到激励则为之振奋；热情洋溢时受到挫折则易灰心丧气。有时常常对事物做出要么"好"要么"坏"的绝对评价。在求知情绪上，表现为如果他们在追求知识方面取得效果，则越学越有兴趣，越学越有劲，如考上研究生、知识竞赛获大奖、出国留学等；反之，则悲伤、沮丧、压抑。在求友、求爱的情绪上，表现为如果找到心爱的对象，恋爱顺利并成功，就会快乐、高兴；若遭遇失恋，就会产生悲伤的情绪，甚至失望、绝望。

大学生情绪的矛盾性是指大学生的生理与心理、个人需要与社会满足、理想与现实差距、理想的我与现实的我之间等矛盾冲突，带来的情绪上的反应。因此，情绪的两极性是情绪矛盾性的外化和表现形态，而这种情绪矛盾性的极端形式就是情绪的两极性。

2. 大学生情绪情感的发展特点

由于情绪的两极性、矛盾性，往往使大学生的情绪呈现出如下特点：

（1）情绪体验丰富多彩。大学生处在心理未成熟向成熟发展的过渡期，他们的情绪表现出既有儿童少年时期残留下来的天真幼稚，又有成年期的深思熟虑，而两性情感的介入更使大学生的情绪表现多姿多彩。一般认为，随着年龄增长，年级升高，大学生的社会性情感越趋丰富，更多地表现出关心他人和社会，积极思索人生的情感倾向。另一方面，不同的个体在情感发展、情绪表现上呈现出一定的差异性，男女的情绪各有自己的特点。这就使大学生这一群体的情绪体验表现出丰富多彩的特征。

（2）情绪波动较大。随着认知水平的提高、知识经验的积累，大学生对自己的情绪已有了一定的控制能力，情绪趋于稳定。但同成年人相比，大学生情绪仍带有明显的波动性，时而激动时而平静，时而积极时而消极。学习成绩的优劣、同学关系的好坏、恋爱的成败等，都会引起大学生情绪的波动。

（3）情绪体验强烈并易冲动。大学生在外界刺激下表现出强烈的情绪体验，很容易产生冲动性情绪行为，表现得感情用事，也表现出情绪易心境化。例如：在心境平静时，对别人的玩笑会无所谓，而在心情烦躁时，就会因开玩笑、小事情发起猛烈攻击。大学生中发生打架斗殴的事件大多属于此。

（4）情绪的不稳定性和可控性并存。大学生的情绪由于带有两极性和矛盾性的基本特征，所以其情绪就表现出稳定性和波动性并存，即有一定的控制力，但同成年人相比仍带有明显的波动性。外显性与内隐性并存，即他们的喜怒哀乐常形于色，但又有意识地控制自己的情绪，学会了一些曲折的文饰的表达方式。冲动性与理智性并存，即大学生虽有强烈的情绪体验，易冲动，但他们的理智、自控能力已有了较高程度的发展，多数情况下是能理智地思考问题的。由于大学生具有较高的文化修养，具备反省自身弱点的能力和控制自己情绪变化的能力，因此大学生情绪又表现出可控性的特征。

（二）大学生情绪和情感的发展阶段性

大学生情绪和情感的发展呈现出明显的阶段性的特点。由于不同年级学生面临的问题不同，发展目标与培养重点不同，其情绪发展也各有不同。

一年级学生情绪情感存在着正负性情绪交织，情绪波动较大的特点，如自豪与自卑、快乐与痛苦、轻松与紧张、新鲜和怀旧等。这与他们生活、学习、人际交往等各方面环境的变化有关。刚刚跨入大学校园的新生，有着成为一名大学生的自豪，对大学新生活充满新鲜或好奇，还体验着高考之后的轻松和愉快，且大一学习任务相对轻松，一切还未定型，他们有充足的时间和机会，对未来充满了美好的憧憬和向往，自然他们有更多的信心和快乐。邓丽芳等（2003）的研究表明，大一学生的快乐感明显高于大四学生。

但随着学习内容、学习方式的变化，人际交往对象的变化，新生活的适应，以及竞争的激烈、理想与现实的落差等都会引发他们的自卑、紧张、焦虑。齐平等调查显示，能很顺利地度过由高中到大学的转折期的学生所占比例总共不到百分之一，而绝大部分同学都有着这样或者那样、时间或长或短的情绪困扰。造成大学生困扰情绪的事件主要有适应不良、学习问题、学校或专业不满意、人际关系不良等。

二、三年级的大学生度过了入学适应期，逐渐产生熟悉感、随意感，已逐渐融入大学生活和学习之中，自我独立的要求和自我表现的倾向开始突出。他们爱好广泛，积极参加各种团体和社会实践活动，在各方面培养自己，自信感、独立感得到发展，社会责任感、义务感、荣誉感和美感也得到进一步的发展并渐趋成熟。同时，中年级大学生经历了一段时间的磨合，与班级同学的感情较为密切，开始拥有稳定、深厚的友谊，建立起自己的人际交往圈，并逐渐扩大。一些大学生还开始了对爱情的追求。同大一与大四学生相比，其生活应激性事件很少，情绪、情感发展相对较为平稳。

在走过了初入学的踌躇满志、忐忑不安，大学中期的意气风发、激情飞扬之后，高年级学生在各方面得到了历练，情绪情感发展日益成熟、深沉。此时，他们即将迈入社会，步入生活，他们的社会责任感明显增强，社会性情感日趋丰富，更多地关注个人与社会的关系，思考人生的价值和意义。但同时，高年级学生大多面临毕业考试、论文答辩、就业、考研及恋人双方毕业去向的选择等诸多抉择和压力，因此紧张与焦虑情绪十分明显。迟松、林文娟等（2004）对大学毕业班学生的心境测量表明，毕业班学生在学年中期出现了明显的紧张焦虑情绪，随着考试结束、找工作接近尾声，学生的紧张焦虑情绪有所缓解，心境渐好。但大四学生的活力状态逐渐减弱。这可能与毕业生长期寻找工作，应对考试有关。邓丽芳等的研究（2003）也显示，大四学生的快乐感明显低于大一学生。毕业班学生波动性的心境表明，尽管面临较多的应激性事件，我国大学毕业班学生总的来说还保持着一种较乐观的情绪。

二、大学生情绪智力的特征

很多研究表明，总体上我国大学生情绪智力发展表现出积极、健康的趋势，整体而言，大学生情商发展水平中等偏上但发展不够均衡。学生干部情商水平比非学生干部要高，说明参加学生会与社团等活动对提高大学生情商水平有积极作用。大二、大三学生情商水平比大一学生高。在单个因素方面，男女生之间有一定差异，比如，在社会关系管理方面男生要好于女生。概括起来大学生情感智力发展主要特征有以下方面。

（一）对自身情绪的认识不断增强，但仍有片面性

在大学生活的几年中，大学生积极参与社会实践活动和社会交往活动，并且在这一过程中，很多大学生逐渐建立了对自己的正确评价，知道自己的性格特点、优点与不足，学会在人际交往中扬长避短，塑造自己的形象。这些都是个体不断发展、逐渐走向成熟的标志。但是，大学生对自身情绪的认识仍带有片面性，表现在更多地关注自己的优点，不愿意面对自己的不足。例如，满足于别人对自己的赞扬，而对自己的批评则耿耿于怀难以接受。

（二）有一定的自我情绪管理能力，但表现出内隐性和不稳定性

大多数大学生的自控能力和适应能力不断增强，自我情绪管理能力也有很大提高。例如，很多大学生会在遇到学习、人际交往或经济来源等问题上带来的压力时，能通过上网、听音乐、与朋友谈心、进行体育锻炼等活动来舒缓自己的压力，自发调节自己的情绪。但正是由于他们逐渐善于支配自己的情绪，往往隐藏了自己内心的真实感受，表现为情感的内隐性，即从外表不能反映他内心的真实体验。

同时，由于大学生阅历较浅，社会经验不足，容易受外界各种因素的干扰和影响，情绪控制能力相对较低。他们很容易产生激情，情感体验比较丰富强烈，但是却很不稳定、变化大。

（三）有强烈的成功欲望，但对失败的承受力差

大多数大学生崇拜成功者，向往充满挑战的职业，希望自己也能取得成功。但是，他们往往对成功过程中要经历的失败和挫折准备不足，看不到别人成功背

后付出的艰辛努力。因此，当他们遭遇挫折时，便束手无策甚至一蹶不振。调查显示，48.1％的学生认为"如果在生活中遇到不幸将无路可走"；37.8％的学生表示"在学习中不喜欢解答难题"。这些都是当代大学生对失败缺乏承受力的表现。

（四）逐渐学会体察他人，但在社会交往中仍以自我为中心

在认知他人情绪方而，很多大学生能在日常生活中更多地体察他人的需要，在学习上互相帮助，生活中更多地谦让。这些都有利于同学之间建立团结和睦的关系。但是，大学生中以个人为本位的价值观念普遍存在。带着这样的价值取向，在认知结构还不成熟的情况下，在与他人相处的过程中容易以自我为中心，过多注重自己的需求，容易主观臆断，对他人产生偏见或忽视他人的需要。同时，对人际关系的理想化色彩较浓，对社会人际关系的复杂性缺乏足够的心理准备。一些大学生表现出与他人的关系不和谐，缺乏良好的社会适应能力。

（五）能意识到建立良好人际关系的重要性，但在实践中协作精神较差

在大学期间，绝大部分大学生能意识到建立良好人际关系的重要性。随着年龄的增长，他们也学会了一些人际交往的技巧。但也有相当一部分大学生在与他人合作的过程中表现出协作精神较差，仅从个人角度考虑问题，忽视他人的想法和感受。厦门大学进行的一项关于大学生协作精神的问卷调查显示，认为"大学生没有协作必要"的占31.43％，认为"大学生人际关系复杂，完善自己就好"的占24.29％，认为"不知如何协作"的占18.57％。可见，忽视协作精神和缺乏协作能力的大学生的比重还是比较高的。

三、大学生常见的情绪困扰

（一）焦虑

大学生焦虑主要体现在以下几方面。

1. 以轻度焦虑为主

大学生一般性地表现出轻度焦虑，这时他们心情烦闷、焦躁不安、提心吊

胆、忧心忡忡，不能静下心来做事情，但又找不出造成这种状况的原因。这时他们的心理状态以紧张为主，并没有多少恐怖感，表现最多的是社交焦虑、考试焦虑、异性焦虑等。

2. 表现形式多样

对于不同性格特征的大学生，焦虑的表现不尽相同。性格内向的学生倾向于压抑自己，如精神恍惚、思维迟缓、唉声叹气、人际交往退缩、无精打采、缺乏兴趣等。性格外向的学生表现出强烈的行为反应，如无故发脾气、大喊大叫、行事匆匆，但又不知道自己在忙什么。大部分学生的焦虑可以被直接观察到或感受到，以显性状态存在。但有时它深藏于大学生心理的潜层次，以隐性状态存在着，一时难以被直接认识到。一旦转换为显性焦虑，其强度往往会很大。

3. 存在差异表现

从年级来看，大学生焦虑情绪的主要特点是，新生和毕业生焦虑情绪较二、三年级大学生严重。

对于新生，当理想与现实出现巨大反差时会产生强烈的焦虑心理，如难以保持原先地位时感到自卑，不善于应付新环境而出现挫折感和无助感，强烈的参与意识、表现意识和成才意识得不到实现而焦急等。对于毕业生，有些由于学习成绩不好、形象不尽如人意、所学专业就业面较窄等原因，认为很难找到一份理想的工作而出现焦虑情绪，有些因为考试、恋人双方毕业去向而焦虑。

焦虑情绪也存在着性别差异。王红艳等的调查表明，女生较男生焦虑倾向明显，男女生在焦虑情绪上有显著性差异。汪红烨等的调查也指出，男生焦虑得分明显的低于女生。

（二）抑郁

1. 抑郁的认知、情绪、行为以及躯体表现

处于抑郁状态中的大学生认知灰暗、缺乏兴趣、精力不足、注意力不集中、健忘、思维迟钝，对自我评价偏低，又对前途悲观失望，体验不到生活的乐趣，也感受不到生存的意义，感到情绪低落、无故悲伤、易怒，难以控制脾气，沮丧、自怨自责、无助、绝望等。他们的行为缺乏激情，社会退缩，回避熟人，经常抱怨发脾气，忽视个人仪表、卫生。有的还会时常哭泣，严重的甚至会自我伤害。他们时常感到疲乏，食欲不振，感觉自己的身体变得比以前迟缓和笨拙，并

伴有失眠、头昏等躯体症状。

2. 抑郁差异表现

有研究者发现（阳德华，2004），一年级学生的抑郁得分显著高于其他年级学生的得分，而二、三和四年级大学生的抑郁得分则无显著的差异。大学生的抑郁水平随年级的增长而呈现出下降的趋势。这可能是由于进入大学是发生在青年期的一次重要转折，学生学习的内容、学习方式、人际环境、日常生活安排等都发生了转变，个体与环境的关系被全方位地改变。这些方面的适应问题又非短期内即可完成的，大一学生在这些方面的不适应就会使其体验到较大的压力，降低其自我效能感和自信心，从而产生抑郁情绪。随着年级的提高，学生对环境的适应能力和心理调适能力逐渐提高，抑郁情绪在一定程度上逐渐减少。这一研究结果启示我们，在大学生中，抑郁的预防应更为关注一年级学生。

研究表明（曾荣侠，2003；阳德华，2004），大学生的抑郁倾向有着显著的性别差异，男生的抑郁得分显著低于女生，女生的抑郁水平显著高于男生。这与性别角色期望以及男、女大学生在生理和心理发展上的差异有关系。按照社会角色期待理论的观点，由于受传统思想的影响，社会规范和道德对女生的要求更高，而对男生的要求则相对较低，这使女生在交友、社会活动和行为方式等方面均受到更多的约束，社会阅历相对少，对环境的适应能力相对于男生要差一些。同时，由于女大学生本身的心理发展特点，女生对周围环境与自身状况比较敏感，比男生更关注自身的形象和社会评价，所以，女大学生的抑郁水平比男生高。

（三）孤独

1. 大学生孤独感程度及主要形式

有研究者对大学生孤独感的程度进行了调查分析，结果表明，35.6%的被调查学生没有或很少体验到较低的孤独感，62.2%的学生体验到中等程度的孤独感，2.2%的学生体验到高孤独感（黄海，2004）。

对他们孤独感的感受形式进行的分析表明，大学生的情绪孤独感比例要高于社交孤独的大学生，情绪孤独成为当前大学生孤独的主要感受形式（孟晋，2002；黄海，2004）。这也说明，大学生目前的孤独感主要因为受情感的需求得不到满足而形成，因此在对大学生进行心理咨询及辅导时应有针对性。大学生的情绪孤独感是指大学生依恋的需要得不到满足而产生的孤独，这涉及个体与他人之间的亲密与安全的关系，通常指性爱或恋爱婚姻关系，对于大学生来说很可能是由于缺乏令人满意的爱情关系所造成的。

2. 大学生孤独感差异表现

黄海（2004）对大学生的孤独感的调查分析表明，其孤独感体验存在年级差异。新生的孤独感显然要高于老生（大二以上）。崭新的环境，陌生的人群以及不同的生活方式都易使新生一时难以适应，产生孤独感。当然，这种孤独感较容易在个体适应环境后逐渐减少和消失。因此，也有研究指出，大学新生的孤独体验程度与其他年级学生并无显著差异（孟晋，2002）。大学生孤独感的城乡间的差别明显。来自城市的大学生较来自农村的大学生感到的一般孤独感及社交孤独感要显著地低。大学环境一般在城市背景中，因此，农村来的大学生在一个与以往生活差距较大的环境中，对于一般的人际、生活事件处理起来要更难，极易引发孤独。但城乡生活背景的大学生在情绪孤独感方面无明显差异。

贫困大学生与非贫困大学生的一般孤独感无显著差别，然而前者情绪孤独与社交孤独的程度明显高于后者。这可能是因为：一方面经济贫困制约他们的活动空间和多样性以及与人交往的信心；另一方面经济上的压力会影响父母对其的关注程度，也影响了他们获取异性爱的勇气。

有恋爱背景的大学生的一般孤独感及社交孤独感也比无此背景的大学生明显少，说明恋爱与否和孤独关系密切。但两者在情绪孤独方面无明显差别，这表明当代大学生并未真正从恋爱情感上满足其需要，因此，大学生在恋爱问题上应保持理智与冷静，要重视情感上真正的沟通，而不应只为内心寂寞、朋友太少或者"从众"心理而盲目为之。

四、大学生情绪自我调节的策略

人类既有积极的情绪存在，也有消极的情绪存在。情绪健康并不意味着总是处于良好的情绪状态中。如果没有消极的情绪体验，感受不到忧、愁、悲、苦等，也就无从体会喜形于色、心花怒放、兴高采烈、无忧无虑等感觉。经历一定的消极情绪，会增加对积极情绪的敏感与体验，同时通过对消极情绪的调适，习得了情绪调节的策略，从而增进积极情绪体验。如经历了痛苦，对快乐的感觉会体会更深，而只有经历了刻骨铭心的痛苦，才会体验到深沉的幸福，也知道了如何更好地追求幸福。因此，体验各种适度的消极情绪反应，并加以适当的自我调节，均属正常。重要的是能够合理调适和消除不良情绪，学会保持愉快的情绪和良好的心境。

（一）认知调控

情绪的产生、性质以及程度都与认知因素有关，人可以通过提高认知水平，学会对情绪的自我调控，培养、保持健康的情绪。

1. 正确认识自我

（1）全面认识自我，接纳自我。现实生活中许多人为自己的缺点和不足闷闷不乐、耿耿于怀。然而，"人无完人，金无足赤"，任何一个人都有自己的缺点。要克服自己的不足，首先必须接受这种不足，认识到改变的可能性和可行途径，才可能会发生良好的改变。如果一味关注自己的不足，就会形成消极自我暗示，产生自我否定体验到消极情绪。

（2）正确评价自我，合理规划自我。许多情绪问题都源于负向的自我概念、自我评价。自我评价偏低，对自我的认知消极、悲观，情绪自然消沉，行动缺乏激情，缺少努力，体验不到成功，又会造成消极情绪体验，形成恶性循环。对自我评价的偏差，也会影响到自我理想的确立。评价过低，自我期望低，目标缺乏激励作用，没有吸引力；评价过高，理想目标设置也会偏高，理想自我与现实自我的落差也会引致焦虑，甚至体验到失败。因此，个体要客观合理地对自己作出评价，既要看到自己的优点，也要意识到自己的不足，直面自我，合理规划未来。

2. 转变认知视角

在日常生活中，我们观察和思考问题总是习惯以自我为中心，把自己的目的、需要、态度、价值观念、情感偏好、审美情趣等作为标准尺度来衡量外在的事物和观念。面对同一件事，不同的人有不同的态度，同一个人在不同时期对同一事物也有不同的看法和态度。生活中很多烦恼都是因为我们用固定的或自我的模式去观察问题，导致认知上的偏差、人与人之间的误会和矛盾，从而产生不良情绪体验。如果能转换观察问题的视角，就可在很大程度上改变心境。

3. 调控期望值

对人对事不要过分苛求，期望值不要太高。需要是情绪情感产生的基础，需要愈强烈，情绪情感反应也就愈强烈。理想目标不要高不可攀，要符合自己与客观实际，不追求十全十美，学会适度的知足常乐。

4. 增强自信心

信心是一种自我肯定、自我信任的坚定的自我价值感。它是人的主体意识的重要组成部分，是一个人乐观向上，直面人生挑战的内在动力。自信的人在心目中给自己设计的自我形象比较美好，而这种较高的自我期待，使人产生一种满意、快乐、积极的情绪，它能推动人化平庸为神奇，化渺小为伟大。因此，个体要悦纳自己、爱护自己，不自怜、不自卑、不自责。全面认识和正确评价自己。发现和肯定自己的长处，扬长避短，自我激励，充实提高，选好突破口，从小目标做起，一次成功就增强一些自信，心情自然就好起来了。重在规划生涯，重在实际行动。

5. 积极自我暗示

通过运用内部语言或书面语言的形式来达到自我情绪调节的方法。暗示对人的情绪乃至行为都有奇妙的影响。既可松弛过分紧张的情绪，也可用来激励自己。如在心中默念："冷静""三思而后行""我能考好，我有信心""别人不怕，我也不怕""我不生气，真的不生气""镇定"等。在很多情况下此法能驱散忧郁和情绪波动，使自己恢复快乐、自信和平静的心态。此法对自卑感较强、焦虑抑郁、恐惧、强迫观念的人有较好的适用效果，能起到积极调整和改变自我的作用。

6. 转移注意力

人们可以通过调节注意力来调节情绪。如情绪不佳时，把注意力转移到使自己感兴趣的事上去，如：散步、听音乐、运动、游戏、读本轻松的书、找朋友聊天、换换环境等，有助于使情绪平静下来，在活动中寻找到新的快乐。国外也有学者将注意力集中与转换的能力看做度量情绪自我调控能力的关键指标。

（二）情绪调控

1. 情绪的感知与体验能力训练

情绪的感知与体验能力包括个体对自我感知和体验到的情绪变化的敏锐认知，对他人情绪状态的感知与理解，以及在此基础上对自我情绪的有效调控。大学生要学会辨识不同的情绪感受，意识到情绪感受代表的意义，并能正确地理解自我思维—感受—行为之间的相互关系，最终能觉察所发生的事实与情境，但自身情绪并未陷落其中甚或淹没迷失。

第一，大学生要提高自我情绪的意识能力，能够自我观察，知道自己在一定情景中是怎样的情绪状态，并且能用恰当的词汇表达和形容自己的内在状态；能倾听内在自我对话，留意自我意识思维，也能探询自我感觉背后的真正原因，并找出处理和解决的方法。

具体可以通过情绪脸谱、心情曲线的描绘和记心情日记来训练。学生命名画有表情的脸谱的不同情绪状态，按脸谱的不同情绪状态回忆各自的生活经验，进行情感匹配。情绪脸谱可以使个体清楚地意识到自己的情绪表现与心理感受，以及情绪与生活事件之间的关系。心情曲线要求个体在坐标上标出在不同的时间上的满意度。对心情曲线的绘制，可以使个体了解自己每日的情绪起伏状态和整体情绪色彩。而心情日记除了记载当日引起自己情绪起伏的事件之外，还能敏锐地觉察到此事件与过去的联系，即过去何时有过类似的情绪出现，当日发生了什么事情。因此，可由这篇心情日记，了解自己的情绪常被什么事情所牵动及自己惯用的解决方式，有利于觉察及行为的改变。

此外，还可以叙述各种情绪词汇所表达的意义以及自己曾有过的感觉经验；设想在什么情境下会产生什么样的情感，根据不同情绪体验说说自己的心理感受。通过讲述，可以使学生觉察自己的感觉状况，增强自我情绪体验的意识，并发现自己的独特体验。

第二，增强对他人的情绪理解，了解面部表情、体态表情、行为表情的一般知识。表情是情绪最明显的反应。我们可以从一个人的表情，看出他的心情是高兴、生气、哀伤或者害怕。可以通过对脸部表情的判别来感知和理解他人的情绪，发展情绪理解能力。通过脸部和身体姿势的表现来观察各种表情的特征，判断不同类型和不同情境下人的情绪状态。比如，谈论到"害怕"，学生注意到一般的表情特征是嘴巴微张下垂，眼睛张大，内侧眼角上扬，眉毛上扬聚拢，额头中央有皱纹；生气时心跳加速、两手冒汗；紧张时坐立不安、闪烁其词等。大学生应学会察言观色，能从言谈举止各方面去感觉和体验他人的情绪状态。每个人处境和个性的不同而有不同的感受，设身处地为别人着想可以更好地做出自己的适度的情绪表达。通过这方面的训练，学生既能看到自己思维方式、情绪反应的特点，也能理解和宽容别人，还可以通过移情训练来发展对他人情绪的理解。移情是指能够设身处地为他人着想，体验他人的情绪感受。可以通过角色扮演、分享感受、交流心得等方式来进行移情训练，体验不同个体的情绪状态与引发原因。

2. 情绪的表达与评价能力训练

对自我情绪的表达和评价可使没有达到意识层面的模糊情绪清晰化，把情绪信息转化为表情和语言认知信息。情绪表达在感情体验上能使传递者与被传递者互相沟通，引起移情，通过表情与他人的相互作用的反馈信息可以调整自己的情绪与行为。而言语表达可通过已经意识到的情绪信息启动和产生更多的联想去调控情绪。对自我情感的评价就是权衡某种情绪或情感对主体的利与弊，是对正在体验着的某种情绪的更进一步的认知，是给维持、调节或控制某种情绪提供决策的根据。人们应该有意识地、及时地进行情绪的表达与评价。否则，处在情感封闭的状态下，感情交流和表达渠道不通畅，就会形成一种呆板、滞胀状态。自己的情绪表达模糊、无意义，对他人的情绪认识敏感降低，从而影响到人际交流与沟通，形成不良情绪反应，最终可能形成情绪障碍。情绪表达与评价是在人与人之间沟通交流的过程中发展而来的。因此，大学生要学会与他人交流沟通，提高与人交流的能力，能以坦诚与互信的态度来进行沟通，有倾听与发问的技巧，懂得选择适当话题进入交谈。学会适合的言语态度，既能清楚表达自己的意见而不轻易得罪他人，也会适当传达个人的感情；能区分别人言行的真正含意和自己的反应之间可能存在的差异，能营造自然轻松的公共对话空间，具备与人沟通、协调、合作、解决冲突的基本手段和技巧。

3. 情绪的调节能力训练

情绪调节是个体管理、调整或改变自己（或他人）情绪的过程。在这个过程中，通过一定的行为策略和机制，个体能够控制自己的情绪，不让情绪干扰当前的活动，并能够从消极的情绪困扰中迅速恢复过来。

首先，大学生要学会自我控制和管理，具有与年龄相称的自我控制能力，能够认识自己的行为及其后果，从而拒绝不良诱惑；能够驾驭自己的身体、情感和行为，以适应周遭环境；对愤怒、孤单、焦虑等消极情绪有所意识，有一定承受力，并学会一套缓解的方法。

其次，掌握有效情绪调节策略。我国目前对情绪调节策略的研究与应用中，主要有"原因/结果调节"和"成熟型/不成熟型调节"两种类型。原因调节主要调整（减弱或增强）情绪的评价过程，基本调节方式包括评价忽视（忽视）和评价重视（重视）；反应调节主要调整（减弱或增强）情绪反应成分，基本调节方式包括表情抑制（抑制）和表情宣泄（宣泄）。成熟型调节方式包括解决问题、求助，不成熟型应对方式包括自责、幻想、退避。黄敏儿（2001）对初中、高中、大学以及成人的情绪调节方式的研究表明，人们对正性情绪的调节方式中，重视和宣泄较多，忽视和抑制较少；负性情绪调节方式中，忽视和抑制较多，重视和宣泄较少。这说明，日常生活中人们运用增强型调节方式调整正性情绪较多，减弱型调节方式更多地用于调整负性情绪。高抑郁人群的情绪调节方式则正好相反，对负性情绪过多地重视和宣泄，对正性情绪过多地忽视和抑制，过少地重视和宣泄，这种不良情绪调节方式使他们的抑郁程度加重。对四种情绪调节方式的进一步研究表明，原因调节可以有效地改变负性情绪，尤其在主观感受上；忽视减弱了负性情绪，重视增强了负性情绪。反应调节对负性情绪都起增强的作用，抑制增强生理反应的变化，宣泄增强了主观感受和表情。比较各种调节方式，评价忽视缓解负性情绪的效果最好，对负性情绪宣泄具有更大的适应性。这提示我们对负性情绪应该更多地忽视，适当地宣泄；对正性情绪更多地重视和宣泄，从而以保持良好的情绪状态。贾海艳（2004）对青少年情绪调节策略的研究表明，应用成熟型（求助、解决问题）的情绪调节策略调节焦虑情绪能够有效地缓解青少年的焦虑程度；应用不成熟型（自责、幻想）情绪调节策略调节焦虑情绪不能有效地缓解青少年的焦虑程度。因此，大学生应该对自我的情绪调节策略类型进行判断，掌握与运用成熟型情绪调节策略，控制和减少对不成熟型调节策略的应用。

（三）消极情绪整合技术

我们应该随时对自己的情绪状态有所觉察，积极调整消极的情绪体验。如果对自己的情绪状态麻木不仁、一无所知，就不可避免地会遇到各种各样的麻烦。如果任凭某种消极情绪无限制地发展，就会发展为情绪障碍，并影响到个体的身心健康。我们可以通过以下几种途径，对我们的消极情绪进行整合调节。

1. 自我安慰

当一个人遭受挫折时，常会用心理防御机制中的"合理化机制"来安慰自己。如"胜败乃兵家常事""塞翁失马，焉知非福""坏事变好事"等，给自己找到适当的理由来解释，将面临的窘境加以文饰，以减轻内心痛苦，维护和提高个人的自尊，恢复心理的平衡。这种自我安慰使用适宜的话，既能缓解矛盾冲突和情境压力，避免精神崩溃，消除焦虑、抑郁和失望，保持情绪的安宁和稳定，又能帮助人们在挫折面前接受现实、接受自己，打开思维，走出局限，从不同的角度认识情境事件，重新评估事件的重要性及其影响，总结经验，吸取教训，达到自我激励的目的，转消极情绪为积极情绪。需要注意的是，如果使用不当或过多地依赖它，也会出现不正常的现象甚至病态。

2. 积极升华

将不被社会认可的情绪反应方式或欲望需求导向正确的方向，将情绪情感激起的能量引导到对己、对人、对社会都有利的方面。利用心理能量，升华情绪情感，忘我追求事业，定会取得成功。"韬光养晦，修其人格，长其才干，成其事业""置之死地而后生，苦其心力而成大器""得志则行其道而兼济天下，不得志则治于学而独善其身"。

3. 合理补偿

升华和补偿都是一种替代机制。补偿是指一个人在一种活动范围中遭到挫折，就从另一种活动范围中谋求成功的行为方式，即"失之东隅、收之桑榆"。合理运用补偿，忽视那些引致消极情绪的事件，通过积极努力，得到自我肯定，获得积极情绪体验。如有残疾的人通过发奋读书出人头地，弥补生理上的缺陷，克服自卑情绪，增强自信。

4. 幽默调节

幽默调节是指当一个人身处困境或尴尬局面时，通过含蓄、双关、俏皮的语言帮助渡过难关或解脱困境的行为方式。幽默是一种成熟智慧与乐观、洒脱态度的体现。通过委婉曲折的表达方式，不仅能避开冲突的锋芒，而且能创造一种轻松愉快的环境气氛，从而缓解紧张情绪和心理冲突，获得轻松、和谐、快乐的情绪体验。

5. 合理宣泄

处在不良情绪状态时，不要过分压抑，要找到合适的渠道，适当宣泄出来。被压抑的情绪不会自动消失的，只是潜伏下来，久而久之，会导致一个人身心失衡，并在积累到一定程度之后，突然爆发出来，其破坏力更大。要及时宣泄自己的消极情绪，使紧张情绪得以放松，缓解不良情绪的困扰，调节机体与心理平衡，恢复正常的情绪情感状态。如遇到挫折或不顺心的事情心情苦闷痛苦时，大哭一场、找人倾诉、写日记、大声喊叫、运动、听音乐、接受咨询、睡觉、旅游等。但应注意宣泄的场合、对象及宣泄程度。不分场合与对象的直接发泄，常会引起不良后果，进一步恶化情绪。而对消极情绪的过度宣泄，不仅影响个体的认知决策和行为能力，而且会使个体长时间处于消极心境中，也会导致不良结果。

第三节 大学生的学习心理

一、大学生的学习心理调节

（一）大学生的学习适应性

进入大学，大学生不得不面临学习上的适应问题。

第一，从学习目标来看，许多学生已经习惯于高中时期在外部条件的严格控制下所制订的具体目标，而不能马上适应这种由内在因素控制的另一个为长远目标而进行的自己控制的学习。刚刚摆脱高考的重压，却又要面对前途的迷茫。

第二，从学习内容来讲，科目不再是中学时所设定的几门课程，想要获得毕业证和学位证，必须获得一定的学分，这就要求学生对自己的学业心中有数，自己制订好学习计划；另外，进入大学同时也是在为进入社会做准备，所以应当根据个人的理想，多阅读一些对走向社会有用的书籍。

第三，从学习方法上讲，大学生是以自己主动学为主、老师指导为辅的学习，这是一个大学生主动学习、主动探索的阶段，而不是被动地等待老师的安排和督促。还有，考上大学的同学都是高中时期学习方面的佼佼者，如今这么多学业优秀的同学在一起，有的同学感到失去了过去的优势心理，产生强烈的自卑感或不满足感，造成心理上的不适应。

大学生适应性主要有以下几个方面。

1. 学习环境

大学的教学设施要比普通中学齐全，教学内容所包含的信息量越来越大。大学新生刚入学的时候，在思想上应认识到：要想在学业上获得成功，一定要充分利用现有的学习条件，掌握、运用自己所学的知识，提高自己的能力。在入学最初的一段时间里，大学新生在熟悉新的生活、老师和同学的同时，还要迅速熟悉学校中的教学及辅助设施，如教学办公地点、图书馆、实验室、复印室、录音室、书店的开放时间和使用方法等。

此外，大学生还要学会利用现代高科技的教学手段来掌握、运用所学的知识。在大学里，教学内容所包括的信息量越来越大，单凭坐在教室里苦读书是难以适应的。大学生必须通过多种渠道（如互联网），获取大量的信息，并充分利用现代多种高科技教学手段（如计算机教学）来掌握、运用自己所学的知识，提高自己的能力。

大学生应该充分利用环境中的优势，使个人的能力与潜力得到最大限度地促进与提高。有一些大学生，对学习环境、教学设施的意义理解不够，认为只要把老师讲的知识掌握了就行了，所以他们在课堂以外，很少利用各种有利条件来发展自己、提高自己，这是对有限教育资源的浪费，不利于自身综合素质的提高。

大学的学习气氛是外松内紧的。和中学相比，在大学很少有人监督你，很少有人主动指导你。这里没有人给你设定具体的学习目标，考试一般不公布分数、不排红榜……但并非没有竞争。每个人都在独立地面对学业，每个人都该有自己设定的目标，每个人都在和自己的昨天比，和自己的潜能比，也暗暗地与别人比。

最后，在这种竞争气氛中，大学新生还要改变一些原有的观念：在大学里，考试分数并不是衡量人的最重要的指标，人们更看重的是综合能力的培养和全面素质的提高。

2. 课程结构

与中学相比，大学的课程结构呈现多样化，通常分为公共课、专业课和选修课等几个主要模块。通常情况下，大学生对公共课的学习积极性普遍不如对专业课，有相当一部分学生持消极应付的态度，学习目的不明，目标不清，动机不强，学习兴趣主要看老师的教学水平，如果老师的课讲得生动活泼，他们会愿意听，有兴趣学。但这种学习兴趣主要是直接学习兴趣，而且大多停留在较低水平上，只限于上课认真听讲，把听课当成了一种享受或是对专业课的调剂。这种态度是错误的。大学新生要端正对公共课的态度，要充分认识到公共课的实用价值及对自己的意义，要将部分实用性强的公共课（例如外语、计算机）当成专业课来学习。

不同专业的大学生有不同的专业课，但不同专业的大学生对待本专业课程的学习态度应该是一致的：那就是不管喜欢与否，都要尽力把专业课学好。在学习专业课的时候，学习目标要明确具体，不断提高学习动机和学习兴趣，主动克服各种学习困难，做到直接学习兴趣和间接学习兴趣的结合。

一般说来，大学生对待选修课的学习兴致较高，认为选修课可以拓宽视野，增长见识，扩大自己的知识面，而且选修课的学习要求不严，大学生较少产生逆反心理。但选修课在大学生心目中的地位和分量毕竟不如专业课和公共课，真正投入地学习的学生不多。学习目的较模糊，学习动机不强，学习既不消极也不太积极，上课时注意的集中程度不高，也较少充分发挥认识能力。因此，大学新生对选修课的学习应注意，不要仅仅停留在浅层的了解和获知上，更要杜绝为了捞取学分才选修某些课程的不正常现象。

3. 学习方法

进入大学后，以教师为主导的教学模式变成了以学生为主导的自学模式。课堂讲授知识后，学生不仅要消化理解课堂上学习的内容，而且还要大量阅读相关方面的书籍和文献资料。自学能力的高低成为影响学习成绩的最重要因素。这种自学能力包括：能独立确定学习目标，能对教师所讲内容提出质疑，查询有关文献，确定自修内容，将自修的内容表达出来与人探讨，写学习心得或学术论文等。学习方法对学习结果的影响是不言而喻的，而大学的学习方法又与中小学的学习方法有很大的差别，许多新生一时难以适应，承袭过去在高中阶段的学习方法。即使勤奋用功可能也难以获得能力的全面提高，这在大学新生中是相当普遍的现象。尤其对那些高中阶段的学习尖子来说，这种挫折可能会造成自信心的丧失，严重者可导致神经症或精神病。

从旧的学习方法向新的学习方法过渡，这是每个大学新生都必须经历的过程。尽早做好思想准备，就能较好地、顺利地度过这一阶段，少走弯路，减少心理压力，促进学业成绩的提高。

所以，学校一般在新生入学时会进行入学后的学习方法与学习经验的介绍。作为大学新生，应该积极观察、思考，掌握适合自己的学习方法，顺利度过学习适应期。

（二）学习倦怠及调节

大学生的学习倦怠反映了大学生消极的学习心理，指的是学生对学习没有兴趣或缺乏动力却又不得不为之时，就会感到厌倦、沮丧和挫折，从而产生一系列不适当的逃避学习的行为。

大学生学习倦怠心理在其认知、情感、意志和行为上分别有所表现。在认知上表现为视学习为苦差事，害怕吃苦，想到学习，心理上就会产生疲惫感；在情绪上表现为情绪低落，莫名的烦躁，整天六神无主、无精打采；在意志品质上表现为信念丧失，求知欲不强，缺乏毅力，整天萎靡不振；在行为上表现为课前不预习，课上不注意听讲，不想做笔记、看其他书刊或睡觉；课后很少去图书馆，不爱看书、抄袭作业，甚至想放弃学业。

1. 大学生学习倦怠心理的原因分析

（1）学业重负，产生心理疲劳。心理疲劳一般是由于长期从事心智活动，大脑得不到休息而引起的注意力涣散、思维迟钝、情绪躁动、忧郁烦恼、学习效率降低。实行学分制以来，许多大学规定学生要完成的总学分均在170学分以上，如果每个学分按18学时计算，大学生在四年七个学期中，仅课堂教学就为3060学时。加之课业选修过多，科学时间安排不当，使大学生学习时间过长、过紧，有些学生感到紧张得透不过气来。心理疲劳是学习疲劳的主要表现方式，学习疲劳是一种保护性抑制，通常情况下，经过适当的休息即可恢复。

（2）专业困境，学习兴趣减退。有相当部分大学生在入学前对所学的专业了解甚少，报考专业时，许多学生并不十分清楚自己所报专业的特色及社会价值，甚至不清楚自己真正喜欢什么专业。在这种情况下，往往听从父母、老师的建议，盲目地填报志愿，入学后才发现对所学的专业毫无兴趣，但由于各种原因，又无法转专业学习，不得不继续自己所学的专业，于是陷入了"专业困境"，对所学专业产生了抵触心理，从而失去了学习兴趣，厌学情绪与日俱增。

（3）激烈竞争，造成焦虑心理。正常的、适度的焦虑是学习所必需的，但焦虑过度，会对学习起到破坏作用。由于各方面的压力与学习难度，使大学生在环境的影响下，形成了学习过度焦虑和心理压力。还有一些学生因为背负着家长的较高期望或一定的经济压力，或不顾自己的客观条件，为自己设定了太高的学习目标，一旦没有达到目标，他们就容易产生焦虑情绪。在求知过程中显得心事重重、焦虑不安、呆板固执，学习效率很低。为了减轻焦虑，他们或者采取强迫学习方式，用超时间、超强度的学习方法强迫自己学习，或者采取回避和退缩等消极方式对待学习问题，常常在内疚中过早地放弃努力，由此又进一步增加焦虑，导致恶性循环。

（4）抱负水平低，学习动力不足。绝大多数学生在学习过程中都希望获得更大的成就。学习成绩好的大学生，其成就动机和抱负水平一般较高，学习成绩相对差的学生，其成就动机、抱负水平一般很低，有的甚至低于自己的实际成绩。学生的抱负水平低，学习没有内在的驱动力量，没有明确的学习方向，无知识需求，更无学习兴趣，厌倦学习，尽力逃避学习，学习没有劲头。学习动力与大学生抱负水平的高低有直接的关系，要确立适宜自己的基础条件和智力的抱负水平，抱负水平过低或过高都不利于学习。

（5）自我效能低，自我评价消极。有心理学家认为，自我效能低下，不相信自己的价值与能力，缺乏自信是诸种不良性格的根源，几乎所有心理病症本质上讲都可以归结为没有自信心所致。很多大学生，会因缺乏自信而使自己出现诸如沮丧、生气、焦虑、抑郁等消极的情绪反应。对自己能力缺乏正确认识和评价，容易形成一种无能感。有的甚至会无端地自怨、自责，夸大自己的缺点，看不见自己的优点，没有什么好的期待与理想。一旦遇到挫折，就更容易丧失自信心和好胜心，陷于不良的情绪之中。

2. 大学生学习倦怠的心理调适方法

（1）适当地调整抱负水平和学习动机的强度。增强大学生的学习动力，调整大学生的抱负水平，培养良好的学习动机，是解决大学生学习倦怠的重要手段。首先，要引导大学生树立清晰的人生目标，明确自己的历史使命，增强社会责任感，做到学有选择，学有目标。其次，在大学生正常的学习活动中，既应避免学习动机过强，也应避免学习动机不足。在给自己确定抱负水平时，要和自己的实际情况及所要完成的学习任务相结合，客观地分析自己的状况，为自己设定恰当的抱负水平，制订切实可行的学习计划，在自己原有的基础上逐步取得一些较好的成绩，使自己在每次的学习成功中体验到快乐，树立起自信心。再次，要及时掌握学生学习状况，及时发现学习有困难的学生，给予个别的心理辅导，教给学生正确的归因方法和必要的调节方法，激发其学习兴趣，树立学习信心，提高学习效果，使学生保持健康的学习心理。

（2）恰当的归因风格。学习者的个性特征与其学习风格存在着相互结合、相互促进的密切关系。德维克（C. Dweck）的一项现场实验证明归因风格的有效性。当被试失败的时候，教会他们把失败归于努力不够，而不是缺乏能力。在整个实验结束之后，德维克发现这些学生的成绩和努力程度都有显著的提高。心理学家阿伯拉姆森（L. Abramson）提出了抑郁型和乐观型的归因风格。抑郁型的归因风格把消极的事件归于内部的、稳定的和整体的因素之上，把积极的事件归于外部的、不稳定和局部的因素之上，所以具有这些风格的人常常用消极的方面去解释生活和理解他人。相反，乐观型风格的人把积极的事件归于内部、稳定、整体的因素，而把消极的事件归于外部的、不稳定和局部的因素上去。这样即使事件的结果不令人满意，也不会影响到一个人活动的积极性。

（3）适当期望，学会放松，减缓压力。如果是教师和家长的期望过高，学生可以将郁积在心头的学习上的困惑和困难向老师及亲人诉说，以获得他们的理解和支持来减缓压力。如果是学生自己的期望过高，就要降低自我期望值。适度运动，学会放松。运动是一种很好的调节方式，比如课间走出教室，活动腰肢，课外散步，适当锻炼身体，不仅可以起到放松的作用，还可以增强体力。除了运动之外，可以练习一些特殊的放松方式，比如可以通过娱乐活动、听音乐、走进大自然等进行放松；可以通过写日记、写信及语言的自我暗示和自我安慰来舒缓压力，转换心情。

（三）学习成功感及其培养

国内学习成功感研究源于中学"成功教育"的实践。成功教育初始于1987年上海闸北第八中学，它是针对学习困难学生而实施的教育改革。随着实践和理论研究的深入，成功教育的理念逐渐受到广大教育者的认可。我们都知道反复成功的孩子越来越好，反复失败的孩子越来越差，成功教育秉持这样的理念：相信每一个学生都有成功的潜能、成功的愿望，可以取得多方面成功。期望、机会和鼓励是成功教育的三要素，成功教育就是通过教师帮助学生成功、学生尝试成功、逐步达到自主成功，成为学习成功者，逐步由他律走向自律、走向自我教育。

1. 学习成功感的内涵

不同的人参照标准不一致，就会对成功产生不同的理解。我们在评价或判断一个人是成功还是失败时，有三种标准可以参照：个体标准、他人标准和群体标准。在现实生活中这三种标准往往并不一致，如杨秀君（2004）认为成功就是达到自己所追求的目标；而姚晴蕾（2001）在"个体自我观、生活观和价值观对成功的影响模型初探"的研究中，将"成功"界定为"人们完成某个任务后的结果"，重于外在的标准。成功感作为一种情感，它在关注目标的达成情况的同时，更加侧重于关注个体的主观感受。林传鼎、陈永舒、张厚粲等（1986）认为成功感（Feeling of Success）是指当人们感到自己已经达到或超过自己的抱负水平时所体验到的情感。与成功感对立的是失败感，即当人们感到自己未达到或与自己的抱负水平还甚远时所体验到的情感。车文博（1991）在其主编的《心理咨询百科全书》中认为成功感又称成功体验，是一个人成功地完成某种活动任务时所产生的一种自我满足，积极愉快的情感。它决定于在活动中所达到的效果和一个人在参加活动时的抱负水平（目标）的高低。单小东（2006）认为学生的成功感是指学生在完成了某项活动或学习任务之后，在积极的外部评价与自我评价的激发下，所产生的一种自尊自信、自我满足的情绪体验，它是学生的自我意识在情绪情感上的体验。"学习成功感"（Feelings of Academic Success，FOAS），就是个体意识到自己在学习上成功地接近、达到或超过自己抱负水平时，所体验到的满意、喜悦、自豪等积极情感。学习成功感包括认知和情感两个成分，学习成功感主要决定于个体在学习活动中的抱负水平与实际成绩之间的差距，但也会受到他人评价和情境的影响。

（1）学习成功感和学习自我效能。学习自我效能作为自我效能在学习领域内的表现，是学习者对控制自己学习行为和学习成绩能力的一种主观判断和主观感受。众多研究已经证实自我效能会对学生的学业成就产生影响。作为一种能力信念，学习自我效能成为学习成功感一个重要的认知成分，在相信自己能够学好的信念指引下逐步感受成功的喜悦。同时，学习成功感又不同于学习自我效能。学习成功感是对自己实现（接近、达到）抱负水平的一种主观情感体验，是对个体学习行为的一种结果期待和判断。在"个人→行为→结果"的环节中，我们认为学习成功感作用于"行为→结果"阶段；效能信念则作用于"个人→行为"之间。

（2）学习成功感与学业情绪。"学业情绪"（Academic Emotions）这一概念的提出，立刻引起了众多学者的关注。但学业情绪涉及较为广泛，它包括在学校情境中（School or University Settings）学生经历的各种成就情绪，特别是与成功或失败相关的那些情绪，并认为学业情绪与学业动机、学业自我概念有着非常密切的关系。俞国良（2007）认为学业情绪是指在教学或学习过程中，与学生的学业相关的各种情绪体验，包括高兴、厌倦、失望、焦虑、气愤等。值得注意的是，学业情绪不仅仅指学生在获悉学业成功或失败后所体验到的各种情绪，同样也包括学生在课堂学习中的情绪体验，在日常做作业过程中的情绪体验以及在考试期间的情绪体验等。研究证实，学业情绪会影响学生对班级目标的知觉以及个人目标的设定，同时个人目标又会影响以后学习活动中的情绪。

学习成功感是个体在学习过程中产生的一种积极情感体验，是一种积极学业情绪。积极情绪即正性情绪，是指个体由于体内外刺激、事件满足个体需要而产生的伴有愉悦感受的情绪。它包括快乐（Joy，Happy）、满意（Contentment）、兴趣（Interest）、自豪（Pride）、感激（Gratitude）和爱（Love）等。它能够激活一般的行动倾向，对于认知具有启动和扩展效应，能够建设个体的资源，撤销消极情绪产生的激活水平。

2. 培养大学生学习成功感

大学生的学习质量是教育系统关注的问题，但现代社会的竞争和压力不可避免地会对学生的学习和心理带来很大的冲击。直面大学生逃课的现实，引发我们深思的是：虽说学生逃课、厌学的原因繁多，但未能从学习中体验到成功的欢乐，是一条重要的、普遍的原因。而且在当今大学生活中，少数大学生产生了心理障碍，甚至走上了自杀的绝路，其重要的一项原因也正是学习。在现实生活中，成功需要的满足是引发快乐、增强自信的一条重要途径。苏霍姆林斯基曾告诫教师："请记住：成功的欢乐是一种巨大的情绪力量，它可以促进儿童时时学习的愿望。请你注意无论如何不要使这种内在的力量消失，缺少这种力量，教育上任何巧妙措施都是无济于事的。"现代心理学家们也指出，情感体验能对人的行为活动产生强化作用。当人们在某一活动中获得愉快体验时，他会产生反复参加这种活动的行为表现，而当他在该活动中得到的是不愉快的体验时，他便会退出活动，而且在以后参加这类活动时会产生拒绝、抵制的行为表现。

杨秀君（2004）在学习成功感的影响因素研究中指出：积极的课堂情境、积极的家庭情境、抱负和积极的归因都对学习成功感有着直接的影响。积极的课堂情境和积极的家庭情境还通过抱负和归因进而对学习成功感产生影响，积极的课堂情境对学习成功感的影响更大。在后来（2005）的实验研究中发现，通过抱负水平指导，可以使学生的"抱负水平与实际成绩之间的差距"变小，可以帮助学生提高学习成功感，并使学习行为变得更为积极；归因训练有助于学生的学习成功感的提高，帮助学生的归因和行为向积极方向转化。宋怡（2005）的研究显示学习成功感与学习适应性之间有着极其显著的正相关，学习动机、自我投入和目标达成都是促进学习成功感产生和提高的重要影响因素。其后续研究（2006）也指出：根据学生人格特点和学习成绩水平来指导学生设置恰当的学习成绩抱负水平可以让学生更多体验学习成功感，启示我们应该改革教育评价制度，建立学生个人成功档案。培养大学生学习成功感可以从以下方面入手。

（1）教学方式上创新。我们大学里的很多课程，学生听课不听课、认真不认真学习都可以通过，这样的教学不能引发学生的兴趣，对学生也起不到激励的效果。大学教学对学生的挑战应使学生在学习上不能有松懈情绪，更不能抱着一种无所谓的态度，而是要全身心地投入进去，不断开发自己的潜能，实现自己的全面发展。大学教学要让学生得到发展，让学生主动地去学习、去发展，学生应当自己学，在做中学。

在班级授课中融入研讨的形式不失为教学方式上一种有效的创新模式。在这里教师不再是课堂的主角，他所扮演的更多的是一种导演的角色，而学生则从配角变为了主角，课堂包括与之相联系的课外活动成为学生的舞台。学生在这个舞台上进行表演，要经过训练，既有个人训练（Self Study），也有集体训练（Team Work）。学生学习的内容，则从教材扩展到与该课程相关的全部知识体系和实践领域。学生因此在课堂上得到的发展，也超越了一般的知识的接受，而实现着全面发展。学生的学习不再是一种现成知识的选择和存储，以及现成技术的模仿，更多的时候是问题的探索。它所具有的研究性、给予学生高度的自主性和挑战性称为课堂的鲜明特色。

（2）进行有效的评价与归因训练。一个大学生能否对自己的学习过程做出有效的评价，对于形成有效的学习方法事关重大。在咨询门诊中有关学习问题方面的咨询事例表明，一些学生进入大学后，面对学习成绩地位的骤然下降，通常会有两类不同的反应：一类反应是，通过反省自己的学习态度、观念以及方法，对影响自身学习成绩的诸因素——进行分析，找到成绩下降的可能性原因，然后设法去改善这些方面。如果一旦发现这种改善有所收益，他们就会坚持下去。但一旦发现这些改善不能带给他们学习方面的改进，他们便会重新反省，并观察周围学业优秀的同学的做法，从而使自己得以改善。而另一类反应就不同了，他们常常会对这种下降持有一些极不客观的评价，这些评价通常是片面的和主观的，乃至由于这些片面和主观的认知诱发了一系列的心理问题，直至他们带着这些心理问题走进心理诊室的时候，他们还顽固地抱守着对那次成绩骤然下降的不客观的评价或看法。

我们还要引导学生进行积极有效的归因来提高学习的成功感。常见的归因训练模式有如下几种。

第一，习得性无助模式。将成功归因于可控制的、内部的、普遍的、稳定的原因，如努力等；而将失败归因于可控制的、内部的、特定的、可变的原因，如努力不够，这样就可以消除或克服人们的无助感。

第二，自我效能模式。将成功归因于能力强，促使自我效能感提升，而将失败归因于努力不够、运气差等，这样可以使人持续努力，维持相当高的自我效能感。

第三，将成功归因于能力强，由此产生积极的情绪（如自豪），增强成功期望；将失败归因于缺少努力，由此产生动机性情绪（如内疚），以维持较高的期望，增强坚持性。

二、大学生的时间管理

（一）时间管理及其意义

所谓时间管理，是为了提高时间的利用率和有效性，而对时间进行合理的计划和控制、有效安排与运用的管理过程。由于时间所具有的独特性，时间管理的研究对象并不是时间，而是与时间息息相关的"自我管理"，即问题并不在于时间本身，而在于我们自己；不是我们具有多少时间，而是我们如何安排已有的时间。

时间管理包括诸如提高时间观念，自觉珍惜时间；选定目标、制订计划，决定时间消耗标准；利用多种方式方法，使时间消费合理，并千方百计节约时间；诊断时间利用情况，总结时间消耗经验，找出浪费时间的原因并克服之；应用现代系统科学和定量方法来控制自己的时间。总之，时间管理就是要使人们对时间的使用从被动的自然经历与随意打发，转到系统地、集中地有计划、有目的地主动分配使用，进行高效能的富有创造性的劳动。

如何进行时间管理，西方发达国家的管理界对此进行总结者众多，我国的心理界也对学生的时间管理倾向进行了多年的研究，但很少就大学生的职业生涯规划进行具体的时间管理方法的辅导和良好习惯的训练。在当前日益严峻的就业压力环境下，引导大学生尽早进行职业生涯规划，以时间为单位，确定不同时期的奋斗目标，有目标地进行时间管理，一步步地按计划采取有效的行动，就有可能使其在竞争中取得成功。无论是在职场还是在学校，每个顶尖的成功者首先是顶尖的时间管理者。

（二）大学生时间管理中的误区

目前，我国大学生群体的时间管理现状并不乐观，诸多研究表明大学生在时间利用方面存在较多问题。

1. 核心目标缺乏

大学生跨过高考的独木桥，从一种紧张有序的为高考而奋斗的学习生活中走出来，进入了相对自由的大学生活，往往容易迷失方向，不知道接下来奋斗的目标是什么。面对快节奏的现代生活，有的大学生不知所措，有的大学生过度忙碌，缺乏核心目标。这使得一些大学生不论是学习、工作还是日常生活，往往随波逐流、顾此失彼，无法让学习、工作围绕一个目标展开，做事没有重点，总是眉毛胡子一把抓，因小失大的状况时有发生。"忙，盲，茫！"——成为很多大学生的由衷感叹。

2. 规划观念淡薄

"凡事预则立，不预则废"。目前，大学生对计划安排、目标设置的水平较低。大学生群体大多不喜欢循规蹈矩，缺乏计划性，对于该做什么、不该做什么没有事先规划。他们中的大多数一味追求个性独立，在学习工作中不愿计划使用时间，做事多凭个人喜好，导致效率低下，浪费了大量的时间。究其原因，是其在认识层面上混淆了循规蹈矩与合理计划的区别。有些大学生表示没有时间制订计划。俗话说："磨刀不误砍柴工。"以长远的眼光来看，有效的计划能成为有效利用时间的基础，可起到事半功倍的效果。另外，对于时间规划上，大学生普遍存在执行力偏弱的情况，很多大学生仅仅把计划停留在纸面甚至头脑中，在执行上比较僵化，这就导致大学生要么不去执行计划，要么在计划的执行过程中不能针对自身的具体情况做出适当的调整。

3. 日常管理混乱

并非所有大学生都不愿规划使用自己的时间，但是他们当中的很大一部分人时间规划并不合理，缺乏时间管理的方法和技巧。做事时习惯按事情发生的时间顺序来处理，使用"平均分配"，只做表面文章，无法将主要精力集中在重要的事情上。有的学生为了寻求心理安慰，即使学习效率很低也坚持熬夜学习，这就使其经常处于一种忙乱的学习、工作状态中。

（三）大学生有效时间管理的原则与方法

1. 以 SMART 为导向的目标管理原则

在时间管理的方法中要强调，目标原则不单单是有目标，而且是要让目标达到 SMART 标准，这里 SMART 标准是指：

S——specific：明确性，即目标的范围是明确的，不是宽泛的，要用具体的语言清楚地说明要达成的行为标准。

M——measurable：可衡量性，即最终实施的目标需简化为实际的、可衡量的小目标。

A——attainable：可行性，即目标可以通过努力实现，不是理想化的。

R——result-based：结果导向性。目标应该基于结果而非基于行动或过程。

T——time－based：时限性，是指目标必须在确定日期内完成。

2. 掌握时间"四象限"法

时间管理的精髓并不在于管理时间，而是在于管理事件。时间管理根据事件的紧急性和重要性的程度，可划分为四个象限：第一象限为既紧急又重要的事件，如突发生病、临时通知、完成有期限压力的作业等。第二象限为重要但不紧急的事件，如定期复习、知识积累等。第三象限为既不紧急也不重要的事件，如无聊的信件等。第四象限为紧急但不重要的事件，如不速之客到来、某些电话等。

众所周知，第三象限要舍弃，第四象限要收缩，时间管理理论的一个重要观念是应有重点地把主要的精力和时间集中地放在处理那些重要但不紧急的学习与工作上，这样可以做到未雨绸缪，防患于未然。在大学生的日常生活工作中，在第一象限和第二象限的处理上却有待改进。他们更关注于第一象限的事件，很多时候往往有机会去很好地计划和完成一件事，但却常常没有及时地去做，随着时间的推移，使原本属于第二象限的事件慢慢变成了第一象限，只能临阵磨枪，以此应付考试和检查，造成学习和工作质量的下降，也使大学生身心疲惫。第一象限和第二象限的事本来就是互通的，第二象限的扩大会使第一象限的任务减少。因此，必须引导学生把主要的精力有重点地放在重要但不紧急的"第二象限"的事务上。

3. ABC 分析法

字母 A、B、C 将不同的任务依照它们对达成个人目标的重要性分成三个等级。特别重要的称为 A，比较重要的称为 B，不重要的称为 C。从功能有效的达成角度去看，C 级任务的成果比较低，次要任务成果平平，而重要任务数量不多却成果较大，就是 A 级任务。这里我们引入一个 20/80 法则，即消耗了 20% 的时间可创造 80% 的效益，可有时往往消耗了 80% 的时间，只创造了 20% 的效益。也就是说当你从事最重要的任务时，用最少的时间就能够获得最大的成果。

很多大学生，特别是学生干部，把大量时间浪费在处理无关紧要的问题上，而少数至关重要的事情却无暇顾及。时间管理成功的关键在于，把想要完成的工作按照 ABC 分成三级排成顺序，从而确定一个鲜明的优先原则。

4. 确定最佳效率时间

我们都有这样的经验，在一天的时间中并不总是有较好的工作学习效率。不同的人有不同的最佳学习时间，人与人之间差异很大。心理学中将其分成四种类型。第一种叫百灵鸟型。这类人习惯于早睡早起，他们在早晨的学习效率一般比较好，但晚上十点左右就要睡觉。第二种叫夜猫子型。这类人早晨起得比较晚，晚上睡得也比较晚，当晚上夜深人静时学习效率比较好。第三种叫麻雀型。这类人早晨和下午各有一个学习效率的高峰，但中午一定要午休，否则就会干扰下午和晚上的学习。第四种叫混合型。这类人一天中有多个学习效率的高峰，但是每个高峰的持续时间都不长。人体生物钟在不同的人身上会有不同的表现，大学生可以根据自身的"生物钟"特点，清楚地了解自己的最佳效率时间，有效地利用这段时间，可以达到事半功倍的效果。

第四节　大学生的人际关系

一、大学生人际交往的特点剖析

（一）大学生人际交往的类型

大学生人际交往类型的划分多种多样，可依交往对象和范围的不同来划分，也可按大学生群体内部人际关系建立的基础来划分，还可以因大学生个体的性格、交往形式以及交往心理、交往行为的不同划分。

1. 根据交往对象和范围来划分

（1）师生关系。教师是大学生人际交往的重要对象。教师是知识的传授者，是大学生人格模仿的对象。大学生知识的需求和获取必须通过与教师的交往才能实现，大学生思想品德的形成也和与教师的密切交往相关。师生关系是一种纵向人际关系。在交往过程中，教师与学生的地位是不同的，教师作为教育者、管理者，并在一定意义上作为领导者身份与学生交往；大学生则处于受教育、受管理的地位。教师对学生必须严格要求，严格管理；学生必须接受教育、服从管理。同时，师生关系又是一种横向的人际关系，教师与大学生之间，毕竟不同于上下级、领导与被领导之间的关系。师生关系是一种业缘关系，师生之间心理距离小，相容程度高，教师对学生充满着关怀、爱护，学生对老师都是充满着尊敬与爱戴，师生关系是一种最无私、最纯洁的人际关系。应当说，教师和学生之间是很容易建立起"良师益友"关系的。但是，由于高校教育的特点，大学教师与学生的接触不像中小学那样频繁，课外时间师生交往不多，从交往内容看，往往仅限于传授知识，交往内容比较狭窄；从交往过程来看，对流性比较小，往往是教师讲得多，学生听得多；尤其是师生间缺乏情感交流，这就不利于建立融洽的师生关系。因此，必须加强师生交往的对流性和交往内容的多样性。一方面，教师要不断改进教学方法，在教学中加强与学生联系，课外时间要多到学生中间去，经常保持与大学生的直接联系；另一方面，学生要消除羞怯与惧怕心理，积极主动地与教师经常交往。

（2）同学关系。同学是大学生人际交往最基本的对象。大学生与同学间的交往最普遍，也最复杂。一方面，同学之间年龄相近，经历相同，兴趣、爱好相似，又在一个集体中学习和生活，因此比较容易相处；另一方面，同学之间在生活习惯、个性等方面又存在着一定的差异，加之交往频率过高、空间距离过小（如有些同学同住一室），因此在交往过程中又难免发生这样或那样的矛盾和冲突。而大学生对友谊的渴求十分强烈，对人际交往的期望值比较高，一旦需求得不到满足，就容易对人际交往采取消极的态度。

大学生同学之间的交往比较频繁的场合有三个方面，即班级内的同学交往、社团内的同学间的交往、宿舍成员间的交往。班级内的同学交往以学习和班级活动为主。根据黄希庭的研究，大学生班级的非正式人际关系类型可区分为人缘型、首领型、嫌弃型、孤独型或孤立型等四种类型。社团成员间的交往以共同的兴趣、目标为主要内容。宿舍成员间的交往最频繁，内容也最广泛，涉及大学生活的方方面面。根据研究，大学生宿舍内的非正式人际关系可区分为三种主要类型：友好关系型、淡漠关系型和对立关系型。因此必须加强班级、宿舍和学生社团的精神文明建设和日常管理，为大学生创造宽松良好的人际交往环境。

（3）其他人际关系。大学生与其他人员的交往包括除教师、同学之外的学校其他成员、家庭成员以及校外社会成员等。大学生入学以后，与家庭成员的交往同中学时代相比发生了明显的变化，主要是平时直接交往的机会大大减少，通讯和节假日回家探亲成了大学生与家庭成员联系交往的两种主要途径。大学生与学校其他成员的交往多半是因学习与生活的需要而进行的，其特点是偶然性、暂时性和被动性。由于大学生缺乏人际交往的社会经验，加上不能正确对待社会地位的差异，有时会产生一些矛盾，尤其是与学校行政、后勤人员之间经常发生冲突。这既有管理方面的原因，也有大学生与这些工作人员之间缺乏沟通和了解的原因。大学生与社会成员间的交往比较少，但近几年来随着改革开放特别是教育改革的逐步深化，高校大学生有更多的机会深入社会和了解社会。一些大学生通过各种渠道，如投身家庭和社区服务、勤工俭学、参与青年志愿者活动、扶贫帮教等，与社会进一步发生广泛的联系。他们这样做，既可以将自己所学的知识和技能应用于社会，又能在实践中锻炼自己，不断增长知识、经验和才干。对此，学校不仅可以提倡，更应加以必要的引导，从而保障当代大学生在市场经济大潮中的社会交往与社会实践能始终沿着良好的方向健康发展。

2. 根据人际关系建立的基础来划分

（1）学习型人际关系。指大学生在学习中发展建立起来的一种人际关系。在同学关系中往往表现为相互帮助、取长补短的合作关系以及相互赶超、不甘落后的竞争关系，在师生关系中表现为教与学的关系。

（2）生活型人际关系。指大学生在日常生活中建立起来的人际关系。这种人际关系更多的是趋向于生活和情感型人际关系，主要是为了满足友爱、温情、安全感等情感的需要。这种类型的人际关系往往因频繁的生活接触易出现亲密性人际关系或冲突性人际关系。

（3）活动型人际关系。指大学生在文体及各种社团组织活动中建立起来的人际关系。这里还可以分为正式团体和非正式团体，如班委会、团支部、学生会和各种自动组织的协会、社团等。这些活动型人际关系往往随活动结束而终止，当然也有因一次活动而成为长期朋友的。

3. 根据大学生个人的性格、交往形式来划分

（1）积极型人际关系。一般性格开朗活泼的学生喜欢主动与人交往，热心参加各种活动，踊跃承担社会工作，多是担任学生干部、社团组织或者在学生中很有鼓动性的人，他们往往表现出积极型的人际关系。

（2）被动型人际关系。多指性格比较内向、不善交际的学生所形成的被动的人际关系。他们在交往中行动不积极、不主动，有些可能内心想积极交往，但怕耽误学习不愿交往，而多是被动卷入。

（3）封闭型人际关系。多指性格内向、有些孤僻的学生与人交往所采取的形式。他们少言寡语，喜欢平静，只与极少数人保持交往，如有些大学生近在咫尺不相认，这种人的交往范围很小且不善交往。

（二）大学生人际交往的特点

大学生人际交往的特点是由大学生自身的条件所决定的。学生的文化层次比较高，生理和心理日趋成熟，比较重感情，爱幻想，具有与其他社会群体不同的特点。

1. 平等性

大学生的主体意识、独立意识和自尊心日益增强，对友谊的平等性要求越来越高。个体既要与朋友平等地相待，又希望朋友平等地对待自己。个体希望双方能够在心理上互相平等，彼此坦诚相见，任何一方都不要把自己的意志强加于人。因此，同学中那些傲慢无理，不尊重他人，操纵欲、支配欲、嫉妒、报复心强的个体常常是不受欢迎的。在人际交往中努力体现其人格的独立性，追求平等是大学生交往的基本需要。

2. 纯洁性

大学生在人际交往过程中，经济因素极小，不存在由工资、奖金、待遇等方面的经济因素引发的利益冲突，所以，他们的交往要比其他群体的人单纯得多、广泛得多。大学生由于生活经历、社会阅历、知识能力、思想观念等基本相符，所以个体之间不存在等级、特权问题，更容易和平共处、平等交往。另外，大学生是有知识、有思想的青年，个体的交往主要是思想情感的交流，希望通过交往获得思想观念的一致和情感的共鸣。

3. 独立性

大学生的个体差异较大，但无论是内向还是外向，善言还是孤僻，在交往中都表现出一种要求交往独立的意识。因为大学生的交往是主动的，是互为主体、互为影响的，因此，心理上有较强的独立性要求。大学生的交往多以兴趣为纽带，讲求情投意合、个体之间的兴奋点相吻合。另外，大学生人际交往的外在约束力不强，社会活动的参加与否有个体选择的自由，自主性较强，强迫感及被动的成分较少。

4. 开放性

随着社会开放的不断扩大化，人与人之间的交往也不断呈现开放性的特点。特别是大学生，他们往往代表社会的新生事物，开放社会的主要特点在大学生身上都有所表现。在人际交往的过程中大学生交往的动机很强，一般不会拒绝交换信息。尽管处于青年时期的大学生心理上存在着一定的闭锁性，但本质上是非常渴望交往的；同时，也默默地敞开交往的大门，期待交往和友谊。大学生交往的范围也越来越宽，无论专业、年级、班级、性别都不会阻碍个体的交往；多数个体已经开始了校际间的交往。大学生交往的需要是多层次的，多侧面的，这也决定了个体的交往方式也是丰富多彩的，特别是信息化的各种工具，为大学生的开放性交往提供了便利条件。

二、大学生人际交往的调适与优化

（一）大学生人际交往原则

成功交往的原则是指在交往过程中需要遵循的一些基本规则。对于这些规则不同的人概括不同，但是基本意思都差不多。主要包括以下四个方面。

1. 充满自信，平等待人

这是人际交往的前提。一个人只有充满自信，才会走出自我的圈子与人交往。一个人也只有平等待人，才会被人接纳。心理学研究表明，每个人都有自尊和受人尊敬的需要，特别是青年学生受人尊敬的需要非常强烈。例如，希望朋友和父母等把自己看作成人，尊重自己的隐私等，这种需要就是一种平等需要。可以说任何人，只要是正常的人，都希望得到别人的平等对待，没有人会真正愿意与那些妄自尊大、趾高气扬、藐视他人的人交朋友的。人虽然地位有高低，学问、金钱上存在差别，但是在人格上是平等的。因此，在交往中要记住鲁迅先生的话："不要把自己看成别人的阿斗，也不要把别人看成自己的阿斗。"

相互尊重是顺利交往的必要条件，平等待人是维持正常交往的重要前提。因为人与人之间根本的关系是平等的，平等贯穿着人类整个交往的历史。尊重自己和尊重他人是一个问题的两个方面，同时也是相对应、相联系的。只有尊重自己的人，才可能得到他人尊重；只有尊重他人的人，才能得到别人的尊重从而真正实现自我的尊严。大学生处于特殊的生理和心理发育阶段，他们渴望得到他人的认同和理解，希望改变自己在群体中的地位，提高威信，获得更多成员的信任和尊敬。但另一方面，他们又具有很强的自我意识和自我独立感，这就造成了他们容易过分强调别人对自己的尊重，而忽略了自己对别人的尊重。大学生也应当时时提醒自己保持与他人平等的地位，时时反省自己有否伤害他人的情感和自尊。然而，尊重别人并不等于放弃自尊，也不等于一味地做"好好先生"而对不良现象姑息放任。要知道，当一个人总是放弃自己的立场时，就会习惯于放弃自己的判断，久而久之，他很容易变成一个没有意见、也没有吸引力的交往对象。

2. 互帮互助，互利互惠

这是人际交往的润滑剂。著名社会心理学家霍曼斯提出，人与人之间的交往本质上是一种社会交换过程。这种交换虽然不等于市场上买卖关系的交换，但两种交换所遵循的原则都是一样的。即人们希望交换对自己来说是值得的，希望在交换中得大于或等于失。因为人与人的交往是以充分地获得人生经验，获得自身发展成长为目的的。交往双方均希望被对方所关心、所注意，均希望获得对方的支持和帮助，假如交往者仅仅关注自己的需要，单方面想得到好处，而不愿意为他人做出丝毫奉献，提供任何帮助，则双方的关系一定难以持续，更不可能有任何发展。因此，我们在人际交往中要注意关系的保护。无论怎样亲密的关系，我们都不能一味地只利用不投资。否则，原来亲密的关系也会变为疏远的关系，使我们面临人际关系的困境。

3. 诚实守信，言行一致

这是人际关系的基石，是深化友谊的保证。生活中每个人都渴望拥有朋友，尤其是知心朋友。所谓知心朋友，就是能够互相信任理解的朋友，双方能够尽量敞开心扉交流思想感情的朋友。这里，很重要的一点就是要求在交往中以诚待人、诚实守信，如果把别人的痛苦当笑话，把别人的秘密不经意的泄露，那么，交往就难以继续深入。大学生在交往中还要注意信守诺言，要对自己的行为负责。说话要留有余地，没有把握的事情不轻易许诺，一旦许诺就必须努力去办，实在无法办成，要向对方解释清楚，力争再找机会补救。不可敷衍、搪塞，甚至置之不理。

待人接物要以诚为本，能否以诚待人是评价朋友质量的一个主要标准。"诚"字所包含的内涵很广：忠诚、守信、诚实、诚恳，都是基本的内容。从道德品质的角度来看，这也是基本的做人的准则。朋友相互的了解是以相互真诚为基础的，朋友之间必须实事求是，向对方如实地反映自己的真实情况。这种相互的忠诚，以双方相互依赖为前提，做不到这一点，就更谈不上相互帮助和相互支持。时间足以分辨谁是真朋友，谁是假朋友，从这个角度来看，是否具有以诚待人的品质，决定了相互的友谊是否长久、是否真挚。

诚实也是交往的潜在力量，"诚实乃是理性动物最可爱的长处"，它显示了一个人的自重以及他内心的安全感与尊严感。诚心可以使人在交往中随时获得别人的信任，并把那些具有同样优秀品质的人吸引到自己的身边，建立无须伪装自己的轻松、愉快的社交圈。交友是一个不断选择的过程，假话不可能永远地隐瞒，一旦被对方发现，就是对友谊的最大伤害。有些大学生以为，那种一时为对方利益而不得已说的谎话，正是为了保护友谊，是一种交往的艺术，事实上，这恰恰损害了友谊，是交往的一大禁忌。

4. 严于律己，宽以待人

这是人际交往的黏合剂。宽以待人指不计较他人的细枝末节，甚至能容人之短。严于律己，一方面指能够严格要求自己，不损害他人利益，另一方面指在受到别人误解甚至责难时能够驾驭自己的情感，控制自己的情绪。对朋友不可斤斤计较、求全责备。谁想找到一个十全十美的朋友，谁就会没有朋友。

在交往中，相互理解和相互宽容是很重要的。我们的时代是一个多变的时代，我们的社会是一个多元化的社会，人们相互之间的关系也越来越复杂。社会的复杂性导致个性的丰富性，这必然引起个体之间的冲突加剧，要与周围的人保持良好的人际关系，就必须学会存异求同、以宽容的心态对待别人。集体生活中更是如此，处处关心别人、与人为善，才能与脾气不同的人和平共处，经常站在对方的立场上考虑问题，体会他人的心理感受，才可能理解别人的感情和行为，从而改善自己的待人方式，提高自己的交往能力。生活在一个多样化的大社会里，人们当然不免要遇到各种各样的误会，甚至受到不公正的对待。青年学生涉世不深，情绪不稳定、容易产生冲动，更容易由此引发出一些交往问题。遇到误解时怎么办呢？凭一时的冲动鲁莽行事，不但无益于问题的解决，而且使自己交往中处于不利地位，影响了自己与同学的关系。宽容与谅解是与人相处的基本守则，也是做人的美德，更重要的是，它应当成为我们共同追求的一种高尚的精神境界。常言道："大度集群朋"，要想成为一个胸怀广博的人，就必须能严于律己，宽以待人，这是每一个渴望成功的大学生必备的品行。

此外，在人际交往中还应积极、主动。一般来说，大学生对人际交往的期望很高，但对人际关系的满意程度却很低。他们的自我意识强，特别珍惜自己的形象，关心外界对自己的评价，有时甚至到了神经质的地步。他们对人际关系过分敏感和多疑，以致造成心理紧张和不安，甚至钻进自设的牛角尖，在消沉、迷惘中越陷越深。大学生的交往过程是一个不断地认识自我、认识他人的过程，也是在不断地学习、调整自己的人际交往策略的过程，出现困难和问题是很正常的。对待困难的最好的办法是面对它和正视它，用进取去代替迷惘。要彻底改善自己的人际关系，仅仅凭着等待、观望是不可能的。事实上，交往的主动权在于自己，大学生应以豁达的心态去对待周围的人和事，无论是对待批评还是赞扬，都不会过于在意。主动发表自己的意见、主动征求别人的意见、主动帮助他人、主动与对方言归于好、主动改善自己，这都是有效和必要的方法。当一个人付出的是热情、主动和坦诚，他就没有理由收获孤独和冷漠，哪怕遇到了障碍，也只会是一时的困难，时间一定可以令对方理解一切。

（二）大学生人际交往优化的主要路径

1. 培养良好的个性心理品质

人际关系的好坏，交往能力的强弱，与一个人的个性、心理品质有关。黄希庭等人的研究表明：大学生在一个团体中最受欢迎者（人缘型）的个性品质主要表现为尊重他人、关心他人、对人一视同仁、富于同情心；热爱班集体的活动、对工作非常可靠和负责任；持重、耐心、忠厚老实；热情、开朗、喜欢交往、待人真诚；聪颖、爱独立思考、成绩优良且乐于助人；重视自己的独立性和自制，并且有谦逊的品质等。个性品质对大学生成功进行人际交往有重要的影响。因而，要积极塑造自己良好的个性心理品质，并且努力克服不良个性。事实上，那些具有良好的思想品德、心底坦荡、光明磊落、作风踏实的大学生，不仅人际关系良好而且很容易与人成功交往；而那些羞怯、自卑、猜忌以及清高、傲慢、小气、刻薄的大学生，不仅人际关系恶劣而且难与人交往。

2. 消除认知错误

有的大学生虽然很想和他人建立良好的人际关系，但是由于对交往存在错误的认知，认为"先同别人打招呼显得自己低人一等""如果我先同他人打招呼，如果他人不理自己怎么办？"还有的学生认为，"害人之心不可有，防人之心不可无"，害怕在交往中遭到他人的算计，因此，在交往中处处小心谨慎，缺乏主动、热情。人与人之间的高低贵贱不是以谁先向别人打招呼而确定，别人不会无缘无故对我们感兴趣，也不会无缘无故对我们不感兴趣。在大学生中尽管有个别素质不高，交往中只想占便宜而不愿意吃亏者，但是多数大学生交往动机是纯正的，交往行为是符合道德的，不能因为害怕自己在交往遭到个别人的算计而把自己的心封闭起来。

人际交往是一个人与人之间的心理互动过程，只有交往者积极主动与对方交往才能使交往顺利进行。因此，大学生要同别人建立良好的人际关系，摆脱心理孤独，建立起丰富的人际关系世界，就必须消除错误的认知，积极主动进行交往，做交往的主动者，而不是被动者。

3. 适当的距离产生美

在人际交往的过程中，每个人都拥有自己的交际区域，由于这一区域的存在，人们才能恰如其分地与他人交往，这就是人际距离的问题。处于不同等级的人际距离，应当采用不同的交往方式，从言语用词、语气、表情、行为到谈话涉及的范围、交往进展的速度等。即使在知心挚友间，也需要保持一定的社交距离，不可你我不分。因为每个人都有自己的心理敏感区，不可随意谈及，并且，不考虑别人工作、学习、休息的随便打扰，也会让人感到厌烦。有些学生一和人混熟了，就丢掉了分寸感，进入了所谓不分彼此的境界，物极必反，一到了这种程度，友情就快走向反面了。一般来说，距离近表示亲热；距离稍远表示文雅、自尊；距离过近使人尴尬；过于疏远会给人以冷漠感。大学生在交往中应恰当地运用人际距离，以免使人感到不舒服或造成误会。

4. 学会"角色互换"

社会生活中的任何一个人都要扮演不同的社会角色。就拿一个女大学生来说，在家里，她要扮演女儿、姐姐等角色；在学校，她可能要扮演学生、学生干部、团员、党员等角色；在国家政治生活中，她要扮演选举人与被选举人等角色；在社会公共场合，她要扮演汽车上的乘客、商店里的顾客以及公园里的游客等角色。在人际交往过程中，每个人在同具体对象交往时又总是以特定角色出现的。由于我们习惯于从自己的角色出发来看待自己和别人的行为，就可能带上片面性。因此，学会角色互换，也就是设身处地地从对方的角度，把作为主体的自我当作客体的自我来审视和评价，这样就能较为公正地理解别人的想法，也较客观地看待自己的行为得失了。一方面，学会角色互换，将心比心，意识到别人的难处，你就容易宽容和谅解别人了；另一方面，角色互换能使你体验到对方在此情此景的感受，于是你就能给人提供最需要的帮助，收回可能伤害对方感情的举动。可见，捕捉准确的"角色"，严格地把握角色的规定性，并能适时因地制宜进行角色变换，是人们彼此相互理解、相互谅解的前提，也是密切人际关系的重要方法。

5. 学会求助与拒绝

在现实生活中，每一位学生都会遇到求助于人或被人所求的情况，而且这个情况处理得好坏，往往又会对人际关系的协调与否造成极大的影响。

向他人求助的技巧包括以下几个方面：①让对方知道你是一个重感情、讲仁义、知恩图报，可以信赖的诚实之人，而不是忘恩负义、过河拆桥之徒。②让对方知道你也是一个乐于助人的人，使对方明白今后如遇什么难处有求于你时，你定会鼎力相助。③了解对方的个性特征，弄清对方在什么情况下，对什么事情愿意或乐于相助。④言辞要礼貌，使用"请""对不起""谢谢"之类的礼貌用语。⑤态度要诚恳，既不要老是吞吞吐吐、掩掩盖盖，又不要流露出另有别处求援的想法。⑥要求要明确，最好开门见山，若一味绕圈子，很可能会给别人造成错觉。⑦事后要注意感谢，不管是否帮助你解决了困难，那种"帮忙成功就感谢，帮忙不成就不理"的做法是极端错误的。

拒绝他人的技巧主要有：①暗示拒绝法，即通过自己的非语言行为或非直接的语言把拒绝的意图或信息巧妙地传递给对方。这种方法多用于本想拒绝别人但又难以启口的时候。②直言拒绝法，即对别人的请求直截了当地予以拒绝。但使用这方法要因时、因事、因人而异，同时还要讲究一定的技巧，如让求助者知道你确实是心有余而力不足，诚恳陈述你的难处等。③含蓄拒绝法，即不直接用语言来拒绝对方的请求，而是以含蓄的方式来让对方感到你所持的否定态度，从而达到既不伤别人的面子，又巧妙地拒绝了对方的效果。④转换拒绝法，即利用话题内容的邻近关系或内在逻辑关系，把话题"焦点"逐渐转移开，以期达到巧妙拒绝对方的目的。⑤退步拒绝法，即不直接、不完全拒绝对方，而是做出某些退让，答应对方的某些请求，从而达到在绝大部分拒绝对方的效果。

6. 学会赞美和批评

美国哲学家詹姆士说："人类本质最殷切的需要是被肯定。"人类对肯定的渴望绝不亚于对食物和睡眠的需要。凡是懂得这一渴望的人，就会在交往中努力去发现别人的优点、长处、成绩，并真诚地、慷慨地赞美别人，这样就能与别人友好相处，建立起良好的人际关系。采取何种方式去赞美别人，才能收到良好的功效呢？

（1）学会用悦服的方法赞美别人。虽然人人都希望得到赞美，但不是什么赞美都乐于接受，赞美不当还会引起人家的反感。一般说来，人们最喜欢别人赞美的事是他们自己觉得没有把握的事。例如，石油王子洛克菲勒和钢铁大王卡耐基对于别人对他们商业才干的赞美毫无兴趣，但是对于别人对其"家政"和"演讲"的赞美非常高兴。

（2）采取间接的方法赞美人。百无一失的赞美应该是间接的。一般说来，背着当事人在其他人面前赞扬其优点，当事人得知后，他会觉得你对他的赞美是真诚的，因此，会感到十分高兴。直接赞美，人们常常会怀疑你的动机；而间接赞美，你的动机就不会受到怀疑，而且更容易被人接受。间接赞美别人有一个简单有效的计策，那就是引申性赞美，效果也很好。例如，某人很注重仪表，很有绅士和学者风度，我们如果当着他的面赞美他的民族多么有教养，多么勤勉持家、崇尚教育等，那么他一定会非常愉悦。其原委在于这样的赞扬没有露骨肉麻、无阿谀奉承之嫌。

批评的艺术主要有：①热情勉励的批评。人们愿听热情勉励的语言，把批评揉进热情勉励之中，易被对方接受。②严厉触动的批评。这是措辞比较尖锐、语气比较严厉的批评。这种批评方法适用于关系较好的朋友出现精神不振、萎靡颓唐的时候。③分析利弊的批评。这是一种帮助被批评者分清是非，提高认识，自觉地改正缺点和错误的批评。④引而不发的批评。这种批评的特点是只把问题引出，而不进行批评，让对方思考、反省，进而达到改正的目的。⑤商量探讨的批评。这种批评方法适用于脾气暴躁，否定性心理表现明显的朋友。⑥委婉含蓄批评，即用婉曲含蓄或暗示的语言进行批评。

7. 培养幽默感

有人说，精神愉快的人最为明显的特点就是善意的幽默感。当我们在交往中遇到困难时，让对方开怀大笑是消除误解的最佳方法，这就是幽默感带给我们的最好的礼物。在气氛紧张的关头，一个轻松的笑语、一句善意的打趣话，就有可能使面临破裂的友谊继续下去。幽默是人类智慧闪耀的光芒，它永远与机智、诙谐、乐观、自信等优秀的品质联系在一起。幽默的人永远为周围的人所喜爱，永远是社交场上的中心。人们喜欢幽默，是因为它让人轻松和超脱，使交往关系更为融洽。从某种意义上讲，幽默是人与人交往中的润滑剂，它可以减少人际摩擦，使交往变得更顺利、更自然。

幽默固然是交往中的有力武器，但也不是在任何时候都可以使用的。善用幽默也有一定的原则，牢记这些原则是发挥它大作用的前提。幽默不是讽刺，在与人交往过程中，宁可取笑自己，但决不可以取笑他人；幽默也不是蔑视。此外，幽默是一种语言的艺术，它是与广博的知识、丰富的阅历、高度的修养、广阔的胸襟紧紧联系在一起的，千万不要把它理解为油嘴滑舌，不分场合乱耍贫嘴。

8. 注意人际交往中的语言技巧

语言是一种符号系统，是人类思维的载体和交往的工具。当今社会绝大部分的信息，是通过口头或书面的形式来交流的，其中，最常用的方式是交谈。交谈的方式与语言的效果息息相关，有几种通病在交谈中必须避免：一忌不理会对方的意见和反馈，只顾喋喋不休地发表自己的意见；二忌不能专注地听别人讲话，交谈中总是频频打岔；三忌交谈中总是质问对方，让对方觉得自己像被审问的罪犯一样；四忌过于亲善或急于巴结对方，语气措辞肉麻不堪让人难以忍受。交谈是一门大有学问的艺术，所以谈话者一定要有备而来，交谈之前先要了解清楚交谈的印象，交谈的环境以及交谈的内容。

同时，善于聆听也是交往语言技巧的一个重要部分。交往是双向的，讲与听也是交谈中必不可少的两个方面。"听"的方式不同，也会影响交谈的效果。最好的方式是能站在对方的立场上，投入对方的情感中，集中精力了解对方谈话的内容，同时还应当通过适当的提问、点头、对视等方法来表明自己对其谈话的兴趣。

此外，有些生活小节问题也会对人际关系产生重要影响。例如，要熟练地记住别人的名字；要养成轻松愉快的性格，对任何事都不要烦恼；要及时祝贺成功者，不失时机地安慰悲伤者和失望者；要化敌为友，对待中伤者，要学会一笑了之，热情对待他（她），等待机会去说明一切；有了错误，就要认错，如果是你不好，就不要掩盖。肯认错表示你具有一副正直、坦荡的胸怀。

（三）大学生人际冲突调适

1. 大学生人际冲突的内涵

人际冲突是指由于利益关系、观点不一、个性差异等引发的人际交往对象之间的紧张状态和对抗过程。大学阶段是人生的第二个"心理断乳期"，是一个非常关注自我、注重个性表达、情绪体验丰富、情绪波动起伏、容易争强好胜的时期。同时，大学生活中人际交往的广度和频度，使大学生经常面对人际冲突情境。人际冲突会引起失望、孤独、烦躁、愤恨、害怕、自卑等一系列不良情绪，严重的会导致自我封闭、逃避现实、玩世不恭、自暴自弃、郁闷不安等，甚至可能会发展到危害自我或他人的安全。人际冲突带来的不良情绪会使个体对信息的注意范围变得狭窄，在信息加工过程中，消极的情绪体验使个体只关注自我内部的信息，而不关心外部的客观事实。这导致个体不能客观分析冲突原因、积极寻找解决策略，而是延长对抗过程使冲突进一步升级。这时如不能及时获得帮助，进行科学有效地自我调适，长期积累，会使个体产生心理障碍，引发心理疾病。

2. 引起大学生人际冲突的主要因素

（1）沟通因素。人际交往中，沟通渠道不畅、信息交流不够或信息被曲解都是导致冲突的原因。在大学生中的一种普遍表现是：由于信息少，一叶障目，个人形成对事物的歪曲看法，再加上与别人沟通得不够，误解对方，酿成冲突。

（2）个性因素。由于人格特质的不同，每个人都有自己独特的个性。大学生中彼此个性差异过大时，往往难以合作、出现冲突。

（3）利益因素。大学中，在分配有限资源（如自习室座位）和争取各种荣誉（如学生干部岗位、参赛名额、奖学金）时，一旦双方成为竞争者，人际冲突极易发生。

（4）环境因素。多数大学生没有经历过集体宿舍生活。进入大学之前，他们一般处在家庭的呵护下，习惯于家庭环境下的关心和体谅。同一宿舍的同学常常来自不同的地方，由于文化差异、习惯不同，加上沟通不及时，往往会因为一些小事导致冲突。

（5）恋爱因素。当前，大学生恋爱已经是普遍现象。大学生正处于青年期，生理上已发育成熟，但社会经验相对缺乏，一些同学心理发展相对滞后。恋爱双方有可能在交往过程中因为人生观、价值观以及兴趣爱好方面的差异而导致感情不和，由此引发冲突。另一种情况是冲突双方同时追求一个恋爱对象，因为争风吃醋而产生冲突。

3. 大学生人际冲突的调适

第一，开展冲突应对教育，提高人际协调能力。

大学生冲突应对教育，是通过一定的教育途径，使大学生正确地认识、有效地处理冲突，提高冲突应对能力，优化冲突影响的教育。学校要将冲突应对教育纳入大学生心理健康教育，以此提高大学生的认知能力、沟通能力、合作能力、协调能力、自我情绪管理能力等，帮助大学生优化心理品质，增强社会适应力。一方面，可以开设有关人际交往或人际冲突方面的课程或讲座，使大学生从理论上掌握人际交往的基本原则和技能，掌握基本的人际冲突应对策略，学会使用恰当的人际沟通方式，提高抵御人际冲突不良后果影响的能力。另一方面，可以开展丰富多彩的校园文化活动和社会实践活动，给大学生提供人际交往的演练、实习场所，使大学生有机会在活动和实践中掌握人际交往原则，学习人际交往技能，把握人际交往的分寸，提高应对人际冲突的能力，从而逐步养成良好的社会协调能力和人际交往能力。

第二，改善对冲突的认识，增强自我调适能力。

交往中，人际冲突是一种常见现象，对冲突的看法和观念可以概括为三类：第一类认为冲突具有暴力性、破坏性和不合理性，是应当避免和消除的；第二类认为大学生冲突的发生是自然而无法避免的，应该接受和处理；第三类认为冲突具有解决问题的正向功能，必要时可以引进。个体对这三类观念持有程度不同，构成了个体的冲突观。个体对人际冲突的看法越消极，在冲突发生时所体验到的消极情绪越强烈，并且消极信念还可以通过对消极情绪的不断反思，延续消极感受，导致人际信任度下降，形成人际疏离。在大学生心理健康教育中，应引导大学生认识自己对冲突所持有的基本看法，客观地分析其中所包含的不合理、绝对化的成分，在此基础上，创设具体的情境和活动，转变消极看法，使大学生形成建设性的冲突观。

第三，学会正确地自我宣泄，提高情绪调节能力。

人际冲突会使人产生一系列消极的情绪反应，如果能积极地转移注意力，将有助于摆脱心理困境。大学生应学会正确的自我宣泄。比如：积极进行户外活

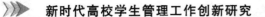

动，打球、散步，找知心朋友谈心，也可找一部自己喜爱的文学作品或影视作品来欣赏。条件允许的话，可以定期外出旅游，因为从心理学角度来说，一个人一旦离开原来的生活环境，面对新事物，心境会逐步开朗，有利于减轻和消除心理问题。同时，大学生应不断加强自身的心理品质，尽量避免人际冲突的发生，有意识地控制波动的情绪，以乐观、坚强的积极态度面对所遇到的困境，采取适合自己的调适方式，以良好的心态去创造和谐、宽松的人际环境。

第六章　新时代高校大学生就业管理

就业是民生之本，大学生就业是高校培养人才的重要环节，是高校服务社会和改革发展的重要内容。做好高校毕业生就业工作，是加快推进以改善民生为重点的社会建设的具体体现，是构建社会主义和谐社会的重要内容，是建设人力资源强国和建设创新型国家的必然要求。做好大学生就业工作意义重大。

第一节　大学生就业管理的内涵

一、大学生就业管理的界定

关于大学生就业管理的内涵，学术界有三种主要观点。第一种观点认为大学生就业管理是搭建和完善高校网络平台和就业信息系统，实现大学生就业管理工作的电子化和网络化。第二种观点认为大学生就业管理是完善大学生就业市场，加强大学生就业指导工作，开展大学生就业教育。第三种观点认为大学生就业管理就是行使公共教育权利，承担社会公共责任，适应市场机制，调节供求关系，推动劳动人才合理流动，实现劳动力资源的合理配置，为国家在政治、经济、文化等领域的发展提供人力资源保障。

以上观点从不同视角对大学生就业管理的基本内涵进行了界定，都有一定的合理性，但是对大学生就业管理进行定义需要考虑时代背景，因为大学生就业管理随着社会的改革发展而发展变化，因此其内涵也会因所处社会发展阶段不同而有所差异。比如在计划经济时代，我国大学生就业管理主要是行政管理工作，而随着我国就业制度改革的不断推进，大学生就业管理从单一的行政管理拓展为指导、信息、市场、管理为一体的全面就业管理。

因此，当前我国大学生就业管理的内涵应有狭义和广义之分，狭义的大学生就业管理指大学生就业的行政管理工作，包括毕业生资格的审查、就业协议书的管理、就业计划的制订和毕业生派遣等。广义的就业管理指为保证大学生就业工作的科学和有序而进行的系统管理，除传统的就业行政管理以外，还包括学生的就业指导、就业市场开发、组织与管理，就业信息收集、处理和发布等内容。

二、大学生就业管理的特点分析

大学生就业管理是大学生管理的重要组成部分，但因其管理内容的不同，除了具备大学生管理中突出的教育功能、鲜明的价值导向、复杂的系统工程和显著的专业特色等特点外，有其自身显著的特点。

（一）政策性

大学生是建设国家的专业性高级人才，关系到社会主义事业的建设与中华民族的伟大复兴。随着社会和经济发展的需要，高校毕业生就业制度也随之发生了相应变化，国家对大学生就业方针、原则以及方法都有明确要求，并通过各级党委和政府以及高校予以贯彻。一方面，在大学生就业管理过程中涉及的签约、违约、资格审查、户口迁移、档案管理等，需要严格遵循相关政策的规定，以保障大学生的合法权益。另一方面，随着形势的变化，国家往往会应时制订促进大学生顺利就业方面的相关政策，如"大学生村官""选调生""三支一扶"等，这些都是直接指导大学生就业管理的政策。国家政策为大学生就业管理指明了方向，提出了细致的要求。大学生就业管理就是要围绕党在大学生就业方面的路线、方针、政策开展工作，实现我国人力资源的优化配置。

（二）市场性

大学生就业市场是指在社会主义市场经济体制下，高校毕业生与用人单位根据一定的原则进行劳动力交换的过程，是与毕业生人力资源配置相关的关系，及各种具体的就业市场活动、行为的总和。大学生就业市场是实现大学生就业的主要场所。遵循市场经济规律，借鉴市场经济工作方式和理念，加强大学生就业市场建设是大学生就业管理的重要内容。一方面，通过对大学生就业市场人才需求的数量、层次、专业、区域分布等进行深入分析，确定目标市场，制订开发计划，拓展大学生就业市场资源。另一方面，通过规范市场秩序、细化服务流程，做好集中性大型招聘会和日常性小型招聘会的策划、筹备和组织工作。大学生就业管理的市场性特点较为明显。

（三）服务性

改革开放后，我国大学生就业进入双向选择、自主选择阶段，大学生就业更具市场化特征，大学生就业管理工作更多地体现为大学生就业服务体系的构建。以服务管理为突破口，改变了过去重管理轻服务的做法，将管理与服务有机地结合起来。在就业指导方面，构建以市场为导向，学业、就业、创业、职业全程关注，个性化、体验式的大学生就业、创业教育模式。在就业信息方面，开发集求职、招聘、就业指导、就业状况监测和自动化办公于一体的全方位大学生公共就业信息服务平台。在签约管理方面，制订毕业生就业工作细则，优化工作流程，实现大学生就业的"一站式"服务。大学生就业管理的服务性特征就是不断增强工作人员的服务意识，把学生和用人单位当客户，全力以赴地为学生和用人单位提供全方位、全过程的优质就业服务。

三、大学生就业管理的意义

自我国高校扩招以来，高校毕业生人数逐年增多，大学生就业压力日趋加大，高校毕业生就业已经成为一个社会热点和难点问题。党的十七大明确提出了积极做好高校毕业生就业工作的要求，体现了党中央对高校毕业生就业工作的高度重视和对广大毕业生的亲切关怀。就业管理是高校毕业生就业工作中的核心部分，也是事关每一个毕业生能否顺利就业、体现党和政府对毕业生关怀的重要环节。因此，做好大学生就业管理工作对经济建设、和谐社会的构建、高等教育改革、大学生自身的发展都具有重要意义。

大学生就业管理也是新的历史阶段高等教育改革和可持续健康发展的重要内容。高等教育的根本任务是培养人才，就是培养国家经济建设和社会发展需要的高素质人才。人才培养质量的好坏直接体现在毕业生就业状况上。而教育质量的好坏，培养出来的人才能否被社会接受和认可，直接影响着学校的生存与发展。

近年来，部分高校提出了"就业指导招生"和"出口引导入口"的工作理念，启动和推动了以社会需求为导向的高等教育改革，通过大学生就业管理的各个环节对用人单位的岗位需求、毕业生的就业状况、就业满意度情况、用人单位使用情况等就业信息进行科学统计、综合整理和系统分析，主动研究社会需求和就业形势变化，以市场为导向，及时转变办学指导思想，大力调整学科专业结构，向社会输送"进来就用"的实用型、高素质人才。在一些高校还出现了各种类型的校企合作、工学结合、订单培养、岗前预就业等新型人才培养模式，紧密结合产业发展需求，及时调整专业设置，全面培养高校大学生的实践能力、就业能力、创新能力和创业能力，提高办学效益和人才培养质量。因此，大学生就业管理在高校改革和可持续发展中占有重要地位，发挥重要作用。

大学生就业管理是高校毕业生实现顺利就业、建设和谐社会的重要保障。现代社会，就业不仅是人类谋求生计的手段，更是实现自我价值，获得社会认可的主要途径。大学生的就业管理对其生涯发展将产生重要影响。

第一，个性化就业指导可以帮助学生更清晰地规划自己的职业生涯，进一步拓宽自己的思路，增强大学生学习的目的性和自觉性。

第二，就业信息的搜索与发布，能够有效地帮助毕业生冲出闭塞的就业信息孤岛，获得丰富的、针对性强、准确性高、成功率大的就业信息和就业机会，在双向选择的就业市场环境中取得主动权。

第三，就业信息的分析和研究帮助毕业生认清就业形势，尽快找准自己的位置，做到知己知彼，为就业决策提供依据。

第四，就业过程的规范与约束为毕业生就业创造良好的就业环境，确保大学生就业过程的顺畅有序，并保障毕业生的合法权益。此外，科学高效的大学生就业管理，能够在学生就业过程中起到舒缓压力、放松心情的作用，能够向毕业生传递学校和政府乃至全社会对他们的理解、尊重和关爱，进而提高他们的自信心、改善他们的精神面貌，提升他们对党和政府的认可程度。

第二节　大学生就业管理的基本原则

大学生就业管理的原则是在大学生就业管理过程中必须遵循的基本准则。讲究原则是大学生就业管理得以顺利进行的保障，是大学生就业管理的出发点和落脚点，它直接影响到大学生就业管理工作的实际效果。新形势下，大学生管理主要包括以学生为中心、以市场为导向、以服务为取向、以育人为目标等基本原则。

一、以学生为中心原则

就业管理以学生为中心，就是要把学生作为就业管理工作的主体，在就业管理工作中切实尊重学生的主体需求，把握学生的主体特点。尊重学生的主体需求主要包括：尊重他们的人格，尊重他们学习的兴趣，尊重他们身心发展的规律，尊重他们成长成才的需要。把握学生的主体特点体现在工作中，就是要深入地了解学生实际状况，尊重学生的主体性、差异性、独特性，以学生成长成才为中心，区分不同类型、不同层次学生的特点和需求，有针对性地开展就业管理工作。在实际工作中，要坚持以学生为中心，把学生当成客户，提供一流的、高效的就业指导与服务。

学生是学校一切工作的中心。以学生为中心既是学校管理工作的基本要求，也是学生培养工作的基本要求。既是教育规律的体现，也是就业工作服务之所在。

首先，坚持以学生为中心的原则，在学校就业工作体制、就业工作队伍建设、就业制度制订等方面充分考虑学生的需求与利益。从有利于促进学生就业的角度出发，推动多方联动，最大限度地促进学生有效就业。在实践中，积极探索导师负责制、院长负责制、院校双向互动、招生培养就业联动等多种模式，多角度，多维度，多管齐下，为学生就业创设更多的突破口和渠道，围绕学生顺利就业做足工夫。提升从事就业工作人员的服务精神和服务能力。为学生提供更好的就业服务，需要一支高素质的就业队伍，不但要熟练掌握常规的就业工作规程，更要研究学生成长成才的规律，研究学生就业中出现的问题，研究市场变化规律，研究学生就业心理，成为就业领域内的专家，打造专家化、学者型的就业工作队伍，实现以学生为中心的就业管理。不断加强制度建设，使就业工作制度化、规范化。在就业管理制度制订过程中，要充分做到以学生为中心，充分尊重和肯定学生的主体作用，充分信任学生的智慧和潜能，充分激发学生的能动性和创造性。

其次，坚持以学生为中心的原则，从就业信息、就业指导、就业市场开发等环节为学生提供个性化、人本化的就业服务。

在就业信息服务提供的过程中要紧密围绕学生需求，运用各种先进手段和现代化的技术，及时向学生提供有利于其顺利就业的各种信息，如开设学校就业网站、视频求职简历、手机短信就业信息平台等服务。努力探索针对不同学生类型的个性化信息服务，使学生能够在最短时间内最大限度地获取自己所需的就业服务信息，以促进学生有效就业。

就业指导工作是一项系统工程，它涉及专业设置、教学模式、日常教育、课外活动及学生管理模式等诸多方面。以学生为中心开展就业指导服务，需要做到以下三点：第一，充分了解学生的情况，根据学生的个性特点，指导学生树立职业理想，制订适合自己的大学全程发展规划，为个人职业发展规划打下基础；第二，通过职业测评等辅助工具，让学生更好地认识自己的性格类型和动力特点，了解自己的性格特质，适合的岗位特质；第三，针对就业弱势群体，进行"一对一"的个性化指导，要帮助其找到自身不足，提供解决方案，提升就业竞争力。通过以上步骤，可以使学生进一步拓宽自己的思路，更清晰地规划自己的职业生涯，促进毕业生了解个人的工作动机、适应性以及工作目标，逐步形成适合本人特点的就业目标，增强适应市场的能力。

从学生的需要出发，把用人单位请到校园里来，组织校园招聘会，努力把学生的就业问题解决在校园里，这既节约了学生的求职成本，又在一定的程度上保证学生安全就业。校园招聘会是学生就业市场的主要组织形式，而就业市场的开发与组织是校园招聘会顺利举办的前提。学生作为就业市场的主体，有其自主意识，所以在制订市场组织方案时也应坚持以学生为中心，根据学生的就业意向，在就业市场的开发与组织前，对全国市场进行科学的分析和规划，着重开发学生重点关注的地区与单位，从而使市场组织更有效，供需双方对接更顺畅，做到有的放矢，提升绩效。

最后，坚持以学生为中心，把学生利益放在首位，把就业工作做成关爱工程。就业管理工作必须将学生既当作培养教育的对象又看作服务的对象，既要严格要求又要关心帮助，想学生之所想，急学生之所急，从大处着眼，从小处着手，切实将以学生为中心的原则落到实处。在洽谈会组织、签约管理、就业咨询服务的过程中，把学生当成客户，开展微笑服务。多以学生的角度进行换位思考——如果我是学生，我需要什么样的服务；如果学生是我的弟弟妹妹我会提供什么样的服务。把"一切为了学生，为了一切学生"当作一种承诺，并渗透到就业管理工作的方方面面。

二、以市场为导向原则

市场导向是一种经营管理的策略，是一种组织文化，在这种文化氛围下，组织所有的雇员均承诺持续为顾客创造优异的价值，以此来保证经营活动的良好绩效。

大学生就业管理坚持以市场为导向的原则，是指大学生就业管理工作遵循市场经济规律，加强就业市场建设，借鉴市场经济工作方式和理念，尊重学生与用人单位的主体要求，注重营销与服务，竞争与诚信，完善就业工作体制、机制和工作模式。

大学生就业管理坚持以市场为导向的原则，是由高等学校毕业生就业工作体制变化决定的。20 世纪 90 年代中后期，中国高校毕业生就业体制经历了重大变革，即从"统包统分、包当干部"转变成目前的"市场导向、政府调控、学校推荐、学生与用人单位双向选择"。在高校就业体制改革前的计划体制时期，国家对毕业生包分配，所有合格毕业生都可以取得国家干部身份，与之相应的大学生就业管理工作基本内容就是审查毕业资格、制订就业计划、派遣、改派等管理性工作。但是随着就业工作体制的市场化改革，单纯管理型的就业工作模式已经过时，已满足不了市场对大学生就业管理的需求。也就是说，大学生就业管理工作要从"小管理"走向"大管理"，来满足对两个主体即以学生为主体和以用人单位为主体的需求。而对于满足两个主体结合点，市场是最好的平台，市场成为人力资源最佳配置的有效机制，它将学生与用人单位进行有效的对接。

因此，大学生就业管理必然走向坚持以市场为导向，体现市场内在需求。大学生就业管理工作以市场为导向，集中体现在以下三个方面。

首先，以市场为导向要完善大学生就业管理工作的体制和机制。计划经济体制时期，大学生就业管理工作是完成国家分配的计划任务。如今的市场经济体制时期，大学生就业管理工作要与市场紧密相连，要实时进行市场调研，切实摸清市场的需求，并充分反映到学校教育教学过程中。因此，要坚持就业指导招生、出口引导入口，设立专门的市场建设、信息服务、就业指导、就业管理等满足学生和用人单位需要的服务机构，配备层次高、结构好的专业化大学生就业管理工作队伍。

其次，以市场为导向调整大学生就业管理工作的职能和内容。计划经济时期，大学生就业管理工作内容较为单一，在工作职能上，体现更多的是管理。在当前的市场经济时期，大学生就业工作只进行简单的行政职能上的管理，满足不了两个主体需要。因此，要以市场为导向调整工作职能和工作内容，由传统的、单纯的就业行政管理转向市场建设、信息服务、咨询指导、就业管理并重。

最后，以市场为导向要调整大学生就业管理工作理念和方式。市场条件下的大学生就业管理工作，要求顺应时代潮流，转变传统的就业工作理念，树立企业的营销理念，将学生、家长和用人单位视为顾客，最大限度满足三类顾客的需求。在工作方式上，由过去单一的管理向教育、管理、服务并重转型。以双效为原则，改进就业工作服务。即，一方面要重效率，也就是要在尽可能短的时间内，让尽可能多的学生接受尽可能全面的指导服务；另一方面要重效益，也就是要让学生们得到的指导服务是正确的、必要的、管用的。

三、以服务为取向原则

以服务为取向的原则是指以就业服务为主要内容和价值取向开展大学生就业

管理工作，即在就业管理工作中，就业工作相关人员需要不断强化自身服务意识，丰富服务内涵，时刻把有利于提升学生就业能力、为学生就业提供帮助作为自身工作的出发点和归宿，充分发挥"尽我所能、想您所想"的工作理念，在服务方法上与时俱进，提升就业服务的专业化水平，最终提高大学生的就业质量。坚持以服务为取向的原则是就业体制改革后毕业生实现就业的迫切需求。自 20世纪 80 年代以来，中国高校就业市场经历了由计划分配向市场配置、卖方市场向买方市场、有形市场向无形市场的三次重大转变。面对巨大市场变革，毕业生在就业问题上面临着前所未有的困惑与茫然，其对高校就业指导以及就业服务的需求也达到了有史以来的最高峰。

坚持以服务为取向的原则是高校就业工作理念转变的必然要求。近十年来，高校的就业工作由原来单纯的行政工作到现在的指导与服务于学生，工作理念发生了巨大的转变。高校要做好新时期的大学生就业管理工作，就必须不断强化自身以学生为本的服务意识。遵循服务为取向的原则，应重点关注以下几个环节。

第一，帮助学生明确职业定位，提供就业导航服务。明确职业定位是成功就业的前提，也是就业服务首要解决的问题。就业导航服务是就业指导教师充分利用各种有效工具指导学生在兴趣、能力、价值观等方面进行科学的评估分析，帮助他们认真理清和分析学业完成的情况，建立毕业生就业档案，为他们明确职业定位提供导向服务。对那些有一技之长的同学，可以鼓励他们根据自己的特长选择职业，对于那些无明显特长而又急于工作的同学，可以引导他们根据社会需要选择职业，逐步实现人生价值。另外，在就业导航服务中要充分遵循"以学生需求为第一"的原则，防止将自身的主观想法强加给学生。

第二，充分挖掘市场资源，开展就业信息服务。掌握有效、对称的就业信息资源，是新时期毕业生实现成功就业的基础，开展就业信息服务也就成为就业服务中的重要环节。开展信息服务是指认真了解就业市场的供求状况，多渠道挖掘就业信息，努力拓展学生的就业空间，并将这些就业资源进行系统整合，有针对性地提供给需要的学生。一方面，建立就业服务互动机制，任命信息联络员，在学校就业指导服务中心与学生之间建立顺畅沟通的渠道，充分利用学校提供的就业资源，同时，动态掌握毕业生的就业服务需求。另一方面，努力调动毕业生自身的主观能动性，以毕业生暑期实践、外出寻找工作为依托，鼓励学生主动收集需求信息，实现资源共享。成立学生就业信息搜集小组，发挥网络资源优势，建立就业信息资料库。

第三，努力提高学生就业能力，实施人才培养服务。提高毕业生的就业能力是使毕业生把握并获得就业机会，在职业中赢得竞争优势的核心，为毕业生提供提高就业能力的业务支持服务是从本质上解决"就业难"的重要途径。人才培养服务主要指在学生的整个大学生涯过程中，创造各种环境，全面提高学生的就业能力。第一阶段，鼓励学生积极参与社团活动、勤工助学等实践活动，培养团体合作精神、提高人际交往水平、积累社会经验、提高自身的职业生涯适应能力。第二阶段，鼓励学生进一步思考就业的深层次问题，利用网络资源以及学校和其他渠道的"双选会"，关注最新就业信息，寻找多渠道进行实习、见习，明确用人单位需要什么样的人才，自己适合什么样的工作，增加就业竞争力。第三阶段，在学生求职择业的关键时期，鼓励学生把握各种就业机会，通过各种途径积极应聘，聘请专业领域内的就业形势专家开展模拟求职、指导撰写简历和求职信，帮助学生提高求职、面试技巧，调整好择业心境，确定恰当的择业岗位，合理地调整就业期望值，从而在将来所从事的岗位上实现自身的人生价值。

第四，规范就业过程管理，提供业务支持服务。规范化的就业过程管理，对保障大学生的合法权益、简化就业过程的烦琐程序，保证毕业生实现顺利就业有着积极的作用。毕业生的业务支持服务主要包括指导毕业生了解国家就业政策、明确就业过程中的权利和义务、指导就业手续的办理流程、了解与职业生涯息息相关的就业协议和劳动合同等等。在从事这些行政性的就业管理过程中，就业指导教师需时刻牢记"一切为了学生，为了一切学生"的工作原则，简化就业管理过程，指导学生平稳顺利地进入工作岗位。

第五，关注毕业生职后状况，完善就业管理工作的"售后服务"。毕业生走上工作岗位后，就如同工厂销售的商品一样，其质量及其售后服务的优劣直接影响着高校的社会信誉。毕业生的"售后服务"主要是指关注毕业生在走向工作岗位以后的职业发展情况，做好毕业生的职后教育工作，结合市场需求及时调整人才培养模式。高校需要与毕业生及用人单位保持长期的联系，开展毕业生质量及就业满意度等调查工作，掌握毕业生在离校后的职业发展状况，积极听取用人单位对毕业生培养的意见和建议，动态把握市场的需求变化，配合学校不断改进教育教学方法。

四、以育人为目标原则

坚持以育人为目标的原则，是指大学生就业管理要坚持"育人为本"，要将育人贯穿于大学生就业管理的每一环节，通过育人与管理相结合，促进大学生全面发展。坚持以育人为目标的原则，是由大学生就业管理的本质属性所决定的，是由大学生就业管理所承载的职责所决定的，也是西方发达国家就业管理的成功经验和世界大学生就业管理的发展趋势。大学生就业管理坚持以育人为目标，应力求做到以下三点。

第一，大学生就业管理要立足和定位于大学生的生涯发展，体现帮助大学生实现职业理想的终极关怀。大学生的就业是与其学业、职业、事业和人生目标相关联的统一体。大学生就业管理，既要促使大学生顺利就业，更要促进大学生学业进步、职业发展和事业成功，促进大学生学业、就业、职业、事业四者的协调统一，建立以学业为基础，以就业为导向，以职业为载体，以事业为目标的大学生就业管理模式。

第二，要把培养和育人贯穿在大学生就业管理的各个环节。大学生就业管理是一个包括综合素质塑造、职业生涯规划、政策制度指导、职业心理辅导、求职技巧培训、择业决策咨询、需求信息提供、就业环节帮助等八项主要功能的运行系统。以育人为目标就是要在对大学生的就业教育、管理、咨询、指导与服务中，始终考虑如何有利于学生的全面发展，如何有利于学生的成长成才，如何有利于实现学生的职业理想和人生目标。

第三，要强化大学生就业管理的思想政治育人功能。随着大学生思想状况的变化和社会人才标准的转变，大学生就业指导的重点也应由传统的技能指导转向对大学生进行世界观、人生观、价值观和职业道德的教育，也就是要突出它的思想育人功能。一是要以理想信念教育为核心，对大学生深入进行树立正确的世界观、人生观、价值观的教育。针对少数学生在择业时过分强调自我，不顾国家需要和集体利益的情况，加以正确的引导，使大学生形成正确的择业观，自觉地把个人前途和祖国命运联系在一起，把实现个人价值同服务祖国统一起来，最终实现自己的人生理想。二是要通过创业教育培养学生的责任感、自主性，培养学生的创业意识和企业家精神。三是要加强大学生的诚信教育。诚信是社会对人才的基本要求，是市场经济条件下大学生必备的思想品质。加强诚信教育是大学生顺利就业、成长成才的保障，是高校义不容辞的责任。

第三节　大学生就业管理的创新型思路

我国目前"过度教育"局面尤为明显。"过度教育"的理解可以分为两个层次：第一就是指过分地扩张教育。随着社会的发展，对人才的需求量也逐年增加，这直接造成学生与家长对教育的高度重视。另外，各大高校也大力展开扩张招生计划。惊人的大学生数量是否能够代表他们都有真才实学，这就会涉及另一层面的"过度教育"，那就是施教者所传授的知识超过学生身心全方面健康的需要，或不符合现实社会的发展需要，在学生将来的就业当中难以运用或根本运用不到。所以，从"过度教育"的原因状况分析来看，院校自身教育模式的完善与社会用人结构的调整是解决问题的两大重要方向。面对新媒体的出现，院校与社会如何利用创新型的方式来解决大学生就业难题将是本书主要论述的问题。

一、我国大学生就业指导的现状

近些年来，关于大学生的就业指导，我国不断借鉴西方发达国家的一些先进经验，再结合自身的国情发展，不断探索新的指导理论与教学方式，如展开就业思想教育，增设职业生涯规划课程等，但在探索实施过程当中仍存在某些不足之处。只有认清自身问题，才可以更有针对性地解决问题。

（一）受社会负面影响，学生自身的功利心不断增强

近些年来，随着经济全球化的影响，各种社会思潮不断袭来，对当前大学生的思想意识产生了重要的影响作用，很大程度上使得他们产生强烈的功利思想，以自我为中心，体现在就业当中，十分注重自己的薪资、报酬等，而经常忽略对企业利益的考虑与自身能力的评价，很少考虑自身长远的发展。尤其是面对类似于"我爸是李刚""送礼安排工作"等拼爹、拼关系等事件时，学生更加看重家庭条件与地位，使得学生对公平正义的社会环境产生怀疑，打消了自身的就业信心。

除外界环境的影响外，在新媒体时代下，网络信息十分便捷，这也为学生就业提供了广阔的选择平台，使得很多学生更无后顾之忧，总觉得工作很多，找工作很容易，这家不干了还有下家。另外一方面，当前大学生普遍对专业的概念认识并不是很清晰，经常会忽视自身专业的特点以及自身所具备的优势特征，而是将目光集中在待遇好的职业之上，这对大学生的就业观造成严重的畸形化，在就业选择上更加倾向于理想的功利化。与此同时，社会服务意识却在不断减弱，没有认识到国家与企业对人才需求的重要性，其中一个重要的体现就是，与过去几年相比，近些年来愿意去支援西部的大学生志愿者人数不断减少，而每年报考公务员的人数却是只增不减，导致基层岗位严重失衡，就业形势日益严重。

（二）高校就业指导工作存在"季节性"，学生缺乏系统的就业意识

目前，各大院校基本都将就业指导课程作为教学的一个重要环节，但教学安排仅仅体现在大学课程的最后一个学期。在大学教育的整个大环境之下，每位学生都应当有明确的自我认识与人生目标，这一重要理念的形成与院校自身的积极引导具有直接的关系。在培养学生思想价值观念方面，思想政治教育课程的开设是一个重要的指引，另外，在学生树立人生目标方面，就业指导课程应该起到关键性作用，但在大学的前期阶段，学生却并不能接触到关于就业方面的指导，所以，很多学生每当提及将来的目标时，会深感迷惘，即使一些有目标的学生，可能也会存在过于理想化的问题，但因为没有全面、理性的指导，他们很难认识自我、发现问题，也不能及时调整思路，这在将来的择业或创业当中可能会面临不必要的弯路。

（三）高校就业指导观念较为陈旧，不能与时俱进

不少院校展开就业指导工作的目的，就是为了能更好地让学生顺利地找到工作，在教学的内容上，提到更多的也只是走上社会的一个简单工作流程，或是会面临哪些问题，又该如何应对，就业指导的教师可能更多地根据自己的就业经验来指导教学，但这其中忽略了一个很重要的问题，那就是不同的时代下会有不同的要求，不同的企业也会面临不同的状况。尤其是现在的大学生，基本属于00后，他们对事物可能会有自身的认识与创新型想法，所以，无论是就业指导的教师，还是如今的企业，都有必要与时俱进，充分注重学生或员工的自我想法，而不是让他们成为学习或工作的机器。在就业指导过程中，也有必要重视学生的创业想法，以创业带动就业也是目前国家大力提倡的。

（四）高校就业指导渠道过于单一，缺乏创新

目前，我国高校在就业指导工作上还不够系统化，渠道过于单一，一般都集中在信息的发布、政策的宣讲与执行上，在实践过程上，也只是通过简单的招聘会来实现小部分学生的就业，且对最终的就业状况并没有细致的统计与调查研究。在这方面，国外的一些经验更值得我们学习借鉴。在就业指导方面，他们更体现个性化与就业服务的专业化，会开设专门的指导就业小组，任何一个学生如有就业问题都可前来咨询，专业化的老师会根据学生的不同情况进行针对性的讲

解，为学生解除就业困惑。

二、新媒体时代下，大学生就业管理的创新型思路

新媒体的概念主要是相对于报刊、广播、电视等传统媒体而言的，其主要传播形态是利用数字和网络技术，以电脑和手机等为接收终端，为受众提供更新快速、传播广泛，并能实时互动的全方位、多角度的信息服务。新媒体的快速普及，不但为高校的教学育人工作提出了更新的要求与挑战，且新媒体这一技术也为高校的教学与就业指导工作提供了更多的创新型思路与空间。从无线广播、有声电视到今天的手机电视、微博、微信，短短几年，新媒体就以层出不穷的形式与多元化的优势占据了媒体的大部分市场，不断影响着大众的生活习惯与思维方式，不管是了解相关资讯，还是网络购物、银行转账等，都能通过新媒体得以快速实现，这也使得受众对新媒体的依赖性逐日递增。

在今天，以互联网、手机终端为主要介质的新媒体已经成为大众普遍使用的生活学习工具，尤其是当今的 00 后学生群体，他们可以说是互联网的受众宠儿，从小的信息技术环境让他们对互联网耳濡目染。在高校就业指导中，不妨利用互联网等新媒体展开教学，使教学内容更为生动、全面，传播范围也更加广阔。

（一）宣传与引导社会正能量

面对当前严峻的就业形势，国家的宏观调控必不可少，针对不同的就业群体与行业，要采取积极的政策和措施来使大学生形成正确的就业观念，逐渐改善严峻的就业现状，大力展开就业指导工作。另外，社会的正确引导作用同样不可忽视，可以以"就业难"为主题，拍摄优秀的公益宣传片或是宣扬一些优秀学生的就业事迹等，以此来传播社会正能量，引导当代大学生形成正确的就业观念，拥有良好的服务形态，而不是人云亦云、好高骛远。

2013 年，由中华人民共和国人力资源和社会保障部组织制作的关于国家促进高校毕业生就业政策措施的宣传片——《路在脚下》，就起到了很好的宣传典范作用，该宣传片包括就业政策篇与就业服务篇两大部分。就业政策篇从高校毕业生到企业就业、自主创业、基层就业、灵活就业、就业见习、职业技能培训等多个方面阐释了国家的相关政策规定；就业服务篇分为高校毕业生离校前和离校后两个阶段，介绍了毕业生能享受的公共就业和人才服务，重点结合离校未就业高校毕业生就业促进计划，从实名登记、职业指导、就业信息、创业服务、就业帮扶、就业见习、职业培训、代理服务、权益维护等方面，阐释了各级公共就业

人才服务机构对离校未就业毕业生采取的一系列服务措施，确保离校后服务不断线。

借助新媒体，该宣传一经发布，在各地、各高校便传播开来，同时，置于人社部门户网站、全国公共招聘网、中国国家人才网等网站，高校毕业生及用人单位可随时下载阅览，为学生就业及企业用人提供了良好的参考作用。

（二）建立群组、社区等虚拟就业平台

在传统的教育教学模式中，教师一对多的讲台教学不免显得死板枯燥，难以引起台下学生的兴趣，此种情况下，完全可以利用新媒体延伸学生就业指导，如以微博、微信、主题论坛、虚拟社区、QQ群主等为传播介质，以院校或班级为单位，其中，教师可作为管理员与信息传播者，另外，也可选出特定的学习委员对新媒体平台进行适时维护，以保证阻断不良信息的传入与影响。在此平台之下，教师可以突破教学的时间与空间局限，且可以打破师生间的交流鸿沟，展开一对一、零距离的辅导教学，老师和学生也可以随时随地将就业困惑发到平台之上，在线的其他人可以此为主题展开深刻讨论，人多自然想法多，多人的提示定会解你一时之惑。在此平台之上，大家可学习的形式也更加多样化，教师所传播的内容可以是文字、图片或视频等。近些年来，一些大型的职场真人秀节目或许会为教学提供丰富的教学题材。

以中国教育电视台推出的职场真人选秀节目《职来职往》为例，该节目可帮助求职者正确地对待自己与职场，也能让求职者亲身体验激烈的社会竞争压力，了解不同企业的真正需求。该节目每期会邀请18位来自不同行业的职场达人，以亮灯或灭灯的形式对参赛者进行评判，决定他们是否与自身企业的定位相吻合。每一求职者在台上可能只有短短几分钟的展现时间，可就在这几分钟内，他们需要对自身做出准确的定位，面对评委的提问给出自我的理解与认识，在对薪资待遇问题上也要做出理性的判断，这一整体过程，也就是将来每个学生会面临的。所以，就业指导教师可以将此类节目作为一种现场指导性教学，播放节目的特定片段，让学生感受职场的氛围；另外，教师也要做出总结，面对不同的企业或问题，学生又该如何应答。这样一种双管齐下的就业指导模式，会让学生快速进入角色，明确自身定位。

（三）实地演练与指导就业

在课堂之上，学生接触到的多是理论知识，包括就业课程的指导，但理论与

实践毕竟会存在一定的差距，如在就业的过程当中，难免会遇到一系列的矛盾，如薪资待遇的不平等、同事间的恶性竞争、领导的不理解等。在课堂之上，教师可能面对这些问题只会一带而过，或是告诉学生要守规则、讲原则，必要时候能忍则忍，时刻都要以一个学习者的态度来接受别人的意见，这样的理论说来简单，可真正实行起来却并非易事。关于此类问题，院校有必要深入实践探讨。

目前，南方都市报音视频部主办的以多媒体实习训练营为基础的真人秀节目《我是实习生》就是一个很好的实例典范。节目中，会将面试选拔与实操训练作为重要考察内容，节目不但要考察实习生的专业素养和实操能力，还会对他们的竞争与协作能力等方面提出挑战，这是一档将新闻媒体操作的实用性和真人娱乐性同时展现的节目，也是当今大学生将来面临择业的真实写照。院校方面可以参照此类节目的模式，定期在学生群中展开实习考察，让学生们充分认识竞争的残酷性，不断提高他们在职场中的专业素质与对新事物的接受能力。

（四）多样化创新网络就业途径

在过去，大学生找工作更依赖于电视、报纸等传统媒体，随着新媒体的出现，目前90％的学生将找工作的途径对准了网络。近些年来，招聘网站也在迅速建立与完善，如我们耳熟能详的"智联招聘""赶集网""58同城"等，这样的网站也为学生提供了更多的工作途径。以此为契机，各大院校也可以参照此种模式建立属于自己的招聘网站，搭建起学生与企业间的桥梁。另外，院校建立的网站相对而言会更具针对性，主要针对本院校学生而设置，企业在选择人才的时候也会更具体，对专业的要求也会更明确，避免了学生与企业双方的盲目性。

随着社会就业压力的不断加大，各大求职就业网站也在不断创新，力求为求职者提供良好的寻找工作的平台介质，帮助企业找到准确、适合的目标候选人，为国家缓解就业压力。目前，具有代表性的创新型网站要数"猎聘网"。"猎聘网"在2013年成立了中国第一家专注于搭建企业与中高端职业经理人桥梁的专业服务中心——全球职业发展中心。该中心致力于为全球优秀雇主提供专业招聘进程与项目服务，有效提升招聘效果，成为雇主获得核心人才竞争优势的策略性业务伙伴。同时，全球职业发展中心职业发展顾问为全球职业经理人提供一对一的职业发展及行业趋势咨询服务，全方位伴随中国职业经理人的职业生涯，助力职场人士获得更高的职业价值。2014年，猎聘网荣获DoNews牛耳奖"互联网行业最佳人力资源服务平台"；获《商界》杂志"2014年度新锐商业模式奖"等多种荣誉称号，为个人与企业的就业与发展提供了创新型的服务平台。

（五）大力推进创业性就业

《中共中央关于制订国民经济和社会发展第十三个五年规划的建议》指出："坚持就业优先战略，鼓励以创业带就业。"我国经济社会发展形势的新变化对促进就业创业提出新要求，也赋予就业优先战略新内涵。在当前世界经济复苏缓慢、外需对就业的拉动作用逐渐减弱的情况下，必须通过扩大内需来拉动就业增长。新形势下，尤其需要把创业与就业结合起来，实现以创业带动就业，以就业、创业推动经济持续健康发展。

如今的大学生群体多属于 00 后，他们可以说是新媒体时代的宠儿，网络技术的发展也为创业就业提供了广阔的契机。事实证明，马云创建阿里巴巴、支付宝是无人比拟的，关于利用网络创业的成功案例也不在少数，其中，不少在校大学生也都蠢蠢欲动。微商的发展就是其中之一，不少大学生正是其中的主导人物。还有学生设计出了"超级课程表"，主要功能是帮助同学们将教务处的课程表存到手机中，借此，学生们可以对课程了如指掌，轻松逃课、蹭课，甚至是认识异性同学。尽管在一些人看来，这样的一个课程表毫无意义，甚至有点无厘头，可它恰恰又满足了很多大学生的需求，所以会风靡一时，甚至市场前景巨大。面对充满竞争的创业市场，独具创新就是成功的关键。

第四节　大学生电子就业管理模式的构建

做好高校毕业生为重点的青年就业工作要求我们以市场为导向，创新就业管理手段，提高就业管理效能，促进高校毕业生充分就业、高质量就业。这其中的一个重要环节就是充分利用网络信息技术，为传统就业管理模式向电子就业管理模式的转变。

电子就业管理模式旨在应用现代网络通信技术和电子信息技术，以电子就业协议书为基础的全面支持面向就业过程协同管理，以支持构建就业管理（服务）网络体系，服务于政府就业管理各部门、高校、用人单位和高校毕业生的就业管理模式，解决信息共享、有效对接等问题，实现全过程就业电子化管理。以解决传统管理模式中就业信息分散、流程复杂、监测数据采集困难的问题。

一、电子就业管理模型解读

电子就业管理模型是在就业政策体系和技术体系的支撑下，适应于电子就业管理网络体系，对以电子（介质）就业协议书、报到证为管理基础的就业全过程进行管理。电子就业管理主体从传统的政府部门和高校延伸到政府部门、高校、毕业生、用人单位以及一些中介机构，政府部门能够克服条块分割独立操作低效的就业管理，实现分工明确共享资源高效的就业协同管理，毕业生和用人单位能够实现求职招聘的自主式管理，高校就业管理工作减轻，可把主要精力放在提高毕业生就业能力上，中介机构的参与则提高了政府对市场监管的工作能力。电子就业管理贯穿于就业全过程，一般可分为三个阶段：就业前期管理、就业中期管理和就业后期管理。

（一）就业前期管理

就业前期管理也可称为生源信息与签约前管理，主要涉及政府和高校的就业指导信息服务，企业的招聘信息服务，毕业生的面试、推荐、简历信息服务等。具体包括毕业生生源管理、用人单位管理、求职招聘服务管理等。通过统一的公共信息服务平台实现生源信息审核认证和用人单位信息审核认证，保障生源信息和用人单位身份信息的正确性、可信性和可靠性，实现毕业生求职、用人单位招聘、高校就业推荐和政府部门就业政策发布和引导，改变就业信息不对称的状况，促进就业信息的快速传递和有效对接，实现充分就业和高质量就业。

（二）就业中期管理

就业中期管理也称电子就业协议签约管理。主要涉及电子就业协议签约管理、电子就业协议变更管理、电子就业协议审核认证和电子就业协议归档管理。主要是依靠电子就业协议签约平台，实现毕业生和用人单位的就业签约，高校和政府（用人单位主管、人事部门）的就业鉴证。电子就业协议具有纸质就业协议书同等的作用，是用人单位接收的依据，高校和教育行政部门就业派遣的依据，是人事部门接收毕业生办理就业手续的依据，电子就业签约平台是实现电子就业管理的核心。

（三）就业后期管理

就业后期管理主要包括就业报到管理和就业监测管理。就业报到管理包括高校和教育行政部门的就业管理（电子报到证的生成打印、高校就业方案生成）、高校档案迁移管理、人事部门的档案接收管理、报到落户管理等。就业监测管理主要对毕业生生源变动的监测、违约解约的监测以及就业状况的监测，实现对就业全过程的监测控制管理，能够为科学制订大学生就业促进政策服务。可以通过监测和反馈历年毕业生就业的供需情况去调控指导招生计划，调整优化专业结构，提高教学质量等。

二、就业协议电子化

就业协议电子化是管理手段电子化的重要内容，是传统就业管理模式向电子就业管理模式的转换基础，是将纸质就业协议书转化为电子就业协议书（广义协议书）以适应高校毕业生多种就业形式的动态管理和有效管理。就业协议电子化需要遵从电子就业协议设计原则，并实现电子就业协议的分类管理与格式设计。

（一）电子就业协议的设计原则

1. 安全可靠性原则

安全可靠性原则，主要对主体身份的认证性和不可否认性。认证性是主体身份识别的过程，体现在电子就业协议书上的三方不能伪造学生、高校、企业或政府的身份。不可否认性是电子就业协议主体必须对自己的合法行为负责，不能也无法事后否认。

2. 真实可信性原则

电子就业协议书中的数据必须真实可信。当用人单位使用电子就业协议书对毕业生发出邀约和应约的时候，其相关信息必须真实可信；当毕业生使用电子就业协议书对用人单位发出邀约和应约的时候，学生相关信息必须真实可靠。通过信息审核认证机制和系统自动审核监控机制可以保障就业信息的真实可靠。

3. 易于管理原则

电子就业协议设计要适应多种就业形式的就业管理。采用统一编码的一人一组广义电子就业协议书（含正式协议书、应聘协议书、其他类型协议书），毕业生可以选择相应的电子就业协议书进行签约，适应了多种就业形式的就业管理。

4. 数据易于统计原则

使用电子就业协议书，可以有效地减少信息不对称现象，使毕业生、高校、企业和政府之间的数据流通更为快捷和方便，有利于相关职能部门的统计监测（如高校、上级主管部门），能够及时获得第一手数据，并实施有效的预警和控制，从而进一步来指导未来的毕业生就业工作。

（二）电子就业协议书的分类与格式设计

相对于传统的纸质就业协议，电子就业协议的分类设计可以更加灵活（易于修改、易于扩充），使其适用于现在或者未来的多种就业形式管理的需要。按就业形式对电子就业协议实现分类管理和格式设计。电子就业协议书大致可分为：

1. 正式电子就业协议书

正式电子就业协议书，与国家统一的就业协议书格式相对应，是最典型的电子就业协议书，它明确了毕业生、用人单位、毕业生所在学校和用人单位主管部门等四方在毕业生就业工作中的权利和义务，学校将根据协议书的内容开具毕业生就业报到证和户口迁移证，同时转递学生档案。

2. 应聘电子就业协议书

应聘协议书是以协商协议的形式来明确毕业生与用人单位之间的权利和义务，反映的就业形式不与户口、档案等挂钩。设计应聘电子就业协议书重点考虑的是毕业生就业去向信息。

3. 灵活就业电子协议书

灵活就业是指在劳动时间、收入报酬、工作场所、保险福利、劳动关系等方面不同于建立在工业化和现代工厂制度基础上的传统主流就业方式的各种就业形式的总称。目前灵活就业的形式主要有：劳务派遣行业、微型生产性企业、社区服务业、独立服务者等，如街头小贩、钟点工、自由职业人、中介经纪、广告人、设计人员、网上开店人员、自主创业人员等。灵活就业电子协议书主要用于灵活就业形式的就业类型。

4. 其他特殊就业电子协议书

高校毕业生除正式就业外，还存在诸如出国留学、继续深造、公务员等特殊就业形式。针对此类就业形式，电子就业协议书格式相对简单，能够明确反映毕业生就业去向即可。

（三）信息审核与认证

如何确保电子就业协议信息的真实可靠，就需要建立电子就业信息审核与认证机制，确保就业管理主体和管理对象身份信息的真实可靠。一般来说，信息审核方式分为人工审核和计算机审核。人工审核主要用于非结构和半结构化的信息数据的审核，计算机审核主要是对结构化的数据进行审核。电子就业信息审核既要依靠人工审核，也要采用计算机自动审核机制，简化信息审核过程，保证信息审核的质量。

信息审核认证体系由用人单位身份信息审核认证体系和生源信息审核认证体系组成。一是用人单位身份信息审核认证体系由省级、市地（县）人事主管部门（或受委托高校、中介机构）、用人单位构成，为多级网络体系结构。采用分级办理集中管理方法，认证后发给电子就业专用章或同意电子就业专用章的使用权，确保用人单位身份信息真实可靠。二是生源信息审核与认证体系由省级、高校与院系组成的三级体系，相对于用人单位身份信息的审核认证，技术更加成熟，许多高校和省级就业管理系统都具有生源信息审核与认证的功能。

（四）电子就业协议签约架构

1. 电子就业签约/解约方式

电子就业协议签约方式大致可以分为学生主导式签约方式和用人单位主导式签约方式。所谓学生主导式签约方式，主要是指在前期应聘、面试，双方达成意向的基础上，由学生向用人单位发出电子就业协议邀约请求，用人单位对学生发出的电子就业协议书进行应约操作，同时由高校和人事部门进行审核确认，从而完成电子就业协议签约流程的方式。学生主导式签约方式还能够较好地处理其他特定的就业形式签约，如学生自主创业形式的"签约"流程是：学生选择自主创业就业类型（协议书）发出邀约请求，应约方可以设定为高校或由高校审核认定的专门中介机构，"应约方"对学生发出的电子就业协议书进行应约操作，即可完成签约过程。所谓用人单位主导式签约方式，是指由用人单位向学生发出电子就业协议的邀约请求，学生对用人单位的电子就业协议书进行应约操作，同时由高校和人事部门进行审核确认，从而完成电子就业协议签约流程的方式。类似地，电子就业协议的解约方式也可分为学生主导式解约方式和用人单位主导式解约方式。

2. 就业调控管理

在传统就业管理模式中，就业协议书由学校统一发放，每生一份。但是由于就业协议书管理上的漏洞，存在学生违约（一人多签）和"被就业"现象，并且难以监测。我们提出了一种基于网络的就业协议签约管理控制方法，能够实现有效的网上签约管理。其基本原理是将毕业生就业去向描述为具有统一编码的一组就业协议，设置协议优先级等操作规则，实现协议签约、协议变更过程以及不同种类协议的状态转换，对于每一个操作步骤均需要记录操作人、操作类型、操作时间等，以达到整个就业过程的跟踪。保证毕业生只有一种签约状态，控制毕业生签约的唯一性和就业去向的唯一性。

3. 基于电子印章的电子协议审核确认

在传统就业管理模式中，就业协议书是否有效，主要看签约各方是否签字盖章，这个签字盖章过程毕业生往往花了很多时间。在电子就业管理模式中，电子就业协议书是否有效，可以运用电子印章来审核确认电子就业协议的有效性。我们专门研究了一种适合高校毕业生网上签约的电子印章：一种基于网络的轻便型电子印章制作管理方法，实现电子就业协议书的审核确认。

三、电子就业管理信息平台的构建

电子就业管理信息平台是实施电子就业服务管理的基础，应当满足电子就业管理网络体系的要求，适应多用户管理，实现网络化价值，应用电子就业协议为代表的电子化管理手段，实现电子就业签约（网上签约），采用面向全过程就业管理的方法，实现全过程就业管理办公自动化与就业状况动态（实时）监测，运行信息审核与认证机制，确保就业信息真实可靠，提供就业信息公共服务。

电子就业管理信息平台主要包括三个子系统：公共信息服务平台、电子协议签约平台和就业统计监测平台。公共信息服务平台的基本功能包括：毕业生生源信息审核认证管理、用人单位信息审核认证管理、求职招聘信息服务管理。电子协议签约平台实现电子协议签约与管理。就业统计监测平台包括：电子报到证的生成打印、高校就业方案生成、高校档案迁移管理、人事部门的档案接收管理、报到落户管理、生源变动监测、违约解约监测和就业状况监测等。同时，电子就业管理信息系统平台的各子系统之间采用规范的数据接口实现互联，并通过数据接口与外部第三方系统进行数据共享与交换，从而使该平台具有极强的可扩展性。

信息采集与认证系统完成毕业生相关数据的采集与管理，并通过毕业生数据上报接口将毕业生数据传向门户网站，并由门户网站进行分类显示；求职与招聘系统完成企业、岗位相关基本信息的采集与管理，利用门户网站获取到的毕业生基本信息和企业信息完成企业招聘信息管理、学生简历管理、在线求职、在线招聘等功能；网上签约管理系统实现就业协议书的电子化管理；就业办公与监测系统利用就业、改派数据接口获取相关就业数据并完成协议管理、派遣、改派等功能，并利用就业监管数据接口获取毕业生、企业、中介机构、就业管理部门在毕业生就业管理过程中的相关数据，并以表格、图形等形式给出有关就业过程监测报告；就业数据分析决策支持系统实现就业数据的多维展现、分析、统计、挖掘、预测；创业就业指导培训系统以门户网站获取到的毕业生基本信息为基础，实现毕业生的创业就业心理健康辅导、职业素质测评与分析、在线咨询、创业就业论坛等管理任务。

电子就业管理模式以电子介质协议书和报到证为基础全面支持面向就业过程的协同管理，替代基于纸质协议的面向结果管理的传统就业管理模式，实现全过程就业电子化管理，实现了管理理念、管理手段和管理方法的创新，具有重大的现实意义和指导意义。大学生电子就业管理网络体系和信息审核与认证体系，有利于建立电子就业管理运行机制和就业信息共享机制。采用电子就业协议书与协议网上签约，构建统一的电子就业管理信息平台，能够实现就业管理服务网上办公自动化，实现就业状况的动态（实时）监测，实现就业统计（如就业率）的自动计算，能够及时提供动态、及时、准确的决策数据，及时掌握大学生就业情况，通过监测和反馈历年毕业生就业的供需情况去调控指导招生计划，调整优化专业结构，提高教学质量，有利于科学制订促进就业政策，提高就业管理效率和决策水平，提高科学决策能力。

参考文献

[1]教育部思想政治工作司．大学生管理研究[M]．北京:高等教育出版社,2012.

[2]安世遨．对化管理——大学生管理新范式[M]．重庆:重庆大学出版社,2010.

[3]励骅．大学生心理学[M]．合肥:合肥工业大学出版社,2011.

[4]李正军．高校学生管理工作概论[M]．保定:河北大学出版社,2002.

[5]张书明．社会工作视野下的大学生事务管理[M]．济南:山东大学出版社,2007.

[6]蒋国勇．大学生自主管理研究(当代学者人文论丛)[M]．北京:华龄出版社,2007.

[7]孙洪昌,等．大学生安全教育读本[M]．桂林:广西师范大学出版社,2002.

[8]罗开元．大学生就业简论[M]．北京:中国人民公安大学出版社,2003.

[9]周长茂,金万成．大学生就业指导与创新创业教育[M]．北京:化学工业出版社,2016.

[10]刁生富．学会学习——大学生学习心理与学习方法[M]．广州:暨南大学出版社,2002.

[11]董广杰．大学生心理健康教育与应用[M]．北京:中国纺织出版社,2004.

[12]范红霞．大学生心理健康教育与辅导[M]．太原:山西科学技术出版社,2003.

[13]樊富珉,王建中．当代大学生心理健康教程[M]．武汉:武汉大学出版社,2006.

[14]樊富珉,费俊峰．青年心理健康十五讲[M]．北京:北京大学出版社,2006.

[15]高宝莹．大学生心理学基础知识读本[M]．西安:西北工业大学出版社,2003.

[16]耿步健．当代大学生心理学[M]．徐州:中国矿业大学出版社,2008.

[17]郭景萍．情感社会学:理论·历史·现实[M]．上海:上海三联书店,2008.

[18]韩洪涛.大学生心理学概论[M].武汉:华中师范大学出版社,2004.

[19]韩翼祥,常雪梅.大学生心理辅导:适应·发展·超越[M].杭州:浙江大学出版社,2003.

[20]黄天中.生涯规划:理论与实践[M].北京:高等教育出版社,2007.

[21]黄希庭.心理学[M].上海:上海教育出版社,2004.

[22]王传旭,姚本先.大学生心理健康教育概论[M].合肥:安徽大学出版社,2006.

[23]安世遨.大学生对话管理研究[M].重庆:重庆大学出版社,2010.

[24]刘庆昌.对话教学初论[J].教育研究,2001(11):65-69.

[25]孟东方.论当代大学生的思想特征[J].青年探索,2002(05):25-27.

[26]王寿林,汪庆华.当代大学生的基本特点[J].华北电力大学学报(社会科学版),2003(04):79-82.

[27]崔景贵.当代大学生心理发展特点与高等教育新理念[J].高教探索,2005(01):83-87.

[28]琳达·埃莉诺,格伦娜·杰勒德.对话:变革之道[M].北京:教育科学出版社,2006.

[29]P.奥德姆.生态学基础[M].北京:人民教育出版社,1981.

[30]刘延平.多维审视下的组织理论[M].北京:清华大学出版社,2007.

[31]夏正江.对话人生与教育[J].华东师范大学学报(教育科学版),1997(04):2-11.

[32]胡中锋.试论心理学的整合——科学主义与人文主义整合的启示[J].华南师范大学学报(社会科学版),1998(05):59-64,78.

[33]保罗·弗莱雷.被压迫者教育学[M].上海:华东师范大学出版社,2001.

[34]爱因斯坦.爱因斯文集:第1卷[M].北京:商务印书馆,1976.

[35]列宁.列宁全集:第25卷[M].北京:人民出版社,1988.

[36]赵汀阳.论可能生活[M].北京:中国人民大学出版社,2004.

[37]高清海,等.人的"类生命"与"类哲学"——走向未来的当代哲学精神[M].长春:吉林人民出版社,2006.

[38]赵汀阳.论可能生活(修订版)[M].北京:中国人民大学出版社,2004.

[39]金生鈜.理智与教育——走向哲学解释学的教育哲学导论[M].北京:教育科学出版社,2001.

[40]里克曼.殷晓蓉,等译.狄尔泰[M].北京:社会科学出版社,1989.

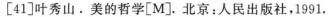

[41]叶秀山．美的哲学[M].北京:人民出版社,1991.

[42]腾守尧．文化的边缘[M].南京:南京出版社,2006.

[43]李振霞．当代中国十哲[M].北京:华夏出版社,1991.

[44]袁振国．当代教育学[M].北京:教育科学出版社,2005.

[45]琳达·埃利诺,格伦娜·杰勒德．对话:变革之道[M].北京:教育科学出版社,2006.

[46]戴维·伯姆．论对话[M].北京:教育科学出版社,2004.

[47]Gynthia.彭福永,译．参与:成功管理的操作指南[M].上海:上海财经大学出版社,2002.

[48]韩兵．完善我国高校学生参与权的思考[J].高等工程教育研究,2006(06):63—66.

[49]张成福．公共管理学[M].北京:中国人民大学出版社,2002.

[50]黄海．大学生孤独感现状及其影响因素的研究[D].南昌:江西师范大学,2004.

[51]孟晋.533名大学生孤独感状况调查[J].健康心理学杂志,2002(02):113—116.

[52]阳德华．大学生抑郁和人格关系初探[J].健康心理学杂志,2004(03):235—237.

[53]阳德华．大学生抑郁、焦虑的影响因素调查[J].中国心理卫生杂志,2004(05):352—355.

[54]曾荣侠．大学新生应付方式和抑郁情绪的相关研究[J].健康心理学杂志,2003(03):233—235.

[55]姜军亮．高校毕业生就业管理工作的困境与对策研究[J].时代金融,2018(11):284—288.

[56]罗平西．新时期大学生教育管理工作模式的创新[J].河北能源职业技术学院学报,2018,18(01):14—16.

[57]林壬璇．高校学生就业指导工作的策略[J].西部素质教育,2018,4(04):176—177.

[58]肖欣伟,李卓,王晨．浅析大学生就业管理的问题与对策[J].现代交际,2017(05):135—136.

[59]陆晓雨,侯方．大学生就业管理制度改革探析[J].西部素质教育,2017,3(07):14—15.

[60]杨芳．如何做好高校大学生管理工作[J].中外企业家,2017(07):192—193.

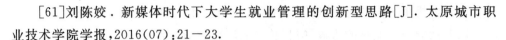

[61]刘陈姣．新媒体时代下大学生就业管理的创新型思路[J]．太原城市职业技术学院学报,2016(07):21-23.

[62]薛佳．当代大学生素质教育管理内容、原则与方式研究[J]．陕西教育(高教),2016(05):59-60.

[63]吴彩霞．新形势下高校学生管理工作模式研究[J]．读与写(教育教学刊),2015,12(09):83.

[64]张文彬．大学生管理时效性提升的原则、方法与途径[J]．现代教育管理,2015(06):121-124.

[65]吕何新,章清,宋斌．大学生电子就业管理模式的构建[J]．高等工程教育研究,2014(06):118-122.

[66]陈日辉．对新时期高校学生管理工作的探索[J]．教育探索,2014(01):102-103.

[67]李鑫,包文德．高校辅导员学生管理工作模式的探索[J]．内蒙古电大学刊,2013(03):93-94.

[68]张志奇．开展创业教育,推进高等学校人才培养模式改革[J]．企业导报,2011(14):237-238.

[69]安世遨．网络化生态结构:大学生对话管理组织特性[J]．学校党建与思想教育,2010(22):32-34.

[70]安世遨．走向对话:大学生管理的必然选择[J]．现代教育科学,2010(07):46-51.

[71]覃吉春,戴志．高校毕业生教育管理工作模式探讨[J]．重庆科技学院学报(社会科学版),2009(02):210-211.

[72]梁方正．大学生就业管理改革初探[J]．广西财政高等专科学校学报,2004(02):94-96.

[73]邓丽芳,郑日昌．大学生的情绪向性、表达性与心理健康关系的研究[J]．心理发展与教育,2003(02):69-73.